MEMORIA de la HISTORIA

Personajes

Memoria de la Historia pretende ofrecer a los lectores la Historia contada por quienes la hicieron, por los mismos *personajes* que en vez de figurar en las páginas de los libros como objeto pasivo, adquieren voz y nos cuentan su vida y su peripecia en primera persona. La Historia como una novela personal, autobiográfica, en la que todo lo que aparece en estas páginas es verdad, con hechos ciertos y comprobados, pero que se presentan con la inmediatez y el dramatismo que da al relato la voz del protagonista, supuesto historiador de sí mismo gracias a la pluma de unos escritores que consiguen el difícil y apasionante equilibrio entre los materiales de la crónica, tratados con el máximo respeto, y el enfoque que corresponde a la más amena de las narraciones novelescas. Otra vertiente de estas semblanzas es la evocación de *episodios* del pasado en tercera persona con todo el rigor que exige el trabajo del historiador y la amenidad de la novela.

Éste es el objetivo de una colección que aspira a fundir lo más atractivo que pueden ofrecer la historia y la literatura.

Locos egregios

Juan Antonio Vallejo-Nágera
Locos egregios

Planeta

COLECCIÓN MEMORIA DE LA HISTORIA/13
Dirección: Rafael Borràs Betriu
Consejo de Redacción: María Teresa Arbó, Antonio Padilla, Marcel Plans y Carlos Pujol

Córcega, 273-279, 08008 Barcelona (España)
Ilustración al cuidado de Antonio Padilla
Diseño colección y cubierta de Hans Romberg (realización de Jordi Royo)
Ilustraciones cubierta: detalles de «Autorretrato», de Van Gogh, Jeu de Paume, París, y de «Extracción de la piedra de la locura», del Bosco, Museo del Prado, Madrid (fotos AISA)

Procedencia de las ilustraciones: Archivo Editorial Planeta

1.ª a 10.ª ediciones en esta colección: de enero de 1989 a julio de 1992
11.ª edición: marzo de 1993
Depósito Legal: B. 7.273-1993
ISBN 84-320-4503-9
Papel: Offset Rotoform Ahuesado, de Clariana, S. A.
Impresión: Duplex, S. A.
Encuadernación: Encuadernaciones Maro, S. A.
Printed in Spain - Impreso en España

Ediciones anteriores

En Editorial Dossat
1.ª a 17.ª ediciones: de diciembre de 1977 a junio de 1986

En Editorial Argos-Vergara
1.ª a 3.ª ediciones: de junio de 1980 a junio de 1982

En Editorial Planeta (Colección Popular)
1.ª a 6.ª ediciones: de enero de 1986 a mayo de 1988

Índice

DEDICATORIA

A la memoria de mi padre y maestro
ANTONIO VALLEJO-NÁGERA, que hace
treinta años publicó un libro con
este mismo título, *Locos egregios*,
que en su recuerdo he querido conservar.

PRÓLOGO Y JUSTIFICACIÓN

(Que, como todos los prólogos, no va a leer casi nadie)

> La cultura no es un penoso
> deber; es un gozoso privilegio.

Si en algo mi humilde persona roza la excepcionalidad, es en la capacidad de disfrutar. Por una serie de afortunadas circunstancias he acumulado sobre mí este tesoro en tan gran medida, que me siento obligado a intentar repartirlo. Por eso y para eso se ha escrito este libro. Esta meta, a su vez, ha condicionado algunas de sus características. El tema no puede ser más serio: el talento y su modificación por la enfermedad. El enfoque que le he dado no es, sin embargo, solemne. El Don Juan *de Mozart está clasificado como «Drama giocosso», y en «Erudición jocosa» podríamos encuadrar mis* Locos egregios. *Su talante, afectuosamente burlón, lúdico, es deliberado y esencial; como lo es en todos los aspectos de mi vida, y desearía contagiarlo al lector.*

Estas páginas son «producto derivado» de un libro científico, del mismo modo que las refinerías de petróleo tienen, como «productos derivados», plásticos y otros elementos, a veces más interesantes que la gasolina. Lo mismo ha ocurrido aquí. En la preparación de un libro técnico sobre «Psicopatología de la Creatividad», fui acumulando tal cantidad de datos fascinantes o pintorescos sobre personajes ilustres, que me pareció absurdo dejarlos sin utilizar. Su inclusión en el libro técnico estaba fuera de lugar y lo hubiese frivolizado. De ahí nació el proyecto de Locos egregios, *«producto derivado», que, como es mucho más fácil y divertido de escribir, he terminado antes que el que le dio origen, y quizá, aunque de otro modo, sea igualmente útil.*

Recuerdo con gratitud a uno de mis profesores de bachillerato: el padre Medina, un jesuita original que nos ha dejado de sus clases de Historia Antigua un recuerdo que todos sus alumnos gustamos evocar.

En las clases, que no se parecían a ninguna otra, «vivíamos» la Historia. Al explicar la muerte de Germánico (al que, por lo visto, admiraba en extremo), quedaba tan afectado que se echaba a llorar, y teníamos los alumnos que abandonar los pupitres para ir a consolarle. Reíamos con los chaqueteos trapisondistas de Alcibíades, y nos enamorábamos, todos a la vez, de Cleopatra. Mientras tanto, en las restantes aulas del país, profesores rutinarios martilleaban las cabezas de sus alumnos con nombres y fechas, en tediosa acumulación. Sólo años más tarde comprendimos que con aquellas payasadas deliberadas, el P. Medina nos hizo uno de los mayores favores de nuestra vida. Que Dios le bendiga.

Años más tarde vivía yo en Roma, en la casa del profesor Ugo Cerletti (inventor del electrochoque, y también de una variedad de queso llamado «formaggino a la Cerletti» del que estaba tan orgulloso como del «electro»), pues debía realizar a su amparo una investigación. Aprendí muchas cosas de Cerletti, pero la más interesante me la enseñó un día de asueto en que paseábamos en su coche por la Roma canicular y desértica. Distraído al mostrar algún monumento, casi atropella a un hombre fornido que empujaba un carro de verduras. Por la calle vacía empezaron a retumbar los convencionales insultos, con la mención final de que la madre del conductor era una «puttaaaana». Paró el coche el viejo profesor, y cuando yo temía un ataque de intempestivo machismo, dijo: «Fíjate bien, Juan Antonio, fíjate en la preciosidad de voz que tiene este barrigudo» («questo trippone»; en italiano queda más gracioso). Al ver que habíamos parado y le contemplábamos, el verdulero arreció furiosamente con la que consideraba parte esencial de su discurso: que la mencionada madre era una «puttana, puttaana, puttaaana»; todo ello acompañado de la adecuada gesticulación. Ante mi pasmo, Cerletti escuchaba embelesado. «Mira, ahora casi da el do de pecho, en la última aaana»... «observa su estructura anatómica: rechoncho, distribución feminoide de la obesidad, manos pequeñas; lo identificarás como próximo a un síndrome adiposo-genital de Frölich». «Con un mínimo de adiestramiento, esa voz podría ser una maravilla.» «Y es que esta alteración del funcionamiento de la hipófisis lleva consigo, como recuerdas, otras alteraciones glandulares, y su influencia sobre el desarrollo corporal frena el de la laringe, que conserva los tonos agudos, mientras la amplitud del tórax y el acúmulo de grasas sobre él forma la más perfecta caja de resonancia, es una especie de Stradivarius humano...» Ya nos íbamos alejando del eufónico verdulero (¡menos mal!), y comenzó a explicar que algunos famosos tenores padecen en cierto grado esta deficiencia endocrina, y con ella reciben el tinte privilegiado de la voz, pero otras limitaciones: «Las manos son pequeñas, pero no es lo único pequeño que tienen... y esto les coloca en situación parecida a la de Tántalo. Vuestra generación no puede imaginarlo, pero lo que ahora son las grandes estrellas cinematográficas o del deporte, lo eran hasta la Primera Guerra los tenores famosos, y en pos de ellos pululaba un enjambre de mujeres enamoradas, que muchos, y por lo que acabo de decir, no podían aprovechar debidamente...» No he podido olvidar esta anécdota del científico que proporcionó un tratamiento que durante más de veinte años fue el único eficaz para librar de atroces sufrimientos a cientos y cientos de miles de enfermos mentales. El lector lo recordará también cuando llegue a los dos capítulos que dedico a los «castratti» «Farinelli» y «Cafarelli». Espero que tras ello será más tolerante conmigo al comprender que, con estos maestros, el libro «tenía» que escribirse así.

Muchos psiquiatras han sentido el impulso de hacer la historia clínica de personajes del pasado, usando los conocimientos actuales. A estos estudios se llama «patografías», y mi padre publicó, en 1946, un libro de esta índole con el acertado título de Locos egregios, *que le convirtió, como dijo Felipe Sassone en el prólogo, «en el hombre que tiene hoy el más interesante, variado e ilustre manicomio del mundo». Reunió más de cien patografías, casi todas ellas breves, enfocando el libro hacia el diagnóstico certero de cada enfermo; una especie de catálogo clasificador de psicóticos ilustres. El libro tuvo gran éxito (en España se leía entonces mucho menos que ahora), y agotada también la segunda edición (de 1953) por misteriosos motivos no ha vuelto a publicarse, pues este libro siempre estuvo muy buscado.*

Hace un año pensamos los editores y yo en una nueva edición actualizada de los Locos egregios *de Antonio Vallejo-Nágera y acepté con gusto ponerla en marcha. El estudio detallado de la obra me convenció de que el mundo en general y nuestra profesión en particular han cambiado tanto, que mi padre hoy no hubiese escrito el libro del mismo modo, y que preferiría que no se volviese a publicar tal como era. Fue excelente para su tiempo, pero ha quedado enclavado en él y desentonaría en el nuestro.*

Acordé entonces con los editores que, aprovechando el material de que antes he hablado, haría yo un nuevo libro, sin más conexión con el de mi padre que el común intento de agrupar personajes ilustres (fuera del rebaño, de la grey, «egregios») con algún interés psiquiátrico. Decidimos conservar el título de la obra paterna, Locos egregios, *por motivos sentimentales, y porque es muy difícil encontrar otro más afortunado. Describo un número mucho menor de personajes, pero más extensamente, y entre ellos hay varios que no son psicóticos «locos»; pero tampoco lo son la mayoría de los clientes que acuden hoy a nuestras consultas. Muchos vienen a resolver tensiones emocionales, o matices de la conducta que no pueden llamarse «enfermedad»; por ello he incluido en la clientela imaginaria del libro una gama tan amplia como la que me ocupa en la clínica. Una vez más tiene razón el pueblo: «No son todos los que están, ni están todos los que son.» Por algo lo dicen.*

Una intención básica de este libro es mostrar que la adquisición de conocimientos no tiene por qué ser aburrida. Esto ya lo han demostrado otros muchos, pero entre nosotros conviene insistir en ello, pues la enseñanza, en España suele impartirse de modo árido, frío, teorizante, sin sentido práctico, y frecuentemente deja en el alumno la impresión de que no es posible gozar aprendiendo.

Quien no fue capaz de encontrar alegría en el aprendizaje de una profesión es muy difícil que luego sepa disfrutar ejerciéndola. Me ha impresionado comprobar que la mayoría de los españoles de hoy odian su trabajo.

Es una importante fuente de amargura, y contribuye a esa acritud contemporánea que está cambiando la afable condición de nuestros compatriotas y su tradicional alegría de vivir. El fenómeno es, por supuesto, mucho más complejo, pero insisto en que la antipatía al propio quehacer profesional y el desdén a la calidad de su realización, la pérdida del «amor a la obra bien hecha», es una tragedia individual y nacional.

Tuve también la suerte de ser alumno de Marañón, y este gran maestro predicaba que en el trabajo creador está la mejor fuente de redención y gozo para el hombre, y que éste debe merecer acercarse un día a su Creador y decirle «... como un Luzbel respetuoso: Señor, sigo ganando el pan con el sudor de la frente, pero el trabajo es mi mayor alegría». He procurado aprender bien la lección, y sólo puedo desear al lector que se entretenga con la lectura de mi libro, tanto como yo lo hice escribiéndolo.

JUAN ANTONIO VALLEJO-NÁGERA

Sotogrande, 2 de septiembre de 1977.

A MODO DE INTRODUCCIÓN

MAQUIAVELO Y SU «TERTULIA DE EGREGIOS»

Se estará preguntando el lector por qué un psiquiatra inaugura su galería de *Locos egregios* con alguien que jamás mostró la menor perturbación mental, teniendo, por el contrario, una de las mentes más lúcidas y equilibradas de todos los tiempos.

El motivo es doble. Mostrar, por una parte, cómo la estructura psicológica de un personaje pretérito puede quedar deformada por la acumulación de falsedades, que, repetidas sistemáticamente a través de los siglos, llegan a constituir una imagen con vida propia, tan pujante que aparta de la escena al ser real, con quien no guarda la menor semejanza, y, por ello, lo peligroso que resulta pretender hacer diagnósticos sobre los tópicos que de las figuras históricas circulan.

En toda la Historia, pocas personas han sido tan citadas, tan mal conocidas y peor interpretadas. Maquiavelo más que un hombre, es un símbolo de malignidad y astuta perversión, fría crueldad, rapiña despiadada... Tremendo error de perspectiva histórica. Maquiavelo fue hombre alegre, bondadoso y honesto.

Mucho se ha escrito sobre Nicolò Machiavelli. El libro de Norsa[1] contiene un índice bibliográfico con 2.143 citas, casi todas ellas ofensivas hacia la persona y ética del buen Nicolás, pese a elogiar su talento. Cuanto mejor se estudia a Maquiavelo más de acuerdo se está con Prezzolini[2] en que la vida de Maquiavelo fue «una de sus obras maestras»; inevitablemente se siente por él admiración, simpatía, afecto y respeto.

Sin embargo durante siglos una aureola de refinada maldad sin escrúpulos ha ido asociada a su nombre. Basta leer en cualquier diccionario, de cualquier idioma, el apartado: *maquiavélico*. Entre los anglosajones se llega al límite: El eufemismo inglés con que se cita al Demonio en lenguaje coloquial, «Viejo Nicolás» («Old Nick»), se refiere precisamente a nuestro personaje, encarnación humana del

Diablo. Tan recientemente como en 1928[3] se le menciona como «Anticristo». Aunque también recibió inesperados elogios. Ridolfi[4] se empeña en que era un «santo» (para lo que habría que suprimir el sexto mandamiento, y que el sarcasmo hiriente no fuese falta de caridad... etc.). Voltaire equipara el teatro de Maquiavelo al de Shakespeare y Aristófanes, y Napoleón asegura que el libro de Maquiavelo es el único que puede leerse. (No sabemos a cuál se refiere, probablemente a *El Príncipe* o al *Arte de la Guerra*, quizá no conoció más que uno; pensó que ya estaba bien, y por eso habla de «el libro».) Pese a los intentos de reivindicación del último siglo, expresa el tópico generalizado Macaulay[5] al encabezar su famoso ensayo diciendo que «ningún nombre en la Historia de la Literatura se ha hecho tan odioso...».

Para adentrarnos en el psiquismo de una persona, pocos elementos pueden ser tan útiles como su correspondencia íntima. Prueba de ello la vamos a tener analizando una carta de Maquiavelo, en la que se contiene además el segundo motivo para dedicarle estas páginas: la que podemos llamar su «tertulia de egregios». La reunión imaginaria, en cada atardecer, con grandes personajes del pasado, con los que conversa a través de sus escritos, en grupo, haciéndoles preguntas «que por su humanidad me contestan». En esencia encontré ahí lo que yo venía intentando al preparar este libro, pero... Maquiavelo lo va a explicar mucho mejor.

La carta que escribe a su amigo Francesco Vettori el 10 de diciembre de 1513 es la más demostrativa de las muchas que se conservan de su correspondencia oficial y privada. Para entenderla bien es preciso describir la situación en que fue enviada:

Niccolò Machiavelli (1469-1527), además de fundador (sin proponérselo) de la Filosofía Política, historiador, diplomático, alto funcionario..., era poeta, dramaturgo, músico, dibujante, estratega, técnico en logística, etc., como corresponde a un intelectual superdotado del Renacimiento florentino (de aquella Florencia tan saturada de genios, en la que si se pegaba un puñetazo a alguien en la cara, se había roto la nariz a Miguel Ángel), y también jovial y mujeriego (con muy amplias tragaderas en este terreno); gran y leal amigo de los suyos, con quienes, además de la correspondencia «seria», que forma un tesoro literario y de comunicación humana, tiene expansiones epistolares salpicadas de sal gorda, para nuestro regocijo y el de sus corresponsales, que más de una vez comentan, como por ej. Ruffini...[6] «tus cartas a Biagio nos han hecho a todos dislocar las mandíbulas de risa».

Tras veintiocho años de vida oscura, ha tenido otros catorce de actividad pública frenética, y... no lo sabe aún, pero está empezando otros catorce de inactividad forzada por ostracismo político. Si le pidiésemos hoy a Maquiavelo que en lenguaje actual nos explicase qué era él profesionalmente, respondería: «un tecnócrata». ¿Su especialidad?: «Las fortificaciones, estrategia, armamento y preparación de la milicia, y misiones diplomáticas delicadas.» Gran sorpresa para nosotros, que lo vemos como pensador y literato. Maquiavelo era hombre de acción, sus escritos surgían «por algo y para algo». Escribió la historia del pasado cuando no tuvo más remedio; lo que a él le gustaba era participar en la historia del presente, modificándola si era posible en favor de su amada e ingrata Florencia. De haberle escuchado, la Historia hubiese tenido más de un matiz distinto, y en favor de sus conciudadanos.

Por ejemplo, Clemente VII, que le encargó y pagó el *Arte de la Guerra*, perdió la suya por no molestarse en leer el libro, y no seguir ninguno de sus consejos.

No sólo sus escritos serios tenían una motivación y finalidad concretas (ahora veremos cuál era la de *El Príncice*), sino también las obras de «divertimento».

Por ejemplo, su comedia *La Mandrágora* la destinó al lucimiento de su amor otoñal, la cantante-actriz Barbera Salvati, para la que también incluye cinco canciones en *La Clizia* y a la que precisamente debe, según Filippo di Nerli, la tardía restitución de sus derechos civiles, logrando los encantos de la actriz sobre los dignatarios de «La Signoria» lo que no consiguieron los méritos de Maquiavelo.

Desde los veintiocho años de edad participa muy activamente en la vida pública de su ciudad. Embajador ante el emperador Maximiliano, ante el Papa, ante César Borgia, ante el rey de Francia Luis XII, siempre en misiones difíciles y a veces arriesgadas, que resuelve bien y de las que envía unos informes que han quedado como modelo, a través de los tiempos. Por la lectura de Tito Livio y la observación de César Borgia llega a la convicción de que debe abandonar el sistema de mercenarios y establecer una Milicia Nacional, con nativos de la República, que, por lógica, estarán más noblemente motivados a defenderla. La idea parece sensata, convence al «gonfalonier» Piero Solderini y queda Maquiavelo encargado de esta misión, a la que se entrega por completo. Tiene algunos éxitos militares, como la toma de Pisa, en 1509, en la que interviene en veintidós acciones de combate, pero tres años después cumple el penoso deber de informar sobre la «cobardía» de su amada milicia, que se desbanda ante la simple proximidad de las tropas españolas a Florencia, donde éstas entran sin lucha, deponen a Solderini y reinstauran a los Médici, con los que Solderini se las arregla para congraciarse casando a su sobrina con Giuliano el Magnífico, pero olvidando salvar a su fiel secretario.

Lo cual Maquiavelo no será capaz de perdonar, haciendo pública siete años más tarde, en uno de sus pocos arrebatos de mezquino rencor, con ocasión de la muerte de Piero Solderini, la coplilla con que inconscientemente ya siempre queda asociado: «Cuando Piero Solderini llamó a la puerta del Infierno, Plutón le contestó: "Cretino, no es aquí, lárgate al limbo con los otros niños".»

Maquiavelo cree poder conservar su puesto, pues, a la postre, Florencia se ha salvado y él es su más entusiasta servidor, pero no es así. El 9 de noviembre es destituido de sus cargos de secretario de «Los Nueve» y de «Los Diez», con la prohibición de acercarse al Palazzo Vecchio, a menos de ser expresamente llamado, lo que hacen días después para pedirle cuentas, con el resultado de que es Florencia la que le debe dinero a él. A pesar de esto, se ve privado de sus derechos civiles, y, por tanto, de la capacidad de ocupar un cargo público, lo que era su único medio de vida, y se le anuncia que tendrá que abandonar Florencia por diez años.

Mientras Maquiavelo navega como puede para capear el temporal, ocurre algo más grave. En febrero de 1513 un insensato llamado Pietro Paolo Boscoli,[7] que prepara una conjura contra los Médici, pierde un papel en el que figura el nombre de Maquiavelo. Éste, pese a su inocencia (no se había enterado aún del complot), sufre encarcelamiento en «Il Bargello» y es sometido a tortura. Por seis veces sufre el «strappado», modalidad de tormento que consiste en suspender a la víctima de las muñecas, con las manos atadas a la espalda, soltar la cuerda y bloquearla repentinamente de nuevo antes de que toque el suelo... Comentará luego con orgullo que soportó el tormento «con una entereza que me sorprendió a mí mismo». Escribe desde la cárcel dos sonetos a Giuliano de Médici pidiendo clemencia. Pese a haber demostrado su inocencia, no se le libera. Pero cuando todo parecía perdido, se beneficia de una amnistía concedida con ocasión del ascenso al solio pontificio de Giovanni de Médici (León X), amnistía muy parcial, pues sólo soltaron, al parecer, a los inocentes (algunos de sus amigos simultáneamente encarcelados siguieron años en prisión), y con limitaciones: Maquiavelo quedó en una especie de libertad vigilada y condicionada; se le permitió refugiarse en su casa de labor, a un par de leguas de Florencia, en San Andrea in Percussina, junto a su pequeña posesión rural en San Casciano, pero privado de sus derechos civiles.

Han transcurrido diez meses de exilio. El diez de diciembre de 1513 escribe la famosa carta a su amigo Francesco Vettori que es todo un monumento literario y humano, mezcla de servilismo, habilidad y grandeza; concesiones prosaicas y enfoque sublime de la vida y la cultura. Ningún documento puede ser más revelador para el conocimiento íntimo de este ser excepcional. Vamos a reproducir sus párrafos fundamentales, y algunas líneas las copiaremos además en el italiano toscanizado original, pues la prosa de Maquiavelo es una maravilla; tiene un estilo conciso, directo, expresivo, armónico, con el balance y austeridad de elementos expresivos y ritmo melódico que puede tener una tocata de Bach. Al traducir, siempre se tiene la impresión de estar rebajando su nivel, desde lo sublime al de una mera intrascendencia.

Para ello, puesto que existen varias versiones conocidas con diferencias en el texto, vamos a utilizar la copia que nos proporcionó su última descendiente directa, Sofía Serristori, condesa Serristori, princesa Bossi-Pucci. La noticia de la muerte de esta dama me ha llegado (mayo, 1976) al preparar este capítulo. Es curioso comprobar que Alfredo de Musset copia descaradamente en sus *Les Voeux stériles* (1821) del párrafo sobre la suerte.

Tras una introducción que expresa su temor de haber perdido al menos parcialmente *«la grazia vostra»*, ya que ha estado tanto tiempo sin escribirle (Maquiavelo era un corresponsal incómodo en aquellos meses), pasa a describir su inmodificada vida cotidiana en el exilio: *«Io mi sto in villa... mi lievo la mattina con el sole, e vommene in un mio bosco che io fo tagliare; dove sto due ore a rivedere l'opere...»* (Tras levantarse con el sol, va dos horas a un bosque que está haciendo talar a vigilar los trabajos, pues va a ser su sustento principal en los años venideros.)

Este bosque, su única posesión, además de la huerta, la casita de Florencia en el Oltrarno y la de San Andrea in Percussina (todo ello heredado), interviene en ese microcosmos de colosos que es la Florencia de esos años. Su leña, por ejemplo, servirá después para fundir el bronce para la estatua del Perseo de Benvenutto Cellini que está en la Logia de la Piazza de la Signoria. Algunos amigos florentinos le compran cargas de leña, a veces para ayudarle, pero mezclando provisionalmente otras intenciones, como cuando Frosino de Panzano le envía el pago descontando «diez liras, que dice le debo de una partida de *cricca* de hace cuatro años»...

«... *Partitomi dal bosco, io me ne vo a una fonte, e di quivi in un mio uccellare.»* (Sale del bosque y va a una fuente y de allí a «mi aviario».)

Era costumbre toscana tener una gran pajarera con aves canoras, adosada a una habitación, en que se refugiaran los pájaros durante la noche. Su construcción próxima a la fuente crea un ambiente ideal para lo que ahora va a realizar Maquiavelo: leer poesía.

«*Ho un libro sotto, o Dante o Petrarca, o un di quiesti poeti minori, come Tibullo, Ovidio, e simili; leggo quelle loro amorose passioni e quelli loro amori, ricordomi de'mia; godomi un pezzo in questo pensiero.»* («Tengo un libro a mano, Dante o Petrarca, o de algunos de los poetas menores como Tibulo, Ovidio y similares; contemplo sus pasiones amorosas y sus amores; recuerdo las mías; gozo un rato con estos pensamientos.»)

Evidentemente los toscanos eran, y son, unos patrioteros: ¡Dante y Petrarca!; habría que ver si Ovidio levantara la cabeza y se oyese llamar «poeta menor».

Hasta ahora todo fue bien. Maquiavelo ha ejercido de «señor» de su magra posesión, y se ha recreado con lo que una mente de intelectual refinado está preparada para disfrutar, pero... aún es temprano y tiene que enfrentarse con todo el largo del día sin nada que hacer. Acostumbrado a un torbellino de actividad y manipulación de gentes (como diríamos hoy), añora Florencia, tan próxima y tan remota, donde está ocurriendo gran parte de lo que durante siglos va a llenar de admiración a los ilustrados del futuro. No resiste la soledad, y claudica; no hay nadie interesante con quien hablar. San Andrea no está en la ruta por donde suelen pasar viajeros importantes, pero Maquiavelo idealiza su cotilleo con los zafios lugareños: «*Transferiscomi poi su la strada nel l'osteria: parlo con quelli che passono, dimando delle nuove de' paesi loro, intento varie cose, e noto varii gusti e diverse fantasie d'uomini.»* («Me voy luego al camino y por él a la posada. Hablo con los que pasan, les pregunto sobre las novedades de sus pueblos, me entero de cosas varias, y capto los diferentes gustos y diversos anhelos de los hombres.»)

Llega entretanto la hora del almuerzo, que realiza con sus operarios. «Con los alimentos que esta pobre villa y mezquino patrimonio es capaz de proporcionar.»

Habiendo comido, regresa a la posada, pues nuevamente le aplasta la soledad, y con la cuadrilla de patanes habituales (el carnicero, el posadero, el molinero y un hornero) «me engolfo el resto de la tarde en la vulgaridad de una partida de cricca o de tric-trac».

Juego medieval, contemporáneo del ajedrez, que hoy se ha vuelto a poner de moda en el mundo occidental con el nombre de Backgammon.

En juegos de azar tan movidos, y con tal compañía, es inevitable enzarzarse en trifulcas diarias. Maquiavelo tiene que escuchar frecuentemente «*parole iniurose*», en un tono de voz «que se oye desde San Casciano». «Así embarcado en estas trivialidades, libro el espíritu de enmohecerse, y muestro la malignidad de mi suerte, para ver si se avergüenza de sí misma.»

Tras esta explicable concesión a la vulgaridad, pues como dirá en otra carta de estos años: «con disgustos tan graves es más necesario que nunca aturdirse con alguna diversión», regresa Maquiavelo a su casa al atardecer y cambia de panorama espiritual. Pese a todo y a todos, consigue crearse un mundo propio sobre la base de la excelsa condición de su mente: comienza por mudar el traje cotidiano «sucio y enlodado», y para recrearse en la lectura de los clásicos e invitarles a dialogar con él tiene la más original de las ocurrencias: se viste de etiqueta. Sin duda, conserva algunos de los trajes de corte de cuando fue embajador y se lo pone para leer: «*Mi metto panni reali e curiali; e rivesti to condecentemente, entro nelle antique corti delli antiqui uomini, dove, da loro ricevuto amorevolmente, mi pasco di quel cibo que solum è mio e que io nacqui per lui. Dove io non mi vergogno parlare con e domandarli della ragione delle loro azioni, e quelli per loro umanitá mi respondono...*»

(«Me cubro con paños reales y curiales, **y así revestido adecuadamente, entro en las cortes de los antiguos, donde recibido por ellos amablemente, tomo el alimento que sólo es mío y para el cual nací**; no me avergüenzo de hablarles y preguntar la razón de sus acciones; y ellos por su humanidad me responden...»)

Maquiavelo, colosal psicólogo intuitivo, se ha puesto en situación, en trance, y crea su tertulia de egregios en la misma y por la misma soledad de su amargo destierro. Logra así unas horas de sublime intimidad, fortalecimiento e iluminación del espíritu. «*Non sento per quattro ore di tempo alcuna noia; sdimentico ogni affano, non temo la povertà, non mi sbigottisce la morte...*» **(«Durante cuatro horas no siento el menor tedio, olvido todos los afanes, no temo la pobreza, ni frunzo el ceño ante la muerte...»)** Explica entonces Maquiavelo cómo saca provecho de estas confidencias, toma nota de ellas y las va estructurando en un libro: «*He composto uno opusculo* De Principibus.» Ha escrito *El Príncipe*, en el que «reflexiono y profundizo cuanto me es posible en el **análisis de qué es el poder, sus distintas modalidades, cómo se adquiere, cómo se conserva y por qué se pierde**».

Ahora viene una parte agria y delicada de la carta de Maquiavelo: tiene que explicar para qué ha escrito *El Príncipe*, y por qué se lo relata a Vettori. Por supuesto, lo ha hecho con el propósito de agradar a Giuliano de Médici y recuperar un puesto activo en la burocracia de la ciudad, pero ni aun a su amigo se lo dirá descaradamente, y, sobre todo, hay que camuflar el hecho de que la utilidad para Giuliano sea sacar enseñanzas, pues la vanidad de éste no lo toleraría:... «Si le ha complacido alguno de mis insignificantes escritos, espero que éste será aún más de su agrado (a Vettori); y a un príncipe, especialmente a uno novicio, le sería muy útil, pero yo lo dirijo nada menos que a la Magnificencia de Giuliano...»

Un aspecto aún más delicado es el de quién le lleva el escrito a los Médici. Maquiavelo no se atreve, y con motivo, a hacerlo personalmente. Teme «pretender apearme en mi casa y tener que hacerlo en Il Bargello» (la prisión donde le acaban de torturar), y en praxis florentina, si lo manda con otra persona, lo más probable es que ésta se lo apropie: «*Si facessi onore di questa ultima mia fatica.*» («Si hiciese honor con éste mi último esfuerzo.») La situación es apurada y desesperante: «... la necesidad me apremia a enviarlo, pues mis recursos se agotan; si continúo en esta situación, pronto seré tan pobre que inspiraré lástima y desdén».

Así ocurrió. Duele leer una carta de años después en la que explica cómo en sus escapadas furtivas a Florencia tiene que pasar el tiempo en la tienda de un tal Donato dal Corno o con una ramerilla llamada «La Riccia»: «... y temo estar cansándoles a los dos; el primero empieza a llamarme un estorbo en la tienda, y ella un estorbo en la casa. Parece, sin embargo, que aún sirvo de algo para ambos como hombre de buen consejo, y este prestigio hace que Donato tolere que me caliente en la chimenea de la tienda y La Riccia me deja robar algunos besos. Temo que ni de esta situación voy a seguir gozando mucho tiempo...»[8] Esta carta patética y desgarradora es la respuesta a un amigo que se da la gran vida en Roma, y se la describe detalladamente a Maquiavelo, que todo lo ha perdido, y que le responde: «Lo mucho que he disfrutado, gozando a través de sus satisfacciones las que yo ahora no puedo tener», y expone su situación.

«Aquí se basa mi esperanza de que estos señores Médici comiencen de nuevo a emplearme, aunque sea para cargar piedras...». Esperanza frustrada durante catorce años. Cuando mucho después de escrito, se atrevió Maquiavelo a entregar personalmente *El Príncipe* en la corte de Giuliano, tuvo mala suerte con la elección del momento; aquel mismo día llegó para Giuliano el obsequio de una jauría de perros de caza, que por supuesto le interesaron mucho más que el intelectual proscrito, cuyo libro parece que nunca llegó a leer.

Los historiadores discuten si fue la corte de Giuliano o la de Lorenzo de Médici a donde llevó *El Príncipe*. Es muy poco probable que fuese a la de Lorenzo, pues a éste lo describe como «amable y asequible en las audiencias», caracterización que no podría hacer de haber recibido de él semejante trato.

Maquiavelo argumenta en la carta lo que no se atrevería luego a decir en la entrevista: «... A cualquiera conviene aceptar los servicios de quien tiene una gran experiencia... demuestra (su libro) que no estuve durmiendo ni holgando los quince años que he dedicado al estudio del Arte del Estado... No deben tampoco dudar de mi honradez, pues habiéndola mantenido siempre no voy a quebrantarla ahora, ni sabría aprender a hacerlo. **Quien ha sido fiel y honesto durante los cuarenta y tres años que tengo, poco dispuesto ha de estar a cambiar de naturaleza, y mi pobreza es el mejor testimonio, tanto de mi lealtad como de mi honradez.»** «... *E a Voi mi raccomando, Sis felix. Die X Decembris 1513. Niccolò Machiavelli.*»

El ciclo vital de Maquiavelo se cierra epistolarmente con la carta de su hijo Piero, el 22 de junio de 1527. Dice así: «... Sólo puedo llorar al anunciarte que nuestro padre Niccolò falleció hoy día 22, de los dolores de estómago provocados por la medicina que tomó el día 20. (a)

Consintió al hermano Matteo, que le acompañó hasta lo último, escuchar su confesión. Nuestro padre, **como bien sabes, nos ha dejado en la más absoluta pobreza».** (b)

(a) Las interpretaciones actuales sobre la enfermedad final de Maquiavelo varían entre un infarto de miocardio (que a veces se percibe subjetivamente como dolores de estómago), una peritonitis, o la perforación de una úlcera de estómago; pero para su hijo la causa de su muerte fue: la medicina que tomó.

Los médicos hemos pasado a lo largo de la Historia por fases de desprestigio colectivo, y los de la Florencia de entonces estaban en una de ellas. Mala suerte para ellos, que no siempre se plasmaba sólo en los reproches de la familia, especialmente si ésta era poderosa. El médico de Cósimo Médici apareció ahogado en un pozo a los cuatro días de la muerte de éste.

(b) El lector quizá tenga curiosidad en conocer hasta qué punto era esto cierto. Por supuesto, Maquiavelo pasó años de terrible penuria, como hemos comprobado antes en la carta sobre Donato dal Corno, pero su pequeño patrimonio heredado (la casita de Florencia, el bosque de San Casciano, y la huerta y casa en San Andrea in Percussina), lo retuvo hasta el final, legándolo a sus descendientes (que lo conservan en la actualidad) gracias a un inesperado golpe de suerte, que tan adversa le fue en lo fundamental. Pocos meses antes de su muerte, no recibiendo ningún encargo de La Signoria, aceptaba cualquiera que pudiera surgir, y el Gremio de la Lana le encomendó por unos pocos florines el empleo de su talento de diplomático-negociador en una misión insignificante y pintoresca, la de negociar en la corte del Dux de Venecia el rescate de tres mercaderes de lana que cuando regresaban «habían caído en las manos de una colonia de sodomitas, que los retenían». Mientras esperaba en Venecia (último de sus viajes, en los que se calcula que cabalgó más de 60.000 kilómetros), se le ocurrió jugar a la lotería, y... ganó más de 2.000 ducados (importe equivalente a la suma de varios años de su antiguo salario). Con ellos pudo saldar las agobiantes deudas, deshipotecar la heredad, y algo sobró para festejar a su último y más intenso destello pasional, Barbera Salvati. Es tragicómico el haber encomendado tan menguada misión a quien acaba de escribir *El Arte de ser Diplomático* para orientar al novato Girolami, recién enviado en embajada a España, puesto para el que se había pensado en el propio Maquiavelo, y el no dárselo nos ha privado de tener el mejor retrato posible del emperador Carlos V, como el que hizo de su abuelo Maximiliano.

Como nota final comentaré (quien haya tenido la paciencia de seguir hasta aquí la letra menuda demuestra estar capacitado para interesarse por cualquier dato singular) mi asombro (y regocijo, no puedo negarlo) al comprobar que en la última carta a su hijo Guido, 2 de abril de 1527, Maquiavelo, ese gran polifacético, da instrucciones (acertadas) para el *tratamiento psiquiátrico de una mula que se había vuelto loca*: «... Dices que la mula joven se ha vuelto loca. Bien, tratémosla justo lo contrario de como suelen hacer con los lunáticos. Se les ata. A la mula desátala; entrégasela a Vangelo para que la lleve a Montepugliano y la suelte, pueda ir a donde quiera, logre su propio sustento y supere su chifladura. Allí hay grandes prados. Es una mula muy joven, allí no puede hacer ningún daño. Entonces, sin preocuparte por ella, mira cómo le va. Podemos esperar para recogerla hasta que veamos que recobró su cordura.» En la curiosa manía que tienen muchos intelectuales contemporáneos de adivinar segundas, y terceras, intenciones en todo, Edmond Barincou[9] se empeña en interpretar la historia de la mula como «una sutil alegoría», representando el animal a alguna de las jóvenes de las que Maquiavelo tan fácilmente se enamoriscaba. Pero no, la mula existía, y se conserva la respuesta de su hijo, 15 días después, comentando que aún no pudieron subir la mula a Montepugliano porque todavía no había brotado la hierba.

BIBLIOGRAFÍA

1. Norsa, Achille: *Il principio della forza nel pensiero político di Niccolò Machiavelli*, ed. Hoepli, Milán, 1936.
2. Prezzolini, Giuseppe: *Niccolò Machiavelli the Florentine*, Brentano, New York, 1928.
3. Prezzolini, obra cit.
4. Ridolfi, cit. por Barincou (véase 8), p. 123.
5. Macaulay: *Critical and Historical Essays*, ed. Longman, Brown, Green and Longman, London, 1854.
6. Ruffini, cit. por Allen, John: *One Hundred great Lives*, ed. The Greystone Press, New York, 1944, p. 313.
7. Véase (8), p. 315.
8. Barincou, Edmond: *Machiavelli*, ed. Grove Press, inc., New York, 1961, pp. 80-81.
9. Ídem, p. 102.

Nota para la iconografía de Maquiavelo.

VILLARI Y TOMMASINI (Villari, Pasquale: *The Life and Times of Niccolò Machiavelli*, Ed. U. Hoepli, Milán, 1936) están de acuerdo en que no hay un retrato o escultura auténticos de Maquiavelo, pero el grabado florentino mostrando a Maquiavelo y «La República Libre» data de 1943, y sirvió de modelo a Jean Perraud. En cuanto a descripción física, no contamos más que con la que hace indirectamente su esposa Marietta Corsini, hablándole de su hijo: «... El niño está bien y se te parece mucho. Es blanco como la nieve, pero su pelo parece terciopelo negro, y es tan velludo como tú. El parecido a ti me hace encontrarle muy hermoso.»

ABDERRAHMAN III

Abderrahman III, octavo emir de Córdoba y primero en usar el título de «califa», subió al trono a los 22 años y en él permaneció hasta su muerte en el año 961 (hecho ya un tanto excepcional), tras más de cincuenta años de reinado triunfal. Llegó en sus incursiones hasta Francia y Fez, Orán y Túnez. Acumuló inmensas riquezas que supo disfrutar, gozando asimismo de la cultura, que alcanzó un gran esplendor durante su reinado. Su interés por la Medicina (de la que fundó la primera Academia de Europa, en Córdoba) puede deberse en parte al padecimiento de la «enfermedad sagrada», que compartió con Julio César y Napoleón, y, como éste, manifestó un rasgo caracteriológico asociado a ciertas formas de epilepsia: la obsesión por el orden y organización, que en ambos casos les facilita la de sus respectivos imperios, y, de modo más destacado en Abderrahman, el matiz prolijo, detallista de este temperamento, que le lleva a anotar cuidadosamente y con toda precisión «el número exacto de días en que había sido feliz», en un curioso testamento espiritual, que es el principal motivo de esta reseña biográfica.

Pocos hombres han tenido tantos motivos para estar satisfechos de su propio destino. Claro ejemplo de «elegido por los dioses», quienes, además de seleccionarlo de entre los muchos posibles candidatos al trono de su abuelo, hicieron que la preferencia de éste por Abderrahman (a cuyo padre había hecho asesinar) no se acompañase de las habituales y amargas luchas de familia por la posesión de la herencia, pues su tío Almudhaffar, con más derechos, aceptó fielmente la decisión arbitraria de Abderrahman II, y a su sobrino prestó no sólo acatamiento sino entusiasta apoyo como el más valiente y hábil de sus generales, logrando para Abderrahman muchas de las grandes victorias militares que fueron extendiendo y consolidando su poderío.

Del esplendor de aquella Córdoba de más de medio millón de habitantes dieron reiterado testimonio, con su asombro, las sucesivas embajadas que de otros países fueron llegando y por todo el mundo esparcieron noticia de las maravillas que en Córdoba y Medina Zahara rodeaban al soberano.

Una de las anécdotas más curiosas y reveladoras de este reinado es la de la alianza con Sancho I «El Craso». Como es sabido, este príncipe, de enorme obesidad (por eso el sobrenombre de «El Gordo» o «El Craso»), sube al trono al morir su hermano Ordoño III en el año 955, pero el conde de Castilla, Fernán González, tiene poderío suficiente para imponer a su preferido, el cual, destronando a Sancho, se corona como Ordoño IV. Es una de tantas historias de la España medieval, que no tendría interés si no fuese por lo singular del desenlace, y especialmente por el modo como éste se realiza. Sancho I, destronado, transporta su gran pesadumbre y sus muchos kilos a la vera de su tío don García de Navarra en busca de apoyo y consejo. Siempre es más cómodo proporcionar consejo que dar ayuda, y don García da al desventurado Sancho el más inesperado de los asesoramientos: antes de nada debe corregir su anormal gordura, y para ello sólo los mejores médicos del mundo pueden ayudarle, y éstos están en Córdoba; allí ha de ir.

Ya es notable el consejo, pero más aún la dócil convicción con que Sancho lo acepta, y colma la serie de sorpresas de esta extraña historia el que los médicos de Córdoba logran curarle, siendo aún hoy notable proeza técnica la corrección de una obesidad patológica, de etiología endocrina, como era la de Sancho I. Abderrahman, que recibió a Sancho y a su numeroso séquito preparado por la embajada que con tal motivo le había enviado don García, trata al monarca destronado con la mayor afabilidad. Se establece entre ellos tan cordial relación, que Sancho pide y obtiene una alianza con su huésped cordobés, y... «recuperada salud y agilidad gracias a los cuidados de los médicos, especialmente Hasdai»..., está en condiciones de encabezar el ejército que Abderrahman le presta y con él reconquista su trono.

Abderrahman, dotado al parecer de todas las virtudes y gracias, goza, según sus cronistas, de notable prestancia física. «Es el más hermoso y gentil de los muslimes, de color rosado y ojos azules. Entre sus rasgos morales descuellan la amabilidad, la bondad y la prudencia», y una bien manifiesta tendencia a la clemencia. La «piel rosada y ojos azules» se deben a que es hijo de María, mora de estirpe cristiana, lo que durante su reinado facilitó la tranquila participación en el bienestar común de la numerosa población cristiana de Córdoba, pese al fervor musulmán del califa. Tan buena armonía estuvo a punto de romperse del modo más inesperado, y es muy ilustrativo del carácter, parsimonia y puntillismo enequético de Abderrahman el cómo se desarrolla, hasta un «happy end», toda esta serie de incidentes que comienzan con el envío (no se sabe por qué) de una embajada a Otón, en la remota Alemania.

Puede llamarse esta curiosa historia la de «los protocolarios improperios epistolares», pues Abderrahman III envía a sus embajadores a Otón cargados de presentes deslumbradores, pero también, y aquí radica el problema, con una carta, y en ella, según el protocolo y costumbre musulmanes, verdadera «obligación moral», se inicia el escrito con grandes alabanzas a Mahoma, al islamismo y también (sigue, al parecer, siendo lo «protocolario») con no menos grandes insultos al cristianismo y su divino fundador. Por fortuna para Otón, Córdoba está muy lejos y no puede emprender una guerra contra ella; pero tampoco aceptar la misiva blasfema, y a ella debe contestar de manera apropiada, con otra equivalente pero de signo cristiano, cuya redacción queda encargada a su hermano Bruno, arzobispo de Colonia.

La «vivencia del tiempo» no era en el siglo X la de nuestros días, y la carta tardó casi tres años en estar lograda de modo satisfactorio. Los embajadores de Abderrahman han estado retenidos, «decorosamente tratados», en la corte de Otón y con ellos ha de regresar la embajada de éste con la famosa carta. ¿Quién se prestará a llevarla? No es misión grata, pues resulta muy probable que el mensajero sea ejecutado entre atroces tormentos. Es lo que la ley musulmana impone a quienes insulten al Profeta, y no son precisamente alabanzas a Mahoma lo que contiene la real misiva. Surge al fin un voluntario, conscientemente dispuesto al martirio, en la persona de un monje de la abadía de Gorza llamado Juan, quien con su abnegación va a complicar enormemente las cosas.

Llega al fin a Córdoba «Juan de Gorza», acompañado de otro monje también resignado a la misma suerte, pero se encuentran en una inesperada situación, típico fruto de la astuta benevolencia de Abderrahman. Son recibidos amablemente, pero pasan los meses sin audiencia del califa, y, por tanto, sin posible entrega de la misiva de Otón. Preguntan y se les contesta que el califa ha decidido que «como sus embajadores han esperado tres años, por lo menos el triple deben aguardar los de Otón», a quienes, por tanto, no piensa recibir hasta dentro de nueve años.

El motivo real de este aparente desplante puntilloso es que Abderrahman conoce en esencia el contenido de la carta, y sabe que, al leerla, su propia ley, a la que ni él mismo puede sustraerse, le obliga a la ejecución de sus emisarios, y esto no lo desea de ningún modo. Abderrahman nunca pelea por nimiedades. Tiene un temple pacificador, sus muchas guerras fueron o provocadas por otros o convenientes, y siempre procura dejar abierta la puerta a la negociación apaciguadora. Los nueve años son una oportuna tregua autoinventada, para tranquilidad de la comunidad cristiana de Córdoba, alarmada con todo este latente conflicto, que a la postre puede descargar sobre sus cabezas.

Existen personas muy dotadas para una determinada misión, pero no para otras. Esto le pasa a Juan de Gorza, de excepcionales aptitudes para mártir, pero «para nada más». Este hombre se empeña en cumplir su encargo, con alarma creciente de la comunidad cristiana de Córdoba, que tiembla ante la posibilidad de romper el difícil equilibrio de tolerancia religiosa.

Por ello no sólo el obispo mozárabe de Córdoba, sino también el representante judío Hasden, le alagan primero y coaccionan después sin ningún éxito. Juan insiste en que tiene que servir a su rey presentándose ante el califa. Hasden, con una hábil negociación con Abderrahman, que acepta de buen grado la idea, le ofrece ser recibido por el califa si no lleva la carta. El candidato a mártir no acepta, y la comunidad cristiana, que hasta ese momento lo ha mantenido, lo abandona a su suerte, y aquél ha de vagar mendigando por la Córdoba hostil. Al fin, ante los razonamientos abrumadores sobre el daño que puede desencadenar, acepta una solución de compromiso: parte un emisario hacia Frankfurt a entrevistarse con Otón. Éste, bien informado, envía un nuevo embajador con otra carta e instrucciones para Juan a fin de que no presente la primera, y en su lugar negocie un tratado de amistad con el califa. Abderrahman (¿sentido del humor?, ¿deseo de recompensar la tozuda dignidad de Juan?), se niega a recibir al nuevo embajador de Otón sin haberlo hecho antes con el primero. Ahora, en este tragicómico carrusel de desatinos, Juan de Gorza, famélico y andrajoso, pone de nuevo en marcha su notoria capacidad entorpecedora. Si, tras vegetar en la miseria, ha de visitar al califa, lo hará con el hábito de su orden, harapiento desde que los cristianos le abandonaron. Es de imaginar el pánico con que los cristianos llevan la noticia de la nueva imposición. El califa está de buen talante y entrega diez libras de plata para que Juan pueda presentarse dignamente vestido. Grande debió ser la tentación de los cristianos a «martirizarlo» ellos mismos, cuando Juan entrega la plata a los pobres y comenta: «No desprecio los dones de los reyes, pero no puedo llevar sino el hábito de mi orden.» Abderrahman muestra un temple sorprendente y altura de espíritu ordenando: «Que se presente como quiera, en un saco si lo prefiere, que no por eso he de recibirle peor», y lo hace con solemnidad. Siguen varias entrevistas, al califa le cae en gracia la reciedumbre de Juan de Gorza y acuerda el convenio solicitado por Otón, a cuya corte regresa (no sabemos si triunfante o decepcionado) el noble y extraño terco Juan de Gorza, que tan cerca estuvo de provocar una catástrofe.

Todo este episodio es insignificante en la compleja biografía de un monarca que levanta ejércitos de 100.000 hombres, reorganiza su vasto imperio poniendo orden en el caos y eleva el nivel cultural y artístico de sus súbditos hasta uno de los puntos cimeros de la Historia, pero, en su intranscendencia, es muy revelador de una psicología que en el relato de los grandes acontecimientos queda enmascarada por la adulación de los cronistas.

Tampoco tienen grato final todas las anécdotas. Terrible es la del suplicio del niño Pelayo, sobrino del obispo de Tuy, que había quedado en calidad de rehén. Prendado de su «talento y hermosura», Abderrahman le incita a convertirse al islamismo con grandes promesas y «caricias», cuyo carácter equívoco induce a Pelayo a lanzarse contra el califa «mesándole la barba e hiriéndole en el rostro, con insultos a Mahoma». Conocido es el final del niño mártir, que soporta heroicamente los terribles suplicios hasta que su cuerpo mutilado es arrojado al Guadalquivir.

Meses antes de morir Abderrahman sufre una terrible enfermedad psíquica, hoy llamada «melancolía involutiva» (ya tenía setenta y dos años), en la que a la tristeza, melancolía, angustia, supremo abatimiento que caracteriza a todas las depresiones de origen orgánico, se suma la «incontinencia emotiva», por lo que todos los cronistas relatan cómo en todos estos meses, aun no teniendo dolores ni motivos reales de pesadumbre,* era incapaz de hablar «sin lágrimas en los ojos» a quienes lo atendían. Como ocurre frecuentemente en estos enfermos, tenía intervalos libres de síntomas, en los cuales recuperaba su iniciativa, y fue durante uno de ellos,

* La ejecución de su hijo Abdallah —a quien mandó decapitar por traidor—, suceso al que muchos quieren atribuir la melancolía del monarca, ocurrió once años antes, y durante ellos mantuvo su habitual estado de ánimo, hasta la tardía iniciación de la enfermedad.

inmediato ya al momento de su muerte, cuando este hombre extraordinario, que tuvo el mundo en sus manos, dictó el balance de su vida, con la precisión enequética que le singularizaba, proporcionándonos uno de los documentos más interesantes de la relación entre poder absoluto y felicidad.

«He reinado más de cincuenta años, en victoria o paz. Amado por mis súbditos, temido por mis enemigos y respetado por mis aliados. Riquezas y honores, poder y placeres, aguardaron mi llamada para acudir de inmediato. No existe terrena bendición que me haya sido esquiva. En esta situación he anotado diligentemente los días de pura y auténtica felicidad que he disfrutado: SUMAN CATORCE. Hombre, no cifres tus anhelos en el mundo terreno.»

HUGO VAN DER GOES

Hugo van der Goes (nacido hacia 1438, muerto en 1482), considerado «el más grande pintor» en su tiempo, es la última cumbre de la cordillera que viene desde los Van Eick, Van der Weiden, Bouts, Petrus Cristus, y termina con él y su contemporáneo Memling. Forma parte de la escuela flamenca, en la que la pintura alcanza una perfección que en cierto sentido no se ha vuelto a igualar.

Gran parte de la vida de Hugo está sumida en el misterio, que también envuelve la obra. Muy pocos de sus grandes cuadros le están atribuidos con certeza, pero bastan por su calidad para justificar el prestigio de que gozó en su tiempo.

Poco antes de morir se recuperó de una enfermedad mental, tan grave que le tuvo anulado un año. Hace relativamente poco tiempo se ha descubierto un manuscrito del convento en que pasó sus últimos años, en el cual se describen con detalle su enfermedad, las interpretaciones a que dio lugar y la curiosa terapéutica con que creyeron haberle curado.

Bruselas 1481. Un grupo de monjes sudorosos y asustados sujetan al pobre loco que forcejea con ellos y que suplica entre gritos y gemidos que lo maten o le dejen que lo haga él mismo, pues está condenado sin remedio al fuego eterno. Parece «frenesis magna» o «posesión por el Mal Espíritu». Sombría alternativa.

El padre Tomás Wyssem, prior del convento de Rouge-Cloître, que acaba de abandonarlo para acudir presuroso a Bruselas en auxilio del demente, da orden de comenzar el tratamiento. ¿Inyección? Tardarán tres siglos en inventarse. ¿Lavativas? Aún no están en boga. ¿Sangría, bebedizo? No; el más apacible de los tratamientos: que se interprete música en su presencia.

La enfermedad del hermano Hugo (Van der Goes ingresó en el convento como novicio cinco años antes) tiene apariencia similar a la del rey Saúl, y, por tanto, es de esperar que se alivie con la música, tal como a Saúl le ocurrió con el arpa de David.

El sacro y regio precedente, junto a la aparente eficacia en la primera noche (pues Van der Goes, rendido, acaba tranquilizándose), justifica que se insista en el tratamiento, y durante el año de la enfermedad cuida el afable prior de que ni un solo día falte la sesión de «meloterapia». Hoy se llama así, pues la psiquiatría contemporánea ha resucitado esta vieja terapéutica (con modificaciones, por supuesto), que tiene al menos la ventaja de ser inofensiva.

Sea por el antecedente bíblico, o por el inmemorial mito de que la «música amansa las fieras», durante siglos y en las más diversas culturas se ha venido intentando esta curación melódica, especialmente en locos agitados o en quienes sufrían de «melancolía».[1] Nuestros primeros Borbones lo muestran (ver Farinelli). No es nada fácil enjuiciar la eficacia de un tratamiento en esta última enfermedad, precisamente la que Hugo padecía, pues tiene remisiones espontáneas, a veces tan repentinas como puede ser su comienzo. Los buenos frailes quedaron convencidos de haberle curado con el diario concierto, reiterado hasta su reposición, y el tratamiento conservó prestigio.

En el libro de Ficino *De vita triplici* se señalan con precisión la dieta y la música que deben usarse.[2]

No podían saber los frailes que un año suele ser el tiempo que tarda en curar espontáneamente una fase depresiva a la edad que tenía Hugo.

¿Por qué mostró el padre Tomás tan inusitado celo en cuidar a uno de sus novicios? De que el trato no era igual con todos queda fiel testimonio en las envidias y críticas de alguno de los compañeros, que están reproducidas en la misma crónica que nos relata las vicisitudes de la enfermedad.

Hugo van der Goes no era novicio común. De vocación tardía, entró en el convento en 1476, como hermano lego, cuando tenía cerca de cuarenta años y una gran fama que aumentó con su encierro.

De antes de este año tenemos pocas noticias suyas. Se desconocen el lugar y fecha exacta de su nacimiento, pero sean estos cuales fueren (dentro de los límites en que se calcula), eligió mal el momento de nacer. Su tierra pasaba por una etapa de baja en el mercado de la pintura. Durante la vida de Felipe el Bueno gozaron los pintores, de los que hubo una verdadera explosión simultánea de grandes talentos, de enorme prestigio y protección. Los Van Eyck, y luego Van der Weyden, estuvieron mimados por los poderosos, que codiciaban su arte, pero con Carlos el Temerario, más aficionado a los torneos, cabalgatas y alardes externos que a la contemplación en privado de obras de arte, los pintores o no recibían encargos o se les encomendaba la ornamentación de las calles y casas para los vistosos desfiles. Concretamente, Hugo llegó a ser una especie de ornamentador oficial de los regocijos públicos. Los pocos encargos de cuadros partían de canónigos, comerciantes o extranjeros. La principal obra, el *Tríptico Portinari*, de imponente presencia en los «Uffizi», fue encargado para el panteón de esta familia florentina por uno de sus miembros. Otra de las más importantes, la *Adoración de los Magos*, vino a España, al monasterio de Monforte de Lemos (y en 1910 se vendió al Museo de Berlín).

Precisando fondos para unas escuelas de artes y oficios para obreros, el monasterio puso el cuadro en venta, para lo cual hubo de pedir permiso a su patrono, el duque de Alba, quien gestionó del conde de Romanones, ministro de Instrucción, la compra por el Estado. Respondió Romanones agradeciendo la gestión, pero afirmando «la imposibilidad de que el Gobierno adquiriese el cuadro». Esta colosal obra maestra fue vendida en 1.180.000 pts.

Así pues, Van der Goes tenía más renombre que fortuna cuando una súbita vocación le llevó al convento de Rouge-Cloître, de los Canónigos Regulares de San Agustín, cerca de Bruselas. Como a los poderosos siempre se les antoja lo que les falta, les entró una especie de «vandergoesmanía», y quienes antes no le prestaron la menor atención, emprendieron ahora molestos viajes y engorrosas gestiones para hacer encargos al fraile artista. El austero monasterio se convirtió en meta de curiosas peregrinaciones adquisitivas, encontrándose entre los visitantes nada menos que el futuro emperador Maximiliano, yerno de Carlos el Temerario. La creciente celebridad de Hugo repercutía en la del convento, cuyo prior, el bondadoso y débil padre Tomás, para no contrariar a tan ilustres visitantes, tuvo que hacer grandes excepciones con Hugo, a quien se le permitía hablar con los forasteros, comer con ellos y otra serie de licencias, que si a nosotros pueden parecernos normales, no lo eran en aquel recinto de hombres que todo lo habían dejado para el exclusivo servicio de Dios. Al morir, quedó obra encargada que le hubiera ocupado por lo menos nueve años, y durante los seis que vivió en el convento, dio lugar con sus infracciones toleradas de la Regla a la crítica de sus compañeros, sobre la que tendremos que hacer alguna observación.

Una celebridad aislada de las gentes da siempre lugar a leyendas, y dos muy curiosas tratan de explicar la tardía vocación de Hugo van der Goes. Ninguna tiene fundamento, pero nos sirven para familiarizarnos con los esquemas interpretativos contemporáneos. La primera leyenda se relaciona, cómo no, con el «mal de amores». La melancolía que sigue a un enamoramiento frustrado ha sido siempre tema literario para el abandono del mundanal ruido y búsqueda de la paz en el claustro. Y como de Hugo no se conocían amores, hubo que inventarlos. No es extraña la predilección que los literatos del romanticismo sintieron por las historias góticas, pues tienen clima similar, y las dos de Van der Goes pudieron servir de base a sendos lacrimosos novelones del XIX. Entre las obras desaparecidas de Hugo van der Goes tuvo enorme fama en el siglo XV una llamada *Abigaíl implorando a David*. Las asténicas doncellas de las tablas góticas, con sus evidentes signos residuales de un raquitismo infantil, como párpados caídos (blefaroptosis), abdomen abombado en contraste con su delgadez («vientre de batracio») y piernas ligeramente cóncavas («tibias en sable»), pueden parecernos hoy estilización espiritual y asexuada de la mujer, pero eran sin duda las «reinas del *sex appeal*» de aquel tiempo.

Europa pasó uno de sus terribles períodos de hambre, y el raquitismo era endémico, como nos lo demuestran aún con más claridad todos los niños que sirvieron de modelo a los «Niños Jesús».

El retrato de Abigaíl fascinó a quienes pudieron contemplarlo. Se convirtió en una especie de Monna Lisa flamenca, uno de esos cuadros que no se miran, se «leen», y cada observador deduce una historia. Muchas de ellas se refirieron a su autor, con la misma lógica equivocada que habría de asociar las Majas a la vida sentimental de Goya, etc. Se interpretó que Abigaíl era dama de noble cuna, y su alcurnia convertía en amor imposible el del pintor por la misteriosa modelo. Encerró su tristeza en el convento.[3]

La otra versión no es menos romántica. Los viajes largos eran tal aventura que quienes los emprendían no solían conformarse relatándolos; los escribían. Uno de estos viajeros, un alemán llamado Jerónimo Munzer, cuenta que: «En Gante había a finales del siglo XV un pintor que desesperando de alcanzar la perfección del *Cordero Místico* de los Van Eyck, se hundió en la melancolía...»[4] La atribución a Van der Goes de tan extremado pundonor profesional ha estado muy extendida, y con ella la justificación vocacional.

Las dos versiones novelescas suponen una desolación espiritual como inducción al claustro, pero lo cierto es que Van der Goes entró en el convento sin muestra alguna de melancolía. Trabajó activamente los primeros años, y emprendió viajes obedeciendo órdenes de sus superiores. Uno, conocido, a Lovaina en 1480, a justipreciar unos cuadros de Thierry Bouts, en su calidad de «más grande pintor viviente». Otro, cuya motivación no se conoce, a Colonia en 1481, en compañía de su medio hermano Nicolás, también novicio en el mismo convento. Es al regreso de este viaje, ya cerca de Bruselas, cuando, repentinamente, una noche se inicia «el acceso de locura».

De regreso al convento, se encomienda el paciente al también hermano lego Gaspar Ofhuys, que hace de enfermero y a la vez cronista de la comunidad religiosa. Afortunada coincidencia que nos permite conocer con detalle los síntomas y evolución de la enfermedad de Van der Goes y los comentarios que suscitará. Lo que más enoja a Ofhuys son las críticas, que «incluso personas de alto rango» hacen sobre el supuesto abandono en que se deja al popular paciente.[5] Por el contrario, afirma el cronista, fue cuidado sin cesar día y noche. Así debió ser, pues de lo contrario habría muerto o se hubiese suicidado. Tal es el tormento que esta enfermedad en sus formas más graves provoca, que todavía hoy, pese a los eficaces tratamientos de que se dispone, la mortalidad por suicidio en las depresiones endógenas intensas supera en cuatro veces a todas las demás causas de muerte juntas por enfermedad psíquica.

Los síntomas de esta enfermedad se repiten fotográficamente de uno a otro enfermo, y de generación en generación a través de los siglos. Por esto, cualquiera de nuestros pacientes que la sufre puede hacernos comprender a la perfección lo que le ocurría a Hugo, pues el cuadro clínico es idéntico. Sólo varía el lenguaje con que su cronista lo relata, que traduce embelleciendo con sonoros arcaicismos la pedante terminología técnica de hoy. Los síntomas de la enfermedad se agrupan en tres sectores:

1) Tristeza y angustia, inmotivadas pero profundísimas, superiores a las que produce la pérdida del ser querido o la amenaza inmediata de la propia muerte, que igual que en las grandes torturas ya no se teme, se anhela como única vía posible de liberación (de ahí los suicidios). En el ánimo del enfermo actúa un filtro malévolo que impide el paso a cualquier alegría o satisfacción, y en cambio amplifica y potencia

al máximo cualquier estímulo desagradable o disgusto, a los que (al no encontrar otra explicación) atribuye equivocadamente el origen de su depresión. Así pues, queda inhabilitado para disfrutar de la vida; sólo puede padecerla.

2) El segundo grupo de síntomas engloba la llamada «inhibición psicomotriz», que consiste en una pereza enfermiza, desgana invencible, que le impide realizar sin esfuerzo heroico la menor tarea. No tiene ánimo para vestirse, comer, salir, hablar, y tiende a quedar en cama, a oscuras y en silencio, aplastado por su inmenso dolor espiritual. Toma, pues, como sarcasmo o crítica injusta los consejos de quienes le rodean, que invariablemente pretenden que «salga, se anime y se divierta», sin comprender que esto es imposible mientras dura la enfermedad (en ello precisamente radica esta dramática dolencia).

3) El tercer grupo de síntomas deriva de los anteriores. El enfermo no enloquece, en el sentido coloquial de esta expresión: conserva íntegra su capacidad de juicio y raciocinio, y precisamente porque la conserva trata de explicar los extraños fenómenos que siente, y los atribuye a cualquier disgusto, importante o banal, que por casualidad ocurre en esos días. Tiende a formar ideas delirantes de ruina, indignidad y condenación irremisible; ya sin fundamento, e irrebatibles a la argumentación lógica, pero acordes con su anormal estado de ánimo, que de algún modo tienen que «explicarse». Para colmo de males sufren el tormento espiritual que la tradición cristiana pronostica como el más terrible para los condenados al infierno: la desesperanza, la infinitud abrumadora. Una rara alteración de la vivencia del tiempo les impone la sensación de eternidad en el sufrir. Todos aquellos ejemplos escalofriantes de que cuando el desgaste producido por el paseo de una hormiga en una esfera de hierro del tamaño de la Tierra la haya destruido al fin por completo, la eternidad seguirá siempre en su repetida iniciación, etc... La vive el enfermo depresivo con aplastante realismo y la aplica a la eternidad de su cruel padecer.

Paradójicamente, todos estos males martirizantes son transitorios. El enfermo depresivo, con los tratamientos actuales cura en pocos días, y abandonado a su destino, sin tratamiento alguno, tiene remisiones espontáneas, y, si ha sobrevivido, se cura generalmente por completo al cabo de diez o quince meses, recuperando íntegra, sin residuo lesivo alguno, su personalidad anterior. Pero esto no lo sabe el enfermo, y aunque haya pasado previamente por otras depresiones y tenga la experiencia de su curación, vuelve a quedar convencido de que esta depresión es «definitiva y sin remedio». ¿Cabe mayor acumulación de sufrimiento? Creo que no. Todos, absolutamente todos los enfermos que han pasado por una depresión intensa manifiestan preferir el dolor de los partos, o de cólicos renales, o la pérdida de un brazo o de una pierna, o cualquier enfermedad orgánica máximamente dolorosa, antes que pasar de nuevo otra fase depresiva, aun sabiendo que es transitoria. Por eso es tan estúpido, cruel e injusto el feliz consejo de que «pongan algo de su parte y se animen», que tanto les desespera.

Esta incomprensible enfermedad puede iniciarse paulatinamente, o, por el contrario, de modo brusco, con aparición repentina de los síntomas en toda su brutal intensidad. Esto es lo que ocurre a Hugo van der Goes, «... que empezó a gritar que estaba condenado sin remedio al fuego eterno, y se hubiese herido con un cuchillo de no haberlo impedido sus compañeros...» Por ello la necesaria vigilancia día y noche, y el darle de comer, pues por sí mismo no lo haría, y que «continuase gimiendo y hablando de modo irrazonable, asegurando que era el más grande pecador y condenado para siempre...».

Por fortuna, el «infirmarius» Gaspar de Ofhuys tenía conocimientos poco comunes de medicina galénica, y orientó a los superiores descartando el terrible diagnóstico inicial que oscilaba entre «frenesis magna» (lo que hoy llamaríamos esquizofrenia), y «posesión por el Mal Espíritu» (que, de confirmarse, tan malas consecuencias hubiese tenido para Hugo). Gaspar informa inteligentemente: «Aunque, por desgracia, tiene síntomas de las dos enfermedades, lo cierto es que nunca intentó agredir a nadie más que a sí mismo, y esto no ocurre ni en los frenéticos ni en los poseídos. En verdad, lo que padece sólo puede aclararlo Dios, pero tenemos dos posibles interpretaciones...». Las interpretaciones de este hábil discriminador, que hoy hubiese sido sin duda un colosal clínico, coinciden curiosamente, en otro lenguaje, con las que hoy pueden hacerse: somatogénesis o psicogénesis. Estas expresiones cacofónicas significan o causa orgánica, física, o un origen vinculado a problemas psicológicos.

La génesis somática, corporal, la explica el «infirmarius» como: «... derivada de alimentos melancólicos, esto es, productores de bilis negra..., o la consumición de vinos espesos que calientan los jugos corporales y, quemándolos, los reducen a cenizas..., o también por la presencia de malos humores, o fluidos, que abundan en el cuerpo del hombre inclinado a esta enfermedad». Los psiquiatras organicistas damos hoy precisamente esta última explicación. Una alteración congénita y heredable del metabolismo, de los intercambios químicos del cerebro, descompensa periódicamente la producción de sustancias —que normalmente se liberan durante las tragedias reales—, que aquí aparecen espontáneamente provocando un estado de ánimo similar, pero más intenso, que el que se tiene con el mayor de los disgustos. Por eso se cura con «antídotos» químicos.

Los psicoanalistas y psiquiatras de pensamiento afín creen, por el contrario, que son esenciales las vivencias emocionales y conflictos psicológicos previos del paciente. También Ofhuys brinda esta posible interpretación, y en un alarde de eclecticismo científico combina ambas posibilidades: «los vinos espesos» y «alimentos melancólicos, productores de bilis negra», los ingiere en las comidas que contra las reglas del convento ha de hacer en compañía de los ilustres visitantes que acuden a encargarle cuadros, y aquí entra también en juego la psicodinamia, pues «se le permite consuelo y diversión a la manera de los mundanos, aunque con la mejor intención... y quedó más familiarizado con la pompa del mundo que con la penitencia y humillación. Causó esto la desaprobación de algunos padres, pues los novicios, como ellos decían, deben ser humillados y nunca exaltados...» «Así pues, este hermano nuestro fue adulado en exceso estando en la Orden, pues en realidad llegó a ser más famoso que si hubiera permanecido en el mundo, y siendo hombre, al fin y al cabo, desarrolló una alta opinión de sí mismo con tantos halagos, honores y visitas..., pero velando Dios por él, con su Divina Providencia quiso salvarle de la ruina, y su gran misericordia envió esta enfermedad purificadora, que con su aflicción le humilló grandemente. El hermano Hugo se arrepintió, y una vez sanado ejercitó la mayor humildad. A partir de su curación, voluntariamente comió ya siempre con los hermanos legos del convento... Dios envió todos esos sufrimientos no sólo para enmendarle a él, dándole ocasión de arrepentimiento, sino para darnos a todos una buena lección» (y entre líneas se lee «especialmente al prior», el afable padre Tomás, que con los privilegios para Hugo, suscitó envidia y resentimiento entre sus hermanos de comunidad; los humanos somos así).

La más reciente interpretación que de la enfermedad de Van der Goes he encontrado, la de Wittkower[6] (1963), coincide básicamente con la versión psicodinámica del hermano Gaspar: el convento estaba en una etapa de austeridad derivada de las enseñanzas y ejemplo de Tomás de Kempis, cuya *Imitación de Cristo* influyó notablemente en el artista. Según Wittkower, también en la temática de los cuadros: en la exaltación de los humildes, que ocupan un lugar mimado y preferido frente a los poderosos en las pinturas de Hugo (los pastores, por ejemplo, frente a los Reyes Magos). La elaboración intrapsíquica de los sentimientos de culpa por su vanagloria determinarían la depresión purificadora. No pienso así. La depresión de Hugo, por la forma de comienzo, sintomatología, evolución y modo de terminar, es de tipo endógeno, y somático, y no reactiva, de respuesta a traumas o conflictos psicológicos, aunque éstos seleccionan la temática de las ideas delirantes de culpa e indignidad hacia el terreno de la condenación por sus pecados.

Resulta aleccionador considerar cómo los comentaristas deforman la causalidad de los hechos cuando su final ya es conocido. Por ejemplo, Lassaigne[7] nos dice del último cuadro conocido de Hugo: «Último mensaje... con una extraña sensación surreal de "rêve eveillé"... (los personajes) con una mirada fija hasta la hebetud, los rostros alargados por la angustia abriéndose a visiones beatíficas... hace falta un milagro violento para aclarar ese misterio (el de la vida ultraterrena). El arte de Van der Goes tiende a suscitar ese milagro con detrimento de la razón.» Pura literatura, de la típica que oscurece y hace ilegibles tantos libros de arte maravillosamente editados. La angustia no alarga los rostros, los contrae, y quien haya visto a un enfermo (o a un santo) durante un éxtasis beatífico sabe perfectamente que la expresión no es de ansiedad, sino en ambos casos de gozo inefable (a veces da pena y remordimiento curar a tales enfermos). El arte no llevó a Hugo, ni a nadie, a la pérdida de la razón (que, además, en sentido estricto ya hemos dicho que no padeció este artista, sino sólo padeció una alteración extrema del estado del ánimo). La enfermedad no modifica el modo de pintar de Hugo, sólo interrumpe su actividad pictórica mientras dura la fase depresiva, para reanudarla después tal como la había dejado.

El cuadro que da lugar a estos ampulosos y equivocados comentarios es el *Tránsito de la Virgen* (Museo de Brujas), que Wittkower insiste, contra la opinión general, que fue pintado después de la enfermedad (en el breve período de curación que precedió a su muerte por otra causa), y que «su tormento interior, pena y angustia nos hablan desde las facies preocupadas y manos emaciadas de los Apóstoles, que vigilan junto a la Virgen agonizante».[8]

De nuevo no estoy de acuerdo. Los grandes deprimidos no pueden pintar durante su enfermedad, y al curarse lo hacen como antes, y no reflejan las vivencias de la enfermedad, que por encima de todo intentan olvidar. Además, en el cuadro las «emaciadas manos» de los apóstoles son gordezuelas, y las facies reflejan serena tristeza, bañada en paz de espíritu, como corresponde a lo que el piadoso Hugo representa. A veces las alucinaciones no las padecen los artistas psicóticos, sino sus glosadores.

BIBLIOGRAFÍA

1. Bandmann, Gunter: *Melancolie und Music*, Colonia, 1960.
2. Walker, D. P.: *Spiritual and Demoniac Magic from Ficcini to Campanella*, Londres, 1958, pp. 5-6.
3. Dupré, E. y Deveaux: *La melancholie du peintre Hugo van der Goes*, Congrès de Médecins Aliénistes et Neurologistes de France, L'Encefale, V. 1910.
4. Destreex, Joseph: *Hugo van der Goes*, Bruselas, 1914.
5. Sander, H. G.: *Beitrage zur Biographie Hugos van der Goes und zur Chronologie seiner Werke*, Repertorium fur Kunstwissenschaft, XXXV, 1912, p. 512.
6. Wittkower, Rudolf y Margot: «Hugo van der Goes Case History», capítulo del libro *Born Under Saturn*, Random House, New York, 1963, pp. 108-113.
7. Lassaigne, Jacques: *La Peinture Flamande, le Siècle de Van Eyck*, Skira, Ginebra, 1957, pp. 11-121.
8. Wittkower, *loc. cit.*, p. 121, pie de la ilustracción 23.

DOÑA JUANA LA LOCA

Doña Juana de Castilla y Aragón (1479-1555), figura histórica y leyenda que, desde su encierro de cuarenta y siete años en Tordesillas, han quedado entremezcladas en las mentes y los libros. De generación en generación se transmite la memoria de esta mujer desgraciada a quien el destino pareció brindarle todo, para todo arrebatárselo a la vez, y precisamente por manos de quienes ella más quería. Ya en vida tuvo defensores que pretendían que la locura era invención de quienes le usurpaban el trono: marido, padre e hijo. Algunos historiadores recientes han resucitado esta interpretación de un drama personal que desvió el curso de la Historia.

La potencia del arte como forma de comunicación es tan poderosa que la imagen mental que de muchos personajes históricos tenemos está asociada más a una obra de arte que los representa que a la síntesis histórica de su biografía. Uno de estos personajes es doña Juana de Castilla y Aragón. Todos los españoles, desde hace 100 años, la visualizamos de acuerdo con el célebre cuadro de Francisco Pradilla *Doña Juana la Loca, ante el féretro de su esposo*.

Pradilla obtuvo con este cuadro no sólo el premio en la Nacional de Madrid de 1878, sino un éxito de tal resonancia que le colocó de inmediato en el primer rango de los pintores españoles. Todos lo hemos visto desde el bachillerato, reproducido en los libros de Historia y en tantas otras ocasiones, que la asociación inmediata de ideas ante la mención de doña Juana es la imagen que presenta en este cuadro. Lo mismo les ocurre a tantos extranjeros con Felipe II y la deformación de su figura en el *Don Carlos* de Schiller y el de Verdi, y tantos otros ejemplos, en que podía incluirse, hasta hace poco, la imagen entera de nuestro país sobre el esquema de *Carmen*.

El mirar lúgubre, la expresión enajenada, los paños y velos negros batidos por el viento inclemente de la estepa castellana. La crítica de arte de hace un siglo daba importancia desmedida a que los cuadros contuviesen o no anacronismos. Buen cuidado tuvo Pradilla de no incluirlos en el suyo. Sin embargo, esta asociación automática entre negro y luto, tan «natural» para Pradilla y todos nosotros, no lo era para doña Juana. Casi estrenaba ella esta nueva vinculación sentimental del negro, impuesta poco antes por sus padres los Reyes Católicos con la «Pragmática de luto y cera». Blanco era el color del luto. Blanco sigue siendo en Marruecos, resto de África, Asia... Por eso, y no por el calor tropical, son blancas las sotanas de los misioneros.

Conscientes los Reyes Católicos de que su país, incipientemente poderoso, seguía siendo pobre, decidieron paliar los dispendios absurdos que las muestras de duelo, oficial o privado, imponían a sus súbditos, y entre otras medidas le «mudaron la color», por ser el negro «más sufrido».

Ante los lutos nacionales era frecuente un edicto del tipo del Concejo de Burgos, que imponía a todos el traje blanco, «so pena que sea rasgada la ropa que trajiesen; e si alguno por pobreza no pudiere haber ni comprar luto o margas, que haya ropas pretas», y esta alternativa, las pretas o negras de los indigentes, es la que los Reyes imponen, para la general muestra de pena.

También en la misma «pragmática» prohibieron las plañideras y los gritos y llantos excesivos.[1] Por eso no acompañaron a doña Juana en su peregrinar funerario.

La segunda reflexión que nos trae la iconografía de doña Juana, la contemporánea, es la de la injusticia comparativa que con el apelativo de «El Hermoso» a su marido, se le hace a ella, como si no lo fuese. De los dos, la más guapa era doña Juana. Interesante y melancólica belleza, que se plasma con enigmático distanciamiento (a lo *Monna Lisa*) en el retrato de la col. Wilhinson, de París, y que no deja dudas en cuanto a la adulación del pincel en el lateral del tríptico del *Juicio Final* del Maestro de la Abadía de Affingen, que se conserva en el Museo de Bruselas. Con el mismo mimo debió de ser tratado don Felipe, que en la tabla de la izquierda nos muestra su buena estampa, pero también un semblante carente de «garra», lo que se percibe mucho mejor en el retrato anónimo algo posterior que se conserva en el Louvre. La «hermosura» de don Felipe debió de ser como la de tantos personajes encumbrados, de tipo dinámico: excelente bailarín, jinete y justeador, se prestaba a un cierto lucimiento al que su adorno hecho por los mejores sastres, joyeros y artífices de armaduras, colocado todo en el pedestal de su alcurnia y poderío dio aureola, que, una vez calificada de «hermosura», no dejó posible resquicio a la valoración objetiva en este terreno por sus contemporáneos, entre los que estaba su esposa.

No es ésta la única desventaja en que a doña Juana se coloca para el torneo amoroso que con su marido, como toda pareja, ha de reñir. La «vida social» de la corte española era tan distinta y restringida, respecto a la de Borgoña, que la primera impresión debió de ser de total deslumbramiento.

Recuérdese que en el primer viaje de la pareja a España, uno de sus acompañantes, Lalaing,[2] señor de Montigny, escribe: «De los trajes del rey y de la reina yo me callo, pues no llevan más que paños de lana.» No sólo en los materiales del vestido tenía la corte española norma de extrema austeridad; también en la línea. No en vano uno de los confesores de la Reina, Hernando de Talavera, escribió (1496) «De vestir y calzar, Tratado provechoso que demuestra cómo en el vestir y calzar comúnmente se cometen muchos pecados».

Es llamativa la evolución en el atuendo de Juana en los dos retratos hechos por Juan de Flandes que de ella se conservan: el primero está en la col. Thyssen-Bornemisza y el segundo en el museo de Viena, al lado del retrato del gemelo de Don Felipe. Aparte de ganar a su esposo en atractivo, se observa que del recatado vestido del primer retrato se pasó a uno de escote generoso, y desapareció el ligero estrabismo divergente. En ambos retratos irradia una lozanía incitante, muy diferente del enigma, y distanciamiento que palpita en los otros dos, algo posteriores, que hemos mencionado. Curiosamente, Talavera da más importancia a la recatada ocultación del pecho masculino que del femenino: «Es mengua de buena vergüenza traer descubiertas algunas partes del cuerpo... Así como a los varones y aún a las mujeres es vergonzoso los traer descubiertos los pechos... verdad es que las mujeres que crían deben traer las tetas ligeras de sacar.» Esta es una conclusión absolutamente lógica, que a nuestra generación no nos lo parece tanto, por doble artificio contemporáneo: la lactancia artificial y la hipervaloración que el cine y la fotografía han hecho del pecho femenino como zona de interés erógeno primario. Fray Hernando, que no tenía este condicionamiento del biberón y la fotogenia, acentúa la conveniencia de ocultación para el pecho masculino (¿qué otra función podía tener que la que él trataba de evitar?), mientras que el pecho femenino está además sacralizado; la representación preferente de la Virgen en el siglo XV español es la de la Virgen Lactante, que con rotundidez castellana se suele llamar «Virgen de la Buena Leche». Con la influencia del Renacimiento italiano en el resto de Europa, los vestidos para las cortesanas en los banquetes potenciando el valor erógeno del pecho femenino, el uso que de ello hace la corte de Francisco I, en Francia, con su correspondiente reflejo en la pintura (como el famoso cuadro de Agnes Soreil con acento que bordea el sacrilegio), producen un fenómeno en cierto modo parecido al actual y desaparecen las representaciones de la Virgen en la mencionada actitud.[3]

Procuró doña Isabel rodearse de damas de la más estricta virtud, y además feas, para no dar oportunidad a los celos, que tanto hubieron de atormentarla por los devaneos de don Fernando. En cuanto a bailes y esparcimientos, puede darnos idea que habiéndole llegado al confesor de la Reina noticia equivocada de que ésta había bailado en la recepción dada por los monarcas españoles a los embajadores franceses en Perpiñán (como ve el lector, la moral española tiene una antigua tradición de peligrar en esta ciudad), fray Hernando de Talavera escribe una carta violentísima a doña Isabe reprochando «las danzas, especialmente de quien no debía danzar, las cuales por maravilla se pueden hacer sin que en ellas intervengan pecados...» Doña Isabel contesta humildemente, aclarando que ni bailó: «... ni pasó por pensamiento, ni puede ser cosa más olvidada de mí...»[4]

De este ambiente sale doña Juana cuando embarca en Laredo (22-VIII-1946), en la flota de 120 barcos con una pequeña corte y un ejército de 15.000 hombres (qué contraste con las tres carabelas), para ser duquesa de Borgoña. Había sido educada con gran esmero; manejaba con soltura el francés y el latín (discípula fue, como su madre, de Beatriz Galindo, «La Latina»), y tañía varios instrumentos de música, para la que tenía disposición.

La despedida de doña Juana, pese a sus dieciséis años, tiene algo del trauma de separación infantil, pues nunca lo había hecho por mucho tiempo de su madre, que le acompaña a Laredo, come y duerme con ella las dos noches que, debido a la marejada, tarda en zarpar la flota. Doña Isabel no deja de repetirle sus consejos y recomendaciones hasta el último instante. Mermada hubo de quedar su eficacia al encontrarse doña Juana repentinamente en un mundo tan distante psicológicamente de aquel de que procede. Las premisas que ordenaban su conducta ya no parecen ser operantes.

Los elementos, que en esa zona habrían de luchar siempre contra nuestros barcos, hunden el segundo navío en importancia de la flota, el que transportaba la mayor parte del ajuar de doña Juana. Archiconocidos son los episodios siguientes: la ausencia de don Felipe, que emprende viaje para reunirse con su prometida, mientras a ésta agasajan, como nunca antes le habían festejado, ni había visto hacerlo, las ciudades de su futuro ducado. La espera en el convento de Lier; la repentina llegada de don Felipe, que, fascinado por el atractivo de su prometida, rompe todo protocolo y exige una apresurada bendición del capellán, pues no puede esperar a la boda oficial para la consumación inmediata de un amor irrefrenable.

Para medir lo que en cuanto a ruptura con su pasado significa esto en doña Juana, conviene comparar esta escena con la que tuvo su cuñada, la archiduquesa Margarita, a la que la misma flota traerá a España, con un año de retraso y gran merma en barcos y hombres. Doña Isabel mandó aplicar con rigor «las costumbres y protocolos de Castilla, que ordenaban no se hablasen los prometidos hasta el día de la boda»,[5] sin dar lugar a la repetición del apresuramiento de doña Juana al que alude con un curioso eufemismo: «... familiaridad y trato común y llana comunicación que usaban los príncipes de la Casa de Austria». Doña Isabel no consiente que el príncipe don Juan dé la mano a su prometida, ni lo hace tampoco ella, ciñéndose todos a saludarse «con reverencias cortesanas».

Es curioso el efecto destructivo que la capacidad amatoria de los hijos del emperador Maximiliano provoca en los de los Reyes Católicos, de llamativa endeblez para el himeneo. A una, dicen, la cuesta la razón, y al otro la vida. Cuando al príncipe don Juan, tras el ceremonioso distanciamiento, le dejaron aproximarse a la archiduquesa Margarita, con tanto afán e insistencia se une a ella que los médicos ven peligrar su salud, y aconsejan como único remedio, dado el ardor irrefrenable del príncipe tartamudo, la separación temporal de los cónyuges incontinentes. En la medida está de acuerdo el rey don Fernando, pero no doña Isabel, pues, según ella, «no deben separar los hombres lo que Dios ha unido».

Consumido en los excesos físicos del amor, muere a los pocos meses el príncipe. Éste es, al menos, el dictamen unánime de médicos y allegados. Aunque, por supuesto, no fue ésta la causa de la muerte (a nadie le está dado un tan dulce fin; el instinto se agota por su propia saciedad antes de que pueda producir daño), es importante que la familia toda así lo creyese. Esta tragedia, que privó de un rey a España, queda latente de generación en generación y pesa en los consejos que nuestros reyes van dando a sus descendientes. Fernando el Católico se opone, retrasando el matrimonio de su nieto don Carlos, a que tenga el mismo riesgo que su hijo, y luego el Emperador, ante el precoz matrimonio de su hijo don Felipe, le hará graves recomendaciones sobre la templanza necesaria en el matrimonio, argumentando con la triste suerte de su tío materno.[6, 7]

El príncipe que murió de amor se titula un libro[8] que relata estos hechos, pero las gentes intuyen la carencia de efectos letales en el entusiasmo amoroso satisfecho. Por ello no se ha convertido en leyenda la historia del príncipe don Juan, como ha ocurrido con la de su hermana doña Juana, cuyo desequilibrio emocional y psíquico se atribuye siempre al amor y a sus tribulaciones. De «locura de amor y celos» hablan incluso quienes discuten que haya padecido una auténtica perturbación mental, y sólo admiten un estado pasional anómalo, enraizado psicodinámicamente en los celos. ¿Es esto cierto? La psicosis de doña Juana adopta como tema preferente, durante alguno de sus episodios, el amor y los celos, lo cual no significa que «enfermase de amor» ni de la frustración de no verse correspondida. El contenido del delirio de los enfermos mentales no guarda siempre relación de causa-efecto con la psicosis. La enfermedad consiste en la tendencia a producir delirios; que el paciente escoja el de grandeza, persecución, amor o mesianismo ya es secundario, y la misma persona puede pasar durante distintas etapas de la enfermedad por contenidos delirantes diversos. Esto es lo que ocurre con doña Juana, pero suele pasarse por alto, porque desluce la grata leyenda de la «loca de amor».

Los primeros síntomas de un cambio de personalidad son previos a los celos. Ocurren durante la primera estancia en Flandes, hacia 1498, y se plasman en desflecamiento de la personalidad, con una conducta insípida, absurdidades como no pagar durante meses los sueldos a sus servidores, un desinterés progresivo de los deberes y pérdida de la resonancia afectiva para una serie de situaciones, que se acentúa durante el primer embarazo convirtiéndose en embotamiento emocional. El confesor de doña Juana capta este despego sentimental, pero no pudiendo valorarlo como patológico, da otra interpretación que transmite por carta a la reina doña Isabel: «Doña Juana... tiene duro el corazón, crudo y sin ninguna piedad.» No supone esto falta de perspicacia en el fraile; al contrario, ya tiene mérito haberlo captado. Todavía hoy muchos historiadores tratan de racionalizarlo, atribuyendo el despego de doña Juana a una especie de «alienación social», por el aislamiento de los suyos, verdadera cárcel psicológica a que la corte flamenca la va sometiendo, y ésta y las demás variantes de comportamiento a una especie de intento de adaptación, con diversos mecanismos de defensa contra la amenaza de perder lo más codiciado, el amor de su esposo. El «ánimo taciturno» también queda interpretado en este esquema; pero, en realidad, todo ello encaja, como piezas de un mosaico, en el cuadro clínico que luego va a desplegar: una esquizofrenia, ahora todavía en la iniciación de su comienzo insidioso, con fases de espontánea mejoría al terminar la sobrecarga biológica del embarazo. De ahí, la agilización de su psiquismo durante el viaje a través de Francia, huésped del más encarnizado enemigo de sus padres (1500).

Tras dos años sin aparente anormalidad, ésta se renueva coincidiendo con la separación de don Felipe, a la que los comentaristas suelen atribuirla sin tener en cuenta que el pretexto para esta separación es no poder emprender viaje doña Juana por lo avanzado de su cuarto embarazo; y en las gestaciones y puerperios suelen reactivarse los brotes esquizofrénicos en las mujeres predispuestas a padecerlos.

Los síntomas de este episodio de doña Juana se interpretan por algunos historiadores como la única forma de rebeldía a su alcance contra la separación inducida por sus padres. Aunque el deseo de correr en pos de don Felipe, del que tuvo tan tempestuosa despedida, es vehemente y siempre reiterado, los matices del comportamiento de doña Juana encajan mucho más en un brote psicótico que en rabieta infantil de adulto inmaduro contrariado por sus padres.

Entresacamos de M. Prawdin,[9] tan inclinado a la interpretación racionalizadora de la conducta de doña Juana: «... Su melancolía y congoja se agravaban... Inútil fue que Fernando e Isabel acudieran a Alcalá con un equipo entero de médicos, que atribuyeron a su estado físico (el embarazo) la causa de su depresión de ánimo.»

Si hubiera resultado evidente para su entorno que la melancolía derivaba primariamente de la separación del esposo, así lo hubieran advertido los médicos. Esta interpretación, la ahora siempre presente, sólo aparece después, formando parte de la leyenda. Tampoco los síntomas son de una «depresión reactiva», sino que aparecen coloreados del embotamiento afectivo esquizofreniforme del que ya tuvo atisbos cuatro años antes. Los médicos de cámara Soto y Gutiérrez de Toledo[10] los describen así: ... Algunas veces no quiere hablar, otras da muestras de estar «transportada»... días y noches recostada en un almohadón, con la mirada fija en el vacío.

Sale con doña Isabel hacia Segovia, y allí continúan las anormalidades. De noche en vela, y días enteros sin comer, para de pronto hacerlo vorazmente. Alterna la inmovilidad del «transporte» con arrebatos inesperados de ira, en los que nadie osa contrariarla.

A su madre le parece clara la posibilidad de una pérdida permanente de la razón. No se explica de otro modo que a poco de marchar don Felipe, presente a las Cortes de Castilla el proyecto de ley en que hace constar la significativa salvedad de que si doña Juana se encontrara ausente o mal dispuesta, O INCAPAZ DE EJERCER EN PERSONA las funciones reales, ejercería la regencia su padre don Fernando.

No mejora, contra lo previsto por sus médicos, a menos de modo permanente, y la quebrantada salud de doña Isabel sufre agravaciones alarmantes con los tremendos altercados que ambas tienen con frecuencia. Empeora también tras ellos doña Juana, con lo que los médicos no saben a cuál de las dos atender, y recomiendan la separación, por lo que doña Juana marcha al castillo de la Mota, en Medina del Campo.

En Medina mejora su conducta y se repone. De los voluntarios ayunos y velas había llegado a quedar tan debilitada que no podía tenerse en pie. A doña Isabel, cuyo cáncer uterino se va acercando al fin, le llegan noticias tranquilizadoras, hasta que el precario equilibrio se rompe con la llegada a la Mota de una carta de don Felipe en noviembre.

Doña Juana pretende partir de inmediato y al impedírselo Juan de Fonseca, que manda alzar el puente levadizo al ver que aquélla se dispone a emprender el viaje a pie, ya que le niegan cabalgadura, Juana se lanza contra la verja, sacude los barrotes y, espumeante de rabia, mezcla órdenes con insultos al fugitivo Fonseca, a quien amenaza con ahorcar cuando sea reina. Pasa a medio vestir por torres y almenas, y llegada la noche heladora se niega a buscar cobijo, y tienen que hacer una hoguera a su lado, junto al portón, de donde no consiguen moverla.

Alarmada la reina, emprende viaje, que debió serle muy penoso, pues ya tenía edema y ulceraciones en los muslos, «recios dolores en los costados», y descompensación cardíaca por la acumulación de líquidos en abdomen, «hidropesía». Hablan los médicos de «fístula en las partes vergoñosas e cáncer que se le engrendó en su natura».[11] A los sufrimientos físicos hubo de añadir la Reina Católica el más grave de los disgustos, pues su hija, «furiosa como una leona púnica» (es frase de Pedro Mártir de Anghiera), le dijo «palabras de tanto desacatamiento y tan fuera de lo que una hija debe decir a su madre, que si no viera la disposición en que ella estaba, yo no las sufriera en ninguna manera». En carta a su embajador Gómez de Fuensalida y al relatar este mismo episodio, no deja Isabel dudas sobre lo que opina en cuanto a la «disposición en que ella estaba» (que podría referirse al enfado por no dejarla marchar a Flandes), pues habla de Juana como «una pobre enferma». La Reina no podía tener ninguna intención bastarda en atribuir a su hija enfermedad que ésta no padeciese. Si este episodio no apresura la muerte de

Isabel, como tantos historiadores pretenden, si tiñó de amargura los últimos meses de su vida. También el rey Fernando tuvo que oír de la princesa, su hija, «palabras de tal descomedimiento, que, si alguno lo supiera, estaría el padre más corrido del mundo».

A finales de mayo de 1504 embarca Juana de nuevo en Laredo hacia Flandes. Se la recibe con júbilo, del que parece participar Felipe, pero pronto nota Juana el distanciamiento sentimental de éste, que atribuye con acierto a nuevos amores de su esposo. Identificada la rival, ocurre la escena de la que hay dos versiones distintas. Según una de ellas, Juana mandó cortar al rape la rubia melena de la joven. Según la otra, es la misma doña Juana quien, agarrándole las trenzas, las corta con unas tijeras con las que también hiere en la cara a la amante de su esposo.

Felipe insulta, y, según algunos, golpea a Juana, y ésta, «herida por los malos tratos que le había infligido su esposo, tuvo que guardar cama, y poco faltó para que no perdiera la razón».

La «razón» de Juana tenía ya un equilibrio precario, que se rompe al ser contrariada y deriva hacia diversos tipos de conducta: a las crisis de furia incontrolable o a otras modalidades, como a las que ahora se ponen en marcha. Tanto extrañan a Felipe, que éste, en una relación pasional de reconciliaciones y rupturas alternantes con Juana, a la que encierra y aísla en los enfados, piensa que ha de justificar tan duro proceder, y es entonces cuando encarga al propio tesorero de doña Juana, Martín de Moxica (que se había pasado al «bando» de Felipe), que lleve un diario, en el que debe anotar con todo detalle las anormalidades de Juana. De todos es sabido cómo esta maniobra, destinada a poner en sus manos indefensa a Juana, servirá después a don Fernando, basándose en el mismo argumento de la enajenación de Juana, para reclamar la regencia de Castilla.

El diario de Moxica se ha perdido. Este documento hubiese sido insuperable para estudiar la enfermedad de Juana, de la que hasta ahora sólo se captan los hechos más violentos acaecidos en público, arropando un discreto silencio todos los demás. No se conserva ni una sola copia ni fragmentos. Sin este informe, verdadera historia clínica, tenemos que recurrir a las noticias que se han ido filtrando en la corte, y que son la comidilla de todas las de Europa, con los ojos de sus espías puestos en esta pareja tan prominente.

Parece que Juana, ya obsesionada con la captación amorosa de su esposo, alterna las escenas de celos con todas las técnicas que se le ocurren de seducción, lo que es normal en mujer enamorada, sana o enferma. Recurre a extravagancias, como maniobras de harén, que aprende de unas moriscas encuadradas en su séquito y que ahora pasan a ocuparse a diario de ella, bañándola y ungiéndola con bálsamos perfumados. Tanta limpieza y perfume (la primera, nada frecuente en la época) algún incentivo deben añadir, y una apasionada noche de amor es interpretada por Juana como fruto del arte de las moriscas, de las que no quiere prescindir, convirtiéndose el tema en motivo de grandes altercados, pues Felipe las detesta. Ya en España había expresado a sus suegros la repugnancia y extrañeza que le producía la presencia de los moriscos, y ahora tiene que soportar esta intromisión en su intimidad. Lo que hasta entonces pudo parecer razonable comienza a teñirse nuevamente de patológico: Juana se lava varias veces al día la cabeza, empleando en ello muchas horas. El matiz esquizofrénico se acentúa progresivamente.[12] Entra en una fase negativista: dice a todo que no; pasa días enteros con la mirada extraviada en el vacío, o en completa inmovilidad de tipo catatónico, o con estereotipias, como canturrear incesantemente entre dientes. Otras veces parece normalizar el aspecto externo de su conducta: arregla sus trajes cambiando en ellos la disposición de sus joyas y encajes, pero también esto lo hace de un modo obsesivo y desordenado. Felipe, en ocasiones, la encierra en un cuarto contiguo al dormitorio de ambos, y ella pasa la noche golpeando la pared.

El diario de Moxica no lo conocemos, pero sí el efecto que causó en sus destinatarios los Reyes Católicos. Isabel, tres días antes de su muerte, el 23 de noviembre de 1504, modifica su testamento con una cláusula similar a la alternativa que había presentado a las Cortes, que si «... mi muy querida y amada hija..., aun estando en España..., no quisiera o no pudiera desempeñar las funciones del gobierno...», Fernando debía reinar, gobernar y administrar en su nombre.

Los acontecimientos se precipitan. El 26 de noviembre don Fernando proclama en Medina «Castilla, por la reina doña Juana, nuestra señora» y en su nombre convoca las Cortes en Toro. Cuando llega a Bruselas la noticia del acatamiento por don Fernando de la realeza de Juana, ya ésta y su esposo, por su cuenta, se habían proclamado allí mismo reyes de Castilla, y Felipe envía a su mayordomo De Veyre, con órdenes de aplazar las Cortes. Don Fernando cede con facilidad el título de rey, pero no la facultad de gobernar, y ante las Cortes presenta el motivo de encargarse de la «cura, administración y gobernación de estos reinos»: Que «... mucho antes de que falleciese la Reina nuestra señora (doña Isabel), conoció y supo de una enfermedad y pasión que sobrevino a la reina Juana nuestra señora; y doliéndose de ello cuanto era razón, teniendo de estos reinos el cuidado que convenía...»

No bastaba con anunciar la demencia de doña Juana, había que demostrarla, pues el partido de la oposición, encabezado por don Juan Manuel, era favorable a don Felipe. Para ello hace leer en las Cortes «... una larga escritura, en que se relataban los accidentes y pasiones e impedimentos que sobrevinieron a la reina doña Juana y la tenían fuera de su libre albedrío...», sin duda el diario de Moxica que Felipe tuvo la imprudencia de enviar respaldado con su propia firma.

El siguiente episodio lo relatan todos los libros: Fonseca, obispo de Córdoba (aquel a quien Juana en Medina amenazó con ahorcar cuando fuera reina), en viaje a Flandes en compañía de Lope de Conchillos, consigue de Juana que envíe una carta a su padre dándole plenos poderes para gobernar en su nombre. El emisario que lleva la carta, ignorando su contenido, habla de ella a don Felipe, quien la lee y encarcela y da tormento a Conchillos, y desde ese momento aísla por completo a doña Juana de cualquier español, convirtiéndola en prisionera en su propia corte. En esta situación, cuando doña Juana escribe de nuevo a España, y ya en sentido inverso, la famosa carta al representante de Felipe, De Veyre (3-V-1505), que se ha esgrimido como argumento de la cordura de Juana, pues en ella hace comentarios inteligentísimos sobre su discutida cordura: «... pues allá me juzgan que tengo falta de seso, razón es tornar en algo en mí, como quiera que yo no me debo maravillar que se me levanten falsos testimonios, pues que a Nuestro Señor se los levantaron...», y astutamente añade que esta aclaración conviene a su padre, pues de la supuesta locura, que él ha proclamado en las Cortes, «... no falta quien diga que le place dello a causa de gobernar nuestros reinos...». Esta obra maestra de diplomacia epistolar tiene que justificar a don Felipe (claro inductor de la carta) por haber enviado el relato de Moxica «... Bien sé que el Rey mi Señor escribió allá por justificarse, quejándose de mí en alguna manera, pero esto no debió salir de entre padres e hijos, cuanto más que si yo usé de pasión y dejé de tener el estado que convenía a mi dignidad, notorio es que no fue otra la causa que los celos; y no sólo se halla en mí esta pasión, mas la Reina mi Señora, a quien Dios dé Gloria, que fue tan excelente y escogida persona, fue asimismo celosa, mas el tiempo saneó a su Alteza, como placerá a Dios que hará a mí.» Y termina pidiendo a De Veyre que anuncie su salud a todos, y que, aun en caso de perderla, jamás desposeería a don Felipe del Gobierno de Castilla. La carta la escribe, por su mandato, su calígrafo Pero Ximénez, y don Fernando hace de inmediato la interpretación lógica: Que no puede significar la voluntad de doña Juana, ya que ésta permanece virtual prisionera de su esposo, que alternando amenazas y concesiones a la pasional demanda de doña Juana, puede, en determinados momentos, obtener de ella cualquier cosa.

Que don Fernando tenía razón es fácil deducirlo de la posterior conducta de doña Juana, tan opuesta al contenido de esta carta, probablemente dictada, o presentada para firmar. Juana, en uno de sus arrebatos, llega a «poner la mano» sobre De Frenoy, uno de los asesores de Felipe (y suegro de De Veyre). Se piensa recluirla fuera de Bruselas, pero ante el inesperado giro que Fernando logra dar a la política internacional pactando con Luis XII, Felipe se ve obligado a intentar ganarse de nuevo la voluntad de Juana, iniciando otra serie de atenciones y festejos. Cuando ya la cree seducida, en complicidad con su padre, Maximiliano, intentan hacerle firmar nuevos documentos que comprometan a don Fernando. Mas ella, no sólo se niega, sino que además arrebata los papeles y los rasga con furia exclamando: «Dios me libre de hacer nada contra la voluntad de mi padre, y de permitir que en vida de mi padre reine en Castilla otra persona. Que si el rey Fernando se casa otra vez es para vivir como buen cristiano.» Nueva prisión disimulada de Juana, y el propósito de ir a Castilla sin ella, dejándola en Bruselas para que no estorbe los planes. Don Fernando lo prevé y anuncia a su yerno que de venir sin la Reina será tratado en Castilla como un «extranjero». En noviembre, el acuerdo de Salamanca, que Felipe no piensa cumplir. Por ello embarca el 8 de enero de 1506 llevando consigo no sólo a la reina, sino además dos mil lansquenetes. También un grupo de damas, que hubieron de reembarcar clandestinamente, pues doña Juana las hizo descender de los navíos negándose a emprender el viaje si alguna otra mujer iba en la flota. A tan irrazonables y anómalas exigencias ha de ceder Felipe en cuanto saca del encierro a Juana, lo que ya sólo hace cuando le resulta imprescindible ganársela por «las buenas».

La esquizofrenia es una enfermedad que cursa en «brotes» o episodios de actividad, con períodos intervalares de atenuación de los síntomas agudos, quedando la enfermedad latente, y sólo manifestada por un progresivo deterioro de las funciones mentales, llamado «defecto esquizofrénico», que habitualmente se acentúa tras cada nuevo brote o agudización.

En doña Juana se perfila en esta primera etapa una forma de esquizofrenia llamada «paranoide», porque en ella dominan (a remedo de la paranoia, y por eso la adjetivación de paranoide) las ideas delirantes, parcialmente sistematizadas, en este caso en un delirio de celos. El que los celos estén ampliamente motivados, como en doña Juana, no contradice que su formulación sea enfermiza, y se llevan a exageraciones irreales, como la de pretender que no acompañase ninguna mujer a la flota. A ello no puede acceder Felipe, pues el desembarco en España sin una sola dama acompañando a la Reina sería interpretado automáticamente como que llegaba prisionera. Por eso las vuelve a embarcar sin que Juana se percate de ello.

En la esquizofrenia, las ideas delirantes no aparecen aisladas como único síntoma (sería entonces una paranoia). Por el contrario, se acompañan de otras alteraciones de la mente y del comportamiento, con el matiz de la extrañeza y absurdidad que es tan característico de esta enfermedad, y que hemos visto manifestarse en doña Juana cuando queda varios días inmóvil, la mirada en el vacío, y se niega a comer, no duerme, alterna la inmovilidad con arrebatos de furia intempestiva, etc.

En ocasiones, la explicación que los enfermos dan de su conducta desconcierta a los espectadores, pues produce engañosa apariencia de extrema lucidez. Uno de estos incidentes se va a producir en el viaje. Una terrible tormenta dispersa la flota y pone a todos en grave peligro. En el castillo de popa de la nave capitana se refugia empavorecido el séquito de los reyes. Con dificultad sofocan un incendio, y se rompe el palo mayor. Todo parece perdido. Los cortesanos, entre gemidos y lamentos, hacen votos y promesas. En medio de todo ello don Felipe presenta una ridícula estampa, postrado ante una imagen en el menos favorecedor de los atuendos: le han atado un arcaico salvavidas, confeccionado con pellejos hinchados, y en el de la espalda está escrito con llamativos caracteres: «el rey don Felipe», para su identificación en el inminente naufragio. Entre todo este desorden, doña Juana permanece impasible, y exige le traigan comida, servida como si nada ocurriera. ¿Valor, serenidad, mayor control de sí misma? No, es el embotamiento afectivo esquizofrénico y la típica inadecuación de la conducta. Alguien propone hacer una colecta para una futura ofrenda en caso de que en premio a ella salven sus vidas. Entregan apresuradamente cuanto en dinero, joyas, cadenas de oro, llevan encima, y con pasmo ven que al llegar el turno a la Reina, ésta rebusca parsimoniosamente en su bolsa para entregar al fin medio ducado. Ahora viene la respuesta desconcertante, por su mimetismo de lucidez: Al preguntarle cómo no tiene miedo, responde que «nunca se supo de ningún rey que haya muerto ahogado».

Ignoro si su hijo Carlos V tuvo noticia de esta anécdota, pues da respuesta similar cuando en el asalto a Orán, ante el inesperado cañoneo de la artillería (que secretamente había proporcionado Francia), empezó a retroceder la infantería española, y poniéndose a su frente el Emperador atacaron de nuevo, conquistándose la plaza. Don Carlos se negó a ponerse a resguardo de la artillería con argumento aparentemente idéntico al de su madre: «Nunca se supo de Emperador muerto por bala de cañón»; pero éste es un riesgo conscientemente aceptado para envalentonar a las tropas, y el de doña Juana un acto meramente insensato. También de otra índole, pura bravuconada, es el gesto externamente similar que tres siglos más tarde teatraliza Ricardo Wagner durante el tiroteo en las barricadas revolucionarias de Dresde: «No temáis por mí, soy inmortal.»

Inesperadamente, un rato más tarde, se abraza a las rodillas de don Felipe (otra parte no podía abarcar, por el salvavidas), jurando que la muerte no les separaría.

Durante la forzada estancia en Inglaterra, mientras se recompone la flota, Juana, con su altivez distante y enojada, resulta tan atractiva a los ojos del monarca inglés, que éste la pedirá en matrimonio al quedar viuda. Decisión que no sólo parece política, y que habla a favor de la belleza de Juana.

Al desembarcar en La Coruña (27-IV-1506) se repite la escena inicial del viaje en cuanto ve Juana a las damas que deberían figurar en su séquito. Hace que embarquen y que la nave salga del puerto. Sólo entonces baja ella, única mujer entre más de dos mil hombres, vestida de negro, hosca su expresión. Se niega a jurar los antiguos privilegios del reino de Galicia, con asombro de los gallegos, que temen haberla enojado. Don Felipe la cerca impidiendo la proximidad de cualquier partidario de don Fernando. Queda la Reina de nuevo disimuladamente cautiva, esta vez en su propio país.

Juana se negó a firmar ningún documento, a recibir a los Grandes que acudían a presentarle sus respetos, a participar en cualquier acto oficial. ¿Fidelidad a su padre, o negativismo enfermizo y sistemático? No se poseen datos para dilucidarlo, pero pronto se acentúa de nuevo la extrañeza patológica de su comportamiento.

En junio, Fernando y Felipe firman el tratado de Villafáfila, que contiene el siguiente párrafo: «Conviene a saber cómo la Serenísima Reina, nuestra mujer, en ninguna manera se quiere ocupar ni entender en ningún género de regimiento, ni gobernación, ni otra cosa; y que aunque lo quisiere hacer, sería total destrucción y perdimiento de estos reinos, según sus enfermedades y pasiones, que aquí no se expresan por la honestidad...»

Los partidarios de la versión romántica de la cordura de doña Juana afirman que en este tratado se confabulan padre y esposo para despojarla, y que en los tres años anteriores cada uno la calificó de sana o enferma, según le aprovechara, variando el diagnóstico con la conveniencia. Esto, tan novelesco y por ello difícil de desechar, no es cierto más que en un aspecto: el de la negación de la enfermedad, o no tenerla en cuenta cuando así les conviene. Situaciones similares las vemos constantemente los psiquiatras, cuando en torno a uno de nuestros pacientes se ventilan intereses importantes. Los parientes de doña Juana están bien convencidos, desde 1503, de los episódicos desvaríos de su mente. Lógicamente trataron de olvidarlos, y sólo los sacan a relucir cuando no tienen más remedio o les conviene sobremanera. Que ocasionalmente prescindan de tener en cuenta la demencia no significa que la ignoren. Es un patrón de comportamiento que hemos visto repetirse demasiadas veces para que pueda extrañarnos. Los seres humanos somos muy poco originales, hasta en la abyección, y... «pasa en las mejores familias».

En las dos semanas siguientes ocurren importantes sucesos de contradictoria impresión sobre la lucidez de doña Juana. El primero de ellos convence a don Felipe de la urgencia con que a él le conviene recluirla. Los restantes le obligarán a aplazar, solamente a aplazar, esta decisión. Se inicia en Benavente. En el jardín del castillo pasea Juana a caballo entre el marqués de Villena y el conde de Benavente. Repentinamente, como en la mejor película de aventuras, doña Juana pica espuelas, salta el foso del castillo y huye a galope tendido. Salen en su persecución acompañantes y escolta, mientras se da aviso al Rey, que está en una corrida de toros. Se comprende el sobresalto de don Felipe. Ha evitado a toda costa la entrevista entre padre e hija para que ésta no entregue, como desea, poderes al primero. Don Fernando está aún cerca de Benavente; si lo encuentra doña Juana, está perdido su esposo. Desplegada toda la caballería, logran cercarla. Doña Juana se refugia en una casa aislada, en que habita una pobre mujer. Rodeada la casa, sólo entra en ella don Felipe. Por las buenas no consigue convencer a su mujer para que le acompañe. Por las malas, en ese momento no se atreve a hacerlo. La casa está cercada no sólo de sus tropas, sino también de muchos notables de Castilla, para quienes ella es la reina. Recurre intuitivamente a una estratagema: toda la corte abandona Benavente camino de Valladolid; sólo entonces les sigue la reina, hasta la próxima parada, Mucientes.

Don Felipe sigue considerando perturbada a su esposa, pues se atreve a escribir a don Fernando contándole el incidente. Pero, habiendo adquirido la anormalidad de Juana matices peligrosos para él, decide actuar sin demora, reunir allí mismo en Mucientes las Cortes para que juren a Juana como Reina y a él como consorte, declararla demente en el mismo acto, y recluirla donde más conviniese, entrar él solo, como rey, en Valladolid. Supone que, dada la fase de negativismo de Juana, será difícil hacerla acudir a las Cortes, pero con gran sorpresa de todos, ella no pone esta vez reparo a comparecer, y de inmediato la sorpresa es aún mayor, pues Juana toma la palabra y se dirige a los procuradores preguntándoles si la reconocen como hija legítima de la reina doña Isabel. Al contestarle afirmativamente, responde: «Entonces, puesto que todos me reconocéis, os mando que vayáis todos a Toledo y me aguardéis allí, pues he decidido que allí se me jure solemnemente fidelidad como reina de Castilla, y también yo juraré vuestras leyes y derechos.» Inmediatamente abandonó el recinto sin esperar respuesta.

Prawdin[13] saca la conclusión de que «esta mujer, a la que se tenía en el más profundo aislamiento..., la primera vez que se encuentra ante españoles que no eran acérrimos partidarios de Felipe, toma en seguida la iniciativa y adopta exactamente la única decisión que, de ser cumplida, podía aún salvarla». De este y algún otro episodio parecido obtiene la base para argumentar la cordura de doña Juana. La primera observación que hemos de hacer es la perogrullada que tantas veces se olvida: los locos no son tontos. No hay por ello que esperar un comportamiento privado de astucia por parte de doña Juana. La segunda e igualmente olvidada e importante es que los enfermos mentales, aun los más graves, no se portan anormalmente *siempre*, sino cuando entran en juego sus síntomas; el resto del tiempo pueden aparentar y mantener normalidad. Especialmente suelen conservarse los automatismos «profesionales»; por ejemplo, un sargento demente puede dirigir correctamente la instrucción de los reclutas, y un político (o una reina) echar un discurso aceptable. El diagnóstico de enfermedad mental no puede nunca basarse en que la conducta y conversación sean «normales», ocasionalmente, sino si en algún momento son «anormales». Tampoco puede juzgarse un acto aislado, sino su concatenación con los demás, y el comportamiento de doña Juana ante los procuradores de Castilla aparece como claramente absurdo cuando los encuentra de nuevo días después en Valladolid.

El lector quizá encuentre tediosas y algo reiterativas estas aclaraciones, pero las considero indispensables para argumentar lo único que de interesante puede tener mi comentario sobre doña Juana: Sí, en efecto, era una grave enferma mental, o si su comportamiento fue respuesta a una pasión amorosa frustrada y a la alienación social por el encierro y demás traumas afectivos, y estos mecanismos de defensa interpretados como locura para desposeerla de sus derechos. Por la actual manía «desmitificadora», que tantos nuevos mitos está creando, esta interpretación novelesca está muy difundida.

Mientras tanto, allí mismo en Mucientes inicia otra faceta de su delirio: hace forrar las paredes de su estancia de negro por un luto imaginario, y de negro sigue vistiendo, como hace desde que desembarcara en La Coruña. Recibe a los procuradores y les confirma que no desea que su reino sea gobernado por flamencos; y que piensa dar el gobierno a su padre, hasta la mayoría de edad de su hijo.

Ya no cabe suponer su deseo de no intervenir en los asuntos de estado, y llegan noticias de Andalucía de que el duque de Medina Sidonia agrupa partidarios para liberar a la Reina.

Entra ahora en acción un personaje de cuya lealtad a doña Juana no podemos dudar. Se trata de don Pedro López de Padilla, procurador de Toledo. Como cabeza del grupo leal a la Reina, exige entrevistarse con doña Juana, para averiguar por sí mismo el estado de su mente, sobre el que tan contradictorias noticias podían escucharse. Arriesga su vida Padilla en el empeño, pues don Juan Manuel le sube a la torre de la iglesia de Mucientes, y hace correr la voz de que de allí será arrojado Padilla al vacío si no se aviene a sus deseos. Al fin ceden a su empeño de lograr entrevistarse con doña Juana. La entrevista dura tres horas. Al salir, comenta López de Padilla: «Las primeras palabras eran las de una persona en su juicio, *pero al seguir hablando parecía como si se saliese de razón*.» Ningún testimonio puede ser más valioso, pues Padilla sigue tan fanáticamente leal a doña Juana, que añade que, a pesar de ello, le guardará fidelidad hasta su muerte, y no consentirá que sea encerrada contra su voluntad. El rey Felipe le expulsó por ello inmediatamente de la Corte.

En cambio, el almirante de Castilla, que también exige hablar con la Reina, y lo hace durante dos días seguidos, afirma que Juana, durante ellos, «nada contestó que no fuese de razón». Se deja convencer además por los argumentos del almirante y acude a las cortes convocadas en Valladolid. Don Felipe no se atrevió por el momento a recluirla, pues el propio almirante le advierte que eran muchos los que no creían en el desvarío de la Reina, y que no debe intentar la aparición en Valladolid sin ella. Allí entra Juana de luto, como ya iba siempre, y con un velo negro sobre la cara.

Don Felipe pidió a las Cortes en Valladolid licencia para recluir a la Reina, cosa que le fue negada gracias a la convicción del almirante y del condestable de Castilla de que doña Juana estaba cuerda.

Sólo le quedaba a Felipe don Juan Manuel, y con menos decisión Cisneros y Villena, apremiando el encierro de la Reina. Decidieron recluirla en el alcázar de Segovia, y allí se encaminó la Corte, pero en la última etapa, doña Juana se negó a entrar en el pueblo en que pernoctaron y pasó la noche entera vagando por sus alrededores montada en una mula. Al día siguiente se empeñó en dirigirse a Burgos. Otra vez se amedrentan ante la alternativa de reducirla por la fuerza en público. Ceden, y reyes, corte y ejército reemprenden este disparatado zigzaguear por la meseta castellana. Enfermó Juana en un pueblo en el camino hacia Burgos, y allí tuvieron que quedar todos hasta su reposición en septiembre, pues Felipe no se atrevía a dejarla sola.

El 25 de septiembre muere el rey don Felipe en Burgos tras una rápida enfermedad durante la cual Juana le atiende con gran celo y afecto. Al fallecer, queda la Reina como una estatua, sin derramar una lágrima.

Iniciada la regencia de Cisneros, se encuentra éste con el mismo problema con el que todos han de tropezar: la reina está incapacitada, pero precisan su firma para actuar en nombre de ella, y Juana, unas veces con sutileza, otras con cerrado negativismo, se niega a firmar ningún papel.

Simultáneamente al forcejeo político, se inicia la dependencia del cadáver de su esposo, que ha dado lugar a la leyenda necrófila de Juana. Ya estaba vestida de negro, como hemos visto referido, pero ahora se hace confeccionar gran número de trajes, algunos de corte de hábito religioso, todos muy ornamentados, pero dentro de los convencionalismos del luto. Por dos veces hace abrir el féretro de su esposo, que reposa en la cartuja de Miraflores. Varían las versiones; según unas, destapado el cadáver, rasga también vestiduras y sudario y abraza las piernas y besa los pies. Según otros, queda impasible, estatuaria, sin una lágrima ante el féretro. Lo que no cabe duda es que las dos veces, y contra la general resistencia, obligó a abrir el féretro.

Declarada la peste en Burgos, no tiene dinero para el traslado a Torquemada y ha de pedirlo prestado a su fiel secretario Juan López. Contra la opinión de humildes y poderosos, de que la Reina estaba perdida y totalmente perturbada, López dice que era incluso más inteligente que su propia madre la reina doña Isabel.

Se discute también si es cierto que la fúnebre peregrinación a Granada se hacía sólo de noche, a la luz incierta de las antorchas, pues afirmaba doña Juana que «no le sienta bien a una viuda andar por los caminos a la luz del día, pues la gente no ha de verla» y «... una mujer honesta, después de haber perdido a su marido, que es su sol, debe huir de la luz del día». No cabe duda de que la salida de Miraflores se hizo «una hora después de puesto el sol».

En Torquemada da a luz a Catalina, sexto de sus hijos (tiene Juana 26 años), y allí, declarada la peste que les hizo abandonar Burgos, mueren el primer día una camarera de la Reina y ocho hombres del Arzobispo. Con los progresos de la medicina hemos perdido la noción del pavor que provocaba una epidemia de esta índole. El clima psicológico en Torquemada debió ser parecido al del navío desarbolado en la tormenta, e igual que entonces, Juana mantiene una calma escalofriante entre el pánico general.

Salen al fin hacia Hornillos, y allí es donde al ir a pernoctar en un gran edificio se entera de que es convento de monjas y se niega a pasar la noche en él. Por celos de otras mujeres bajo el mismo techo que el féretro de su esposo, dice la versión necrófila. Por la prudente cautela de que sus tropas entren en contacto con tantas mujeres, dicen los «revisionistas». Poco probable es tal versión; no había necesidad de que la tropa entrase en el convento para que ella durmiese bajo su techo. La realidad es que durmió en una casucha en el campo, y dejó a todo su séquito absurdamente a la intemperie.

Alarmados Cisneros y los Grandes ante los atisbos de intenciones de gobernar por parte de Juana, apremian a don Fernando para que acuda a tomar las riendas del reino de su hija. Se entrevistan en Tórtoles, tras cuatro años sin verse. El encuentro tuvo apariencias externas de normalidad, y el Rey salió anunciando que doña Juana había delegado en él todas las facultades de gobierno, pero tampoco obtuvo la firma, que con la obstinación de siempre Juana se negó a estampar.

Estableció Juana su sede en Santa María del Campo y luego en Arcos, donde pasó nueve meses en tranquila aceptación de las circunstancias, en compañía de sus hijos menores Fernando y Catalina. Se sigue diciendo allí misa diaria por don Felipe, y doña Juana acude ya sólo de vez en vez.

Acepta la ambigua situación de que don Fernando acuda a este pueblo a firmar los documentos importantes, ya que ella sigue sin hacerlo. Allí recibe con gran cordialidad a su madrastra D.ª Germana. Pero cuando don Fernando, que emprende la expedición pacificadora de Andalucía, se lleva a su hijo Fernando, Juana empeora e inicia una nueva fase de negativismo pasivo, no se lava en meses, ni cambia de ropa, come sin cubiertos, de los platos puestos en el suelo, como si fuese un perro, y también duerme en el suelo. Tiene episodios de agitación en que insulta e intenta agredir, y otros de estupor. Afirman las versiones «desmitificadoras» que todo esto lo hace como protesta del «rapto» de su hijo. Don Fernando alega que se lo llevó para apartarle del perjudicial contacto con la madre perturbada, como años después hará Carlos V con Catalina, con la misma doble interpretación ante la tumultuosa respuesta de Juana.

El 15 de febrero de 1509 doña Juana es trasladada a Tordesillas. Allí ha de permanecer hasta su muerte en 1555, casi cuarenta y siete años aislada. Como si quisieran que su figura se diluyese en el olvido. Colocan el féretro de don Felipe en el monasterio de Santa Clara para que la Reina pudiera contemplar el sepulcro desde una ventana del palacio de Tordesillas. Los ocho primeros años queda a cuidado de Luis Ferrer, que justifica «haber usado de violencia» con la Reina ocasionalmente, «para preservarle la vida, pues se negaba a tomar alimento». En estas huelgas de hambre se llegó a «darle cuerda», cuyo significado no se especifica, pero tiene siniestra resonancia.

Estas huelgas de hambre de los esquizofrénicos se llaman «sitiofobias» en los tratados de Psiquiatría, y dejados los pacientes a su iniciativa, mueren. Es preciso ayudarles con alimentación forzada, lo que aún hoy no resulta fácil. Sólo las presentan en períodos de agravación de la enfermedad y conjuntamente con otras serias alteraciones del comportamiento, especialmente en cuanto al cuidado de sí mismos. Juana rehusaba vestirse, dormir, asearse. Cuando la vio su padre en 1510 quedó asustado al encontrarla «débil y desfigurada»; daba la impresión de que iba a morir. La mostró a un grupo de Grandes y dignatarios para que no les quedase duda de su incapacidad para el gobierno, sobre lo que periódicamente se inquietaba la opinión púbica o un sector de la nobleza.

De nuevo la visita de su padre, esta vez con doña Germana, en 1513. Apenas se conocen datos del efecto que les causó su encuentro. Poco después ocurre el famoso episodio del bebedizo que da Germana a Fernando para devolverle el vigor viril y con él la esperanza de nueva descendencia.

Éste enfermó gravemente; se temió por su vida, y aunque recuperó las fuerzas, no volvió a ser el mismo, manifestando síntomas de un profundo cambio en su personalidad hasta que falleció en 1516.

A la muerte de Fernando, parte del servicio y de la población de Tordesillas se rebela contra Ferrer por el trato dado a doña Juana. También aquí se carece de datos concretos, pero el equipo de Ferrer debió de tener alguna culpa en el lamentable estado de las cosas, pues Cisneros le destituye. Algunos de sus empleados recibieron castigo público.

Se encomienda el gobierno del palacio de Tordesillas a Hernán Duque, y con él entra Juana en una de las temporadas de mejoría. Pasa a la iglesia de Santa Clara a oír misa, se viste y cuida de sí normalmente.

La vida de quienes padecen esta terrible enfermedad ha cambiado radicalmente con los actuales tratamientos, pero hasta hace muy poco tiempo, quienes sobrevivían pasaban por un largo calvario, compartido por las personas que tenían que cuidarlos (si es que alguna se prestaba a ello), pues constantemente estaban en conflicto con quienes les impedían sus acciones insensatas y destructivas. Doña Juana no fue una excepción. La única variante es que se trató de disfrazar de palacio su cárcel, y los rigores del encierro con un trato cortesano. Durante estos terribles e interminables cuarenta y siete años, la situación depende de las agudizaciones de la enfermedad, y de cómo reaccionan ante ella las cuidadoras de turno. Esto sigue siendo así. A un esquizofrénico agitado, que parece incoercible, basta cambiarle el enfermero que le atiende por otro más hábil para que se calme, al menos temporalmente. Es un arte que tienen algunas personas, y otras carecen de estas cualidades. Hernán Duque fue más hábil que Ferrer en tan difícil misión. Por el camino de la amabilidad y deferencia, cediendo en lo accesorio para mantener lo esencial, logra una aceptable estabilización del estado de doña Juana, quien «volvió a dormir en su cama y tomar las comidas y vestirse con decoro».

El precario equilibrio se rompe con la llegada de don Carlos, que la visita acompañado de doña Leonor, hija mayor de doña Juana. Llega a Tordesillas el 4-XI-1517. Doña Juana no les había visto en doce años. Está afable con ellos, pero inmediatamente los manda a «descansar», y se despiden sin grandes complicaciones. Éstas surgen cuando don Carlos, compadecido del estado de su hermana menor, Catalina, que, de sus once años, llevaba nueve en aquella prisión, «sin más trato que las dos mujeres ancianas que tenía a su servicio; pasaba la mayor parte de sus días sentada en la ventana para ver a la gente que iba a misa o contemplar a los niños»; cuando podía solía arrojar unas monedas por la ventana para que los niños se pusiesen a jugar allí cerca, y ella los observaba.

Cuando don Carlos regresa a visitar a su madre durante ocho días, a los tres meses de la primera visita, decide liberar a su hermana menor de situación tan penosa, y como comprende que doña Juana no va a permitir la marcha de la princesa, la hace secuestrar unos días después. A la niña, que sólo había visto el mundo a través de la reja de su ventana, se le muestra de repente aquél en todo su esplendor, en las fiestas de la corte en Valladolid.

Mientras tanto la desolada reina pasa días y noches de pie, negándose a acostarse y a probar bocado mientras no regrese la niña. Don Carlos se encuentra en el más grave de los dilemas, teniendo que elegir entre el daño a su madre o a su hermana. Adopta una solución de compromiso: devuelve Catalina a su madre, pero organiza una corte para la atención de ambas, y ordena para la pequeña juegos y salidas.[14] La princesa seguirá en Tordesillas siete años más. Se ha querido interpretar (Prawdin)[15] el rapto de Catalina como una trama maligna de don Carlos, para que con el trauma de la separación volviera a enloquecer doña Juana, cuya mejoría bajo los cuidados del afable Hernán hacía temer que ella quisiera gobernar. El retorcimiento mental que supone este modo de interpretar las cosas es tan evidente que no precisa discusión.

La Reina tiene ahora «una corte muy digna y cumplida, y el Rey cosechó por ello muchas alabanzas y encomios». Sin embargo, hay un punto negativo en el cambio, y es la sustitución de Hernán Duque, que tan bien supo atender a Juana, por el marqués de Denia. Llega Denia reforzado en su autoridad por nuevas atribuciones, no sólo en el palacio, sino sobre la villa de Tordesillas, pero también con nuevas instrucciones, tajantes y precisas, de don Carlos, que pesarán sobre la libertad de Juana y de sus cuidadores, o carceleros, si se prefiere llamarlos así, pues ambas funciones tienen que cumplir.

El marqués de Denia tiene la más difícil de las misiones: mantener de modo inflexible las normas que se han fijado para doña Juana, entre ellas cortar las salidas a que se había acostumbrado (y que ahora exige), y hacerlo sin faltarle a la Reina demente el debido respeto. El agravamiento progresivo de la enfermedad complica el cuidado de doña Juana. Tiene arrebatos de furia, durante los cuales golpea a las damas de servicio en su estancia, o les arroja un barreño a la cabeza. Come sentada en el suelo, y al terminar arroja la vajilla y restos de comida detrás de los muebles. Alterna los episodios de agitación con otros de tipo catatónico, en que está horas inmóvil con la mirada en el vacío. Frecuentemente exige tener la habitación a oscuras y pasa así varios días. A temporadas establece un extraño ritmo de sueño; se pasa dos días acostada y otros dos sin dormir. Se niega a mudar de ropa y lavarse, llegando a estar andrajosa. En una de las cartas, Denia expone como signo de gran mejoría el que ha cambiado tres veces de vestido en un mes. Como la mayoría de estos enfermos, tiene de vez en cuando unas horas o días en que su conducta o conversación son normales, con lo que de nuevo cunde el desconcierto sobre su estado mental.

Es cómodo criticar a Denia, pero por la copiosa correspondencia con don Carlos, se ve el empeño que puso en cumplir bien su misión, que doña Juana ha venido a complicar al máximo al integrar en sus delirios esquizofrénicos la religión. En la España del XVI, religiosamente hipersensible, la noticia de que la Reina se niega a oír misa, o que manda quitar el altar de su aposento por considerarlo embrujado, etc., no debe trascender de ningún modo. Para evitarlo, se convierte a los carceleros en encarcelados. Triste suerte la de aquella corte de guardarropía. «A todos debe ser secreto lo de aquí», escribe el marqués de Denia a don Carlos. Para así mantenerlo, prohíbe la salida de palacio de las mujeres que atienden a la Reina, pues: «... de este salir suyo nacen muchas cosas bien de excusar, lo uno que ellas no pueden dejar de hablar a sus maridos, deudos y amigos, y comadres, cosas que no conviene saberse». La propia Reina es la primera en dolerse del encierro en las temporadas de mejoría, en las que invariablemente pretende salir, y Denia confiesa al Emperador (ya es Emperador) que: «Sus palabras son tan conmovedoras, que a mí y a la marquesa nos cuesta trabajo resistirlas. Sus quejas me inspiran la mayor piedad.»

Cuando los Comuneros (1520) se sublevan «en servicio de la Reina doña Juana», tanto los rebeldes como el Consejo intentan, cada uno por su parte, que Juana firme documentos. Ninguno lo consigue. A la llegada de los Comuneros a Tordesillas, Juana está en fase de alivio de su dolencia y recibe al jefe de los sublevados, Juan de Padilla (hijo de López de Padilla, que tanto se arriesgó en defender a doña Juana ante su esposo), y contesta con discursos vagos, pero aparentemente bien concertados.

Persisten los «automatismos del oficio», mas no toma ninguna de las decisiones que le solicitan y que podrían salvarla. Reitera que «todo lo bueno me place y todo lo malo me pesa» y con ello sus deseos de enderezar la nave del estado. Los Comuneros, tanto los que actuaban de buena fe, como los que pretendían utilizar a doña Juana meramente como instrumento para sus fines, precisan convencer al país de la cordura de la Reina. El cardenal Adriano escribe al Emperador de cómo aun para los que dudan de la salud de Juana se argumenta «... que no es posible que ella gobierne peor que Vuestra Majestad...», y que se ha conseguido que gran parte de los servidores de Juana declaren que: «... ha sido agraviada y detenida por fuerza en aquel castillo, como que no estuviera en sí, habiendo estado siempre en buen seso y tan prudente como lo fue en el principio de su matrimonio...»

A la reina prisionera aseguran sus liberadores, una y otra vez, que: «... han venido para servirla, doliéndose de la opresión y manera... están para servir y obedecer a V. A. y traella encima de sus cabezas, como a su reina... y dejarse morir por ella», por lo que la urgen a que se decida «... a regir y gobernar sus reinos...».

Los Comuneros, tanto los que creen de verdad en la cordura de Juana, como los que se comportan como si ésta existiese, esperan con paciencia el fin de sus caprichosas dilaciones. El cardenal Adriano, desde el otro bando, expone con claridad el peligro que a don Carlos supone una sola firma de Juana: «... No dude V. M. que si una sola firma pudiesen haber de S. A. pondría grandísima revuelta y confusión en esos reinos a más de la que hay, si mayor pudiese ser...»

Aunque Juana les reprocha: «... maravíllome mucho de vosotros no haber tomado venganza de los que habían fecho mal... E huelgo mucho con vosotros, porque entendáis en remediar las cosas mal hechas, y si no lo hiciéredes, cargue sobre vuestras conciencias...». Como explicación a su incongruente negativa a respaldar tales acciones que ella misma solicita, expone que: «... tengo que hacer algún día en sosegar mi corazón y esforzarme en la muerte del Rey mi señor...». Se refiere a la de su padre, de la que acaba ahora de enterarse. Simultáneamente con ello, arrecia un nuevo sistema deliroide en torno a doña Germana, «esa extranjera». Se acentúan las ambivalencias y extravagancias esquizofrénicas, y los Comuneros, a su propia costa, empiezan a convencerse de la enajenación de Juana. Es patética la estampa de aquellas fuerzas inmovilizadas solamente por la obstinación patológica de quien habían venido a liberar convencidos de la lucidez de su mente. No comprenden los Comuneros que la negativa a firmar ningún documento es un síntoma ya muy enclavado e inamovible en la enfermedad de Juana. Si ni a su padre, marido e hijo, consintió jamás en firmarles,

¿por qué lo iba a hacer con ellos? Creen ingenuamente en los absurdos pretextos de Juana. Un día les dice que su reticencia se debe al descontento con las mujeres que le sirven. Si las despiden a todas, a los cuatro días firmará. Cumplen los deseos de Juana, esperan los citados cuatro días, para encontrarse con una nueva dilación, y otra tras ella...

Mientras tanto, sus enemigos se arman y reagrupan. La absurdidad de la situación produce defecciones. La balanza, que estaba a su favor, se inclina del otro platillo. Impacientes, y convencidos de la perturbación de la Reina, intentan ahora conseguir la firma con engaños y coacciones. Como siempre que Juana se siente forzada, su reacción es acentuar el negativismo: no come, ni duerme, ni habla. ... La demencia se patentiza de nuevo, y quienes acudieron a salvarla limitan su libertad... y son acusados de tener presa a la Reina. Es el principio del fin para los Comuneros, en un trágico círculo que en la locura de Juana se inicia, y en ella se cierra. Llaman médicos y exorcistas... Todo en vano. Pagarán con sus vidas la ingenua interpretación del drama de doña Juana, que ahora algunos historiadores novelescos quieren impunemente resucitar.

Quedan para doña Juana treinta y cinco años de encierro. La relativa libertad y trato deferente, la importancia que a sus palabras se concede durante el episodio de los Comuneros, han roto los esquemas que ahora se llaman de «institucionalización», que a veces significa una adaptación soportable a circunstancias adversas, y otras la claudicación deteriorante ante ellas. De la sumisión o negativismo pasivo ha saltado doña Juana a la estéril y enfurecida rebeldía: da órdenes, grita. Convoca dignatarios que no pueden o no quieren acudir. Se enfurece porque no vienen,[16] los sentencia a muerte, y manda ahorcar; vocifera insultos, amenazas y recriminaciones.

El marqués de Denia, ofendido y escarmentado por su destitución y malos tratos por parte de los Comuneros, ha endurecido su actitud hacia Juana y la princesa Catalina, que en tan triste situación sigue creciendo. El almirante, encargado de la regencia y que la visita en Tordesillas, escribe compungido al Emperador sobre esta adolescente de catorce años que: «... es la cosa más triste del mundo oírla tan juiciosa y melancólica...». Se reprocha a Denia el haber vuelto a encerrar a Juana en la habitación interior, sin ventanas ni más luz que unas velas, pero lo cierto es que en cuanto logra asomarse al exterior es para dar voces pidiendo auxilio, llamando a sus «capitanes» y ordenándoles dar muerte a unos u otros. De agitación delirante a negativismo catatónico vuelve a padecer doña Juana casi constantemente, y el «defecto esquizofrénico» va labrando de modo simultáneo el deterioro progresivo de su inteligencia.

La infanta padece también el endurecimiento del marqués de Denia, que la impide hablar no sólo con su madre sino también con los criados que la atienden. Logra al fin doña Catalina filtrar una carta al Emperador, de la rigurosa censura a que el marqués las tiene sometidas, y esto trae algún alivio para las dos prisioneras, pero Carlos V mantiene su confianza en Denia, y cuando éste fallece diez años más tarde, pasa el cargo a su hijo, y Tordesillas va convirtiéndose en un feudo de esa familia. Llega a haber doscientas personas supuestamente al servicio de la Reina, ya permanentemente encerrada en una habitación oscura. El deterioro mental es tan claro, que en su última visita, el viejo y fiel almirante que tan obstinadamente defendió la lucidez mental de doña Juana tiene que reconocer su perturbación absoluta.

La marcha de la infanta (1525) a ser reina de Portugal hace temer por la vida de Juana. El recuerdo de lo que ocurrió en la primera separación hace temer a todos. Juana tiene ya menos fuerzas hasta para sufrir. Mira desde una ventana cómo parte el cortejo de la infanta, y por dos días y la noche intermedia no se movió de allí, ni pronunció palabra ni probó bocado. A la segunda noche, medio desvanecida por el agotamiento logran llevarla al lecho. Es entonces cuando la visita el almirante.

Treinta años aún. En desconsoladora soledad afectiva, y en aislamiento tan cerrado que apenas se tienen noticias de ella, pero de las pocas que han llegado podemos deducir la evolución de la enfermedad. Comienza doña Juana a padecer alucinaciones visuales, en las que se reitera la aparición de un gato gigantesco y fiero, que ha desgarrado a su padre y a su madre, y agazapado espera hacerlo con ella. Dos síntomas de esquizofrenia, «el desgobierno de la actividad psíquica» y «la influencia del pensamiento» provocan en la enferma la sensación de que sus pensamientos y deseos no obedecen a ninguna voluntad, sino a otra, parásita, que se impone forzándola. Los esquizofrénicos actuales suelen interpretarlo como acción de sus enemigos, que se valen para ello de sistemas electrónicos de control a distancia. Para Juana era obra de los «malos espíritus». En lucha con sus vivencias delirantes, o empujada por ellas, blasfema, manda quitar el altar e imágenes de su habitación, acusa de ser brujas a las mujeres a su servicio... Ya hemos visto cómo la elección de tema religioso por el delirio de Juana refuerza el empeño en mantener en secreto su estado y acciones.

Felipe II, que ejerce la regencia, envía a su pariente San Francisco de Borja a visitar a la Reina, y a ser posible enmendar su desvarío espiritual, y prepararla para su fin, que ya ha de estar próximo. Por dos veces acude el Santo, en 1552 y 1554, y ambas le recibe Juana con afecto, pues le recuerda de cuando estuvo de paje a su servicio. Como muchos seniles, conserva la Reina la memoria de evocación, para los hechos remotos, mientras los inmediatos los olvida y confunde. Tranquilizada por San Francisco, confiesa con él, pero en cuanto el visitante se ausenta, vuelve a su anterior rechazo de toda práctica religiosa. Cuando San Francisco regresa dos años después, le asegura que tuvo que dejar las oraciones, porque aquellas mujeres, «brujas empedernidas», le impedían hacerlas, y «se ensuciaban en el agua bendita», pero en su mente repetía las oraciones que le enseñaron los Reyes Católicos. Acepta de nuevo los sacramentos.

Siguen unos meses, los últimos, en que se amansa la perturbación de su espíritu. Por desgracia, esta mujer, que tanto había sufrido en el plano espiritual, va a hacerlo ahora en el físico. Tiene setenta y seis años, y la reiterada permanencia en pie durante días y noches ha ido provocando grandes edemas en las piernas, que al fin se ulceran. Las llagas de Juana son muy dolorosas, no soportan el menor cambio de posición, ni que toquen sus vendajes. Infectadas las heridas, con fiebre y vómitos, y entre gritos de dolor que día y noche resuenan por el palacio, encuentra al fin la muerte.

Tenemos la imagen mental del emperador Carlos, anciano y encorvado, abdicando en Felipe para retirarse al monasterio de Yuste. Ocurrió a los seis meses de morir su madre.

BIBLIOGRAFÍA

1. Soldevila, F.: *Historia de España*, Ariel, Barcelona, 1954, t. III, p. 148.
2. Lalaing, Antoine, en M. Gachard: *Collection de voyages des Souveraines des Pays Bas*. V. 1, Bruselas, 1876, p. 151 y pp. 188-189.
3. Talavera, Hernando de: *De vestir y calzar*, 1496.
4. Talavera, Hernando de; las cartas pueden verse en Biblioteca de Autores Españoles, LXII, p. 3 y pp. 16-17.
5. Soldevila, loc. cit. t. V, p. 145.
6. Rodríguez Vila, Antonio: *La Reina Doña Juana la Loca*, Madrid, 1892, pp. 247-248.
7. Comenge Luis: *Clínica Egregia*, Barcelona, 1895.
8. Maura, Gabriel: *El príncipe que murió de amor*, pp. 182-185.
9. Prawdin, Michael: *Juana la Loca*, Ed. Juventud, Barcelona, 1953, p. 55 y ss.

10. Vallejo-Nágera, Antonio: *Doña Juana de Aragón y de Castilla*, Artes Gráficas, Zaragoza, 1935.
11. Comenge Luis: *Clínica Egregia*, Barcelona, 1895, p. 208.
12. Vallejo-Nágera, Antonio: *Locos Egregios*, Salvat, Barcelona, 1953 (2.ª ed.) p. 338.
13. Prawdin, loc. cit. p. 109.
14. Laurent Vital: *Premier Voyage de Charles Quint en Espagne*, 1851.
15. Prawdin: loc. cit. pp. 175-178.
16. Vallejo-Nágera, A.: loc. cit. p. 346.

BENVENUTO CELLINI

Benvenuto Cellini (1500-1571), nació y murió en Florencia, pero su vida accidentada, que él se encargó de novelar en la famosa autobiografía, transcurrió en multitud de lugares, pues rara vez aguantó más de cuatro años seguidos en el mismo. Orfebre, medallista, escultor, cincelador, gozó de gran prestigio en su misma época, y ha pasado a la posteridad como «el mejor orfebre de todos los tiempos». La valoración del resto de la obra de Cellini no corresponde al lugar tan destacado que ocupa en el acervo cultural contemporáneo. Su rememorización se debe en gran medida a la aureola que él mismo se supo labrar. Cellini es uno de los más grandes fanfarrones que han existido; este y otros rasgos psicológicos, los graves delitos y otros trastornos de conducta han hecho interesarse por él a los autores de «patografías», siendo calificado de diverso modo, desde «psicópata inestable» hasta paranoico.

La apreciación objetiva de las grandes obras de arte y de nuestra propia reacción intrínseca hacia ellas es mucho más difícil de lo que parece, pues antes de contemplarlas por primera vez (si son de gran rango) ya las precedió en nuestra mente la fama que las envuelve y que inexorablemente influye en el efecto que causan al espectador. Hay obras a las que se llega como en devota peregrinación, y en este clima psicológico cualquier reacción es posible.

Desde escribir una novela, que influirá en la perpetuación del espejismo estético, hasta verificarse en el espectador una «iluminación con cambio del rumbo de su vida» o inducirle al suicidio ante la obra admirada, o intentar destruirla. El lector recordará múltiples incidentes de este tipo, de los que la prensa suele hacerse eco, cerrando el círculo de tensión psicológica, parásita al mérito de la obra en sí.

Es casi utópico colocarse «imparcialmente» ante la *Gioconda* de Leonardo o *La Piedad* de Miguel Ángel. Nunca he conseguido «ver» el *David*, pues en todas las ocasiones quedé distraído por el increíble espectáculo de «los turistas mirando el *David*», la gregaria homogeneidad de las reacciones estampadas previamente por la propaganda y por «el lavado de cerebro» de la formación cultural convencional.

Entre los artistas secundarios, ninguno goza de una propaganda y leyenda similares a la de Cellini. En el colosal Museo de Viena, que tantas obras cumbre contiene, se destaca en la enumeración que el propio museo realiza de sus tesoros el famoso salero de Cellini. Desde la entrada, y a través de varias salas, se repiten los letreros orientadores, con su correspondiente flecha: «Al salero de Cellini». En torno a su vitrina hay siempre un cerrado grupo de turistas que pasó, sin verlos, ante multitud de tesoros de, al menos, el mismo interés estético, pero sin «leyenda». Este famoso monumental centro de mesa fue comprado por Francisco I de Francia, que adjudicó a Cellini un sueldo igual al de Leonardo da Vinci. Esto demuestra la importancia que el rey, al igual que otros magnates de la época, concedía a Benvenuto, quien, por supuesto, estaba de acuerdo con esta hipervaloración. La obra es una de las poquísimas que se conservan del sector en que Benvenuto más destacó: orfebrería y cincelación.

La otra es la copa de oro con la esfinge. Las demás, debido a su enorme valor intrínseco, han ido desmembrándose o se han perdido. Restan sólo los elogios que suscitaron, todo lo cual fomenta el carácter legendario de Cellini y sus creaciones.

Francisco I, que casi logró traer a su corte a Miguel Ángel, pero tuvo que conformarse con su *Hércules*, consiguió hacer venir a Benvenuto con la promesa de «cubrirle de oro»,[1] y mostró no sólo el aprecio por su obra, sino una increíble tolerancia por todos sus desmanes, violencias y bravatas. Según Benvenuto, el monarca, al contemplar el modelo de cera para el salero, exclamó: «Es ésta una obra cien veces superior a lo que yo pude haber soñado», y, al verlo terminado, «... No logró reprimir un grito de asombro, ni se saciaba de contemplarlo». Aunque el elogio esté inflado en la transcripción del vanidoso y fabulador Cellini,[2] no cabe duda de que corresponde a la estima que le concedían los grandes magnates de la época, aprecio al que debió entre otras cosas la supervivencia propia, pues a otros ajusticiaron o dejaron encarcelados de por vida por menores felonías que las que nuestro héroe cometió.

«Hombres como Benvenuto, únicos en su profesión, están por encima de la ley.» Esta frase aparece citada unas veces como del propio Cellini[3] (sin duda refleja su opinión), y otras como del papa Paulo III,[4] quien desde luego actuó conforme a ella, permitiendo que Benvenuto eludiese la justicia cuando en 1534 mató, por rivalidades profesionales, al orfebre Pompeo de Capitaneis.[5] Ante delito tan serio, se escondió en la propia Roma, esperando el momento de fugarse, pero el papa estaba mucho más interesado en que Benvenuto terminase las obras encargadas que en aplicarle la Ley, por lo que firmó un documento de perdón y un salvoconducto.

No fue ése el único de sus procesos por homicidios, ya que tuvo otro antes. Éste lo resolvió con la huida, fácil en aquella época por la división de las soberanías y jurisdicciones en territorios pequeños, que era fácil abandonar a quien, por la ubicuidad de su demanda profesional, podía asentarse en cualquier lugar. Ocurrió este suceso en 1529 (cuando tenía 29 años de edad, pues Cellini, nacido en 1500, «iba con el siglo») y cargará después con un tercer homicidio (en Siena) sobre su conciencia, ya que no sobre sus espaldas, en 1540.

Su inscripción en los archivos criminales es mucho más precoz. A los 16 años estuvo encausado por una grave reyerta, y por idéntico motivo otras muchas veces (1523, 1524, 1541, 1556). Y del ensañamiento con que se comportaba en ellas da testimonio su propia autobiografía, cuando con irresponsable vanidad describe que, habiendo perdido un pleito en París, decidió tomarse la justicia por su mano, y buscando a quien le denunció: «... encontrándole un atardecer le asesté tantos golpes con la espada en brazos y piernas, que aunque tuve cuidado en no matarle, también lo tuve en que quedase de tal suerte que no pudiera ya servirse de las piernas en el futuro... Y por este y otros muchos triunfos puedo dar gracias a Dios, y esperar al menos durante algún tiempo no ser molestado».[6] Benvenuto solía hacer piadosas reflexiones.

Volviendo a 1534, aprovechó el salvoconducto de Paulo III para marchar a Florencia y de allí a Venecia, donde el 5 de abril de 1536, día de la triunfal entrada de Carlos V en la ciudad, se entrega de parte del papa un misal de Benvenuto, «cuya encuadernación era un portento de riqueza y de arte», al mismo monarca español, contra cuyas tropas defendiera tan ardorosamente el castillo de Sant' Angelo como artillero, haciendo circular la fábula de que a su certera puntería se debía la muerte del condestable de Borbón. Tras un fracasado viaje a Francia, que nadie le había pedido, regresa a Roma en 1538 y al llegar se le encarcela bajo acusación (ironías del destino, parece que falsa) de haber robado parte del tesoro de Clemente VII, durante el sitio de Roma en que tan bravamente se había portado. Preso por el mismo papa que perdonara su homicidio, se fuga, vuelve a ser capturado y al fin se le indulta tras siete meses de cárcel. Es entonces cuando es requerido por Francisco I. Regresa pues, a Francia, donde gozando del favor del monarca inicia la carrera de escultor con un Hércules de plata, y la *Ninfa de Fontainebleau* destinada a una puerta de ese palacio, que se le antojó a Diana de Poitiers y que hoy está en el Louvre.

La *Diana* merece párrafo aparte, pues los incidentes acaecidos durante su construcción ilustran insuperablemente el carácter de Benvenuto. Los desmesurados cuernos que la *Diana* abraza fueron aumentados deliberadamente en la última etapa, pues representan los que al marido de la modelo iba poniendo Cellini, y también es calculada la incomodísima postura de la Ninfa en que la hace posar durante muchas horas, para sádica culminación de su afán de venganza.[7] La escultura es retrato de su amante Catalina, una francesa «a la que yo retenía para servirme de ella en mi arte, y sin la que no podía pasar. Además, siendo hombre, como soy, la utilizaba para la cama». Suponiendo que podía tener con ella un hijo «y no queriendo cargar inconscientemente con el de otro», encarga de su custodia, «además de la mucho más importante de los metales preciosos y otros tesoros que había en la casa», a un pobre diablo que había tomado como contable por ser italiano, y que le infundía confianza por los píos ademanes y constantes prácticas de piedad. Se olvidó tener en cuenta Benvenuto que el contable, Pagolo Miccieri, era también florentino, y como florentino se portó, encontrándoselo con Catalina es la más comprometedora situación al regresar inesperadamente a casa.

Pagolo corría más rápido que Benvenuto, lo que le libró de morir inmediatamente en sus manos, pues no alcanzándole por el momento logró enfriarse y reflexionar que no podía impunemente añadir una muerte a las muchas barbaridades que estaba realizando en Francia y que daban señales de colmar la paciencia de Francisco I. Por desgracia para los tres, Catalina y su madre eran menos ligeras que Pagolo: «... y las expulsé de la casa fieramente, usando a fondo tanto mis puños como mis pies».

Aquí sigue una serie de bellaquerías por ambas partes, que demuestran merecerse mutuamente. Catalina y su madre, para vengarse, denuncian a Cellini «de haberla utilizado al modo italiano, esto es, antinaturalmente, como un sodomita». La acusación no era frívola en Francia, pues «el pecado contra natura» se penalizaba con ser quemado su autor. El leguleyo denunciante estaba evidentemente conchabado con el juez, pues éste recibe a Cellini diciéndole con siniestra entonación: «Me informan de que os llamáis Benvenuto, pero hoy sois malvenuto.» No contaba con los recursos del escultor, quien habiendo acudido rodeado de sus empleados italianos, a quienes previamente había adoctrinado explicándoles que si él se perdía arrastraría a todos ellos, sin protección en país extranjero, y entre todos organizaron un tumulto, apoyando los gritos de Benvenuto de que «aquello no era el modo italiano, debía ser el francés, pues él, el inocente Benvenuto, ni siquiera lo conocía, y que si Catalina hacía tal acusación es que había practicado tal vicio, y por tal debía ser ella la quemada, etc.».

Con esta osadía salió impune, y envalentonado decidió tomar venganza en Pagolo. Seguido de otros dos matones, sorprendió al infeliz en casa de Catalina, «y abrazado a su cuello, y cuando puse en el de Pagolo la punta de mi espada, al ver que ni siquiera hacía intento de usar sus armas, se me ocurrió una venganza más sutil. Así pues, mientras le mantenía con la punta de la espada en el cuello, dándole de vez en cuando un pinchazo, le arranqué promesa de matrimonio con Catalina...» Por supuesto, le hizo cumplir su palabra y exigió además el regreso de Catalina para seguir posando para la *Ninfa de Fontainebleau*.

El tema es tan escabroso que prefiero que sea el propio Cellini quien lo relate: «No satisfecho con haberle hecho tomar a esa desvergonzada ramerilla por esposa, envié por ella para usarla como modelo. Cada día le pagaba treinta *soldi* y la hacía posar desnuda. Ella me hacía pagar por adelantado y luego tomaba una buena comida, y entonces yo me vengaba yaciendo con ella, burlándome de ella y de su esposo y de los varios cuernos con que lo estaba condecorando. Por añadidura la hacía posar con mucha incomodidad varias horas seguidas. Al sufrimiento se añadía la humillación, y yo me recreaba con ambas. Era preciosa, y plasmando su belleza me hice gran honor.»[8] «¿Qué más se puede pedir?»

«Le hacía estas consideraciones en voz alta, y lo que me respondió me produjo tal furia que la arrastré del pelo por el cuarto, zurrándola y pateándola hasta quedar exhausto. No había nadie que pudiese acudir en su auxilio. Juró no regresar y entonces comprendí que había cometido una equivocación al privarme de ganar prestigio con su belleza. Además, la dejé tan lacerada y deforme que aunque hubiese querido regresar hubiesen hecho falta por lo menos dos semanas de cuidados para poderla utilizar de nuevo.»

«Hice venir a mi vieja sirvienta Roberta para que la ayudase a vestirse, pues no podía hacerlo, y la vieja me dijo: "Mi amo, sois muy cruel tratanto de este modo a esta joven tan hermosa." Añadió que lo que Catalina había hecho no tenía nada de particular: era la costumbre del país, y no había en Francia marido sin su par de cuernos.»

Catalina, además de ligerilla de cascos, era una linda masoquista, pues regresó, y la escena completa (sesión de trabajo, almuerzo, satisfacción de otros instintos, insultos mutuos y la monumental paliza) se repitió, como un ritual morboso que llegó a convertirse en costumbre.

Catalina desaparece de la escena (Cellini no aclara por qué) sin haber terminado la estatua y... prefiero que lo siga contando Benvenuto. «... quise dar los últimos toques a mi Fontainebleau, y también hacer una gran obra memorable de las dos Victorias que debían aparecer a los lados, como pilares de la puerta bajo el semicírculo de la Ninfa» (las Victorias desgraciadamente se han perdido). «Me proporcioné una pobre chiquilla, de unos quince años; estaba divinamente formada, y era morena. Predispuesta a la malicia, silenciosa, de movimientos rápidos y ojos fulgurantes, todo ello me indujo a llamarla Scorzone (culebrilla). Su nombre auténtico era Gianna. Con la ayuda de esta deliciosa criatura terminé la Ninfa en bronce, y asimismo las dos Victorias para la puerta.» «Esta cría estaba intacta, era virgen; la dejé embarazada. Me dio una hija al cumplir yo los cuarenta y cuatro años, a la que puse por nombre Constanza... y, que yo sepa, fue el primero de mis hijos.»

No es extraño que tras una serie de aventuras similares y otras más arriesgadas acabase teniendo en Francia enemigos tan numerosos e importantes. Por lo cual, pese a la ya vacilante protección real, pensó que le convenía un cambio de aires. Optó por los de Florencia, a donde regresó en 1545.

Cósimo I de Médici le encarga su obra escultórica más importante, el *Perseo*, que allí sigue en la Loggia dei Lanzi, como testimonio permanente de la gran talla que como escultor llegó a alcanzar. Tardó nueve años en terminar su *Perseo*, y pasó el resto de su vida intentando cobrarlo, dando lugar al sinnúmero de anécdotas que relata con su habitual gracejo y desfachatez, y con vanidad inconcebible escribe en una de estas ocasiones a Cósimo: «Y aseguro a Vuestra Magnificencia que mi maestro, Michelangelo Buonarroti, siendo tan bueno, no hubiese sido capaz de realizar una obra así (el *Perseo*), e incluso cuando era más joven no habría soportado las fatigas que yo he tenido que superar en esta empresa, y ahora que ya es viejísimo, seguro que no podría hacerla, de modo que yo no creo que exista hoy noticia de algún hombre capaz de terminarla más que yo...»[9]

Si es cierto que el duque anduvo remiso en el pago, también lo es que compensó en favores la deuda, pues en 1557 es acusado de nuevo por sodomía. Ya lo había sido anteriormente en varias ocasiones y con diversa suerte (1523, 1543, 1548, 1552),[10] y no era flaco embrollo, pues la sodomía, como vemos en las biografías de sus contemporáneos, también en Florencia estaba severamente penalizada. Por ello se le castigó a una multa de cincuenta escudos de oro, y a cuatro años de prisión en la temida «Stinche» florentina, de la que acababa de salir a fines de octubre del año anterior. La intervención de Cósimo I reduce la pena a cuatro años de arresto domiciliar, durante los cuales redacta sus memorias, y acosado por sus muchos enemigos, acreedores y todos los que del árbol caído tratan de sacar leña, decide tomar hábitos en una orden religiosa. Cambiando de idea ya hechos los votos, obtiene dispensa de ellos y se casa con la madre de tres de sus muchos hijos ilegítimos (a los 65 años) y tiene otros dos más.

De 1562, en plena fiebre de religiosidad transitoria pero sincera data el Cristo que luego Cósimo regalaría a Felipe II, y que sigue en El Escorial, de soberbia factura, pero al que no lograr dar aureola de fervor sacro, ni siquiera en esta etapa en que, excepcionalmente, parecía predispuesto a ello, con gran decepción para Felipe II.

El inmenso prestigio de Goethe entre los intelectuales del siglo pasado, uno de los fenómenos culturales más interesantes de todos los tiempos, contribuyó decisivamente a potenciar la «leyenda Cellini» hasta nuestros días, pues nada menos que de Goethe es la primera traducción al alemán de la *Vita* de Cellini, y de él parten también una serie de reflexiones benévolas y exculpatorias sobre Benvenuto (que luego muchos han copiado), a quien considera simplemente un típico personaje de su época y ambiente, y le engalana además con la suposición de que Cellini «... tuvo permanentemente la imagen de la perfección ética como un constante ideal, inalcanzable, pero siempre presente».[11] Una consideración imparcial no puede aceptar a Cellini como prototipo, ni sus rasgos de conducta como habituales en su ambiente. Ni Leonardo, ni Miguel Ángel, Botticelli, Rafael, etc., tuvieron comportamiento similar, y aunque existiesen coetáneos equiparables, como vemos en Leone Leoni, y más tarde en Caravaggio, son también excepciones o con rasgos psicopatológicos definidos. Los de Benvenuto Cellini los encuadran Lange Eichbaum[12] y la mayoría de los psiquiatras que lo estudiaron, dentro de las psicopatías, o sea los trastornos de conducta graves sobre una aparente normalidad psíquica, pero con alteración caracterológica constitucional, que hace que el individuo, a lo largo de la vida y aun en contra de su deseo, claudique reiteradamente a las solicitudes del momento, sin tener en cuenta las consecuencias; por lo que acaba, como Cellini, en la delincuencia, el crimen, o al menos en graves conflictos que él mismo no desea.

Dentro de esta amplia etiqueta de «psicópata» en la que Cellini encaja, la especificación de si se trata de un «psicópata inestable» o «psicópata explosivo» es a mi juicio irrelevante. Otro tipo de enfoque psiquiátrico, como el de G. E. Price,[13] que lo califica de paranoico basándose en que padeció alucinaciones, y en las ideas sobrevaloradas, deliroides, lo encuentro injustificado. Efectivamente, Cellini relata haber padecido alucinaciones, pero las enjuicia como tales a posteriori, tiene una actitud crítica frente a ellas, como síntomas de enfermedad, englobadas entre otras muchas de las graves dolencias que padeció, entre ellas la malaria, que, sin tratamiento en aquella época, se acompañaba frecuentemente de alucinaciones en los terribles accesos febriles, y que cesaban al bajar la fiebre. En cuanto a la hipervaloración del yo, en ningún caso alcanza el nivel de delirio. Queda dentro de los límites de la respuesta lógica, en sus circunstancias, de una personalidad psicopáticamente fanfarrona y fabuladora. Nada más.

Es curioso cómo, pese a las mutuas alabanzas, la relación con Miguel Ángel tuvo siempre aristas de reticente matización. Benvenuto se encargó de difundir el elogioso comentario del Buonarroti, que lo inmortaliza como «el mejor orfebre de todos los tiempos», pero cuidó bien de no repetir el resto de la frase: «excelso haciendo las cosas menudas, no había sabido hacer las grandes». Quizá Miguel Ángel hubiese cambiado de opinión de haber visto la *Ninfa* o el *Perseo*, pero Cellini, que nunca repitió el comentario, seguramente tampoco lo olvidó, y una respuesta al viejo resentimiento puede ser la carta a Cósimo que hemos reseñado. En todo caso se prestó con entusiasmo a colaborar en el esplendor que Florencia decidió dar a los funerales de Miguel Ángel, a su muerte en 1564. Bajo la dirección de Don Vincenzo Borghini se eligió un comité para la preparación del catafalco, etc. Cellini y Ammannati como escultores, Vasari y el Bronzino como pintores. El mal genio de Cellini le hizo pelearse nuevamente con todos. Borghini le calificó de «lunático sin remedio», y tuvo un grave altercado con Vasari (que tantas cosas de él nos ha relatado), desafiándole, reto que con muy buen tino Vasari no aceptó (ninguno de los dos tenía edad para tales fantasías), teniendo además la generosidad de no excluirle de la segunda edición de *Le Vite*...[14] como el enfurecido Don Vincenzo pretendía.

No era menguado favor la inclusión en el libro de Vasari, cuya primera edición en 1550 tuvo un éxito enorme, auténtico precursor de los *best sellers*, agotado hasta el último ejemplar y buscados éstos afanosamente por los interesados en el arte. La inclusión en el libro era trascendental para el prestigio del artista, y Vasari le vuelve a incluir en la edición de 1568. Mientras tanto, Benvenuto, sin duda para corresponder, le ha dedicado algunos párrafos a Giorgio Vasari en su autobiografía: Describe la llegada de Vasari a Roma y cómo él (Cellini) acoge generosamente al «pequeño Giorgio» (tenía once años menos) en su casa... «y me la pone patas arriba. Se mete en la cama con un aprendiz y le araña toda la piel de las piernas al rascarle con esas cochinas garritas cuyas uñas no se cortaba nunca». En otros párrafos sobre Giorgio le describe como adulador, mentiroso y cobarde;[15] por tanto, tiene mérito que Vasari no le elimine de su «quién es quién» del arte, aunque, por supuesto, no conocía aún las lindezas que Benvenuto le dedicaba.

Florencia se aficionó, al parecer, a las grandes honras fúnebres para sus artistas, y al morir Benvenuto Cellini celebró las suyas con gran pompa en la iglesia SS. Anunziata,[16] donde el predicador, ante la entusiasta, aunque recogida, aquiescencia de la «toda Florencia» allí presente, hace un encendido elogio al Signor Benvenuto, su vida, obras y «excelentes cualidades morales».[17]

BIBLIOGRAFÍA

1. Mack Smith, Denis: *The Horizon Book of the Renaissance*, ed. American Heritage Publishing, Inc., New York, 1961, p. 393.
2. Ketchum, Richard, en Id., p. 405.
3. Cellini, Benvenuto: *Memoirs writen by Himself*, tr. de J. A. Sigmonds, New York, 1906, p. 278, cit. por Wittkower.
4. Plumb, J. H., loc. cit. en 1 y 2, p. 342.
5. Greci, Luigi: *Benvenuto Cellini nei delitti e nei processi fiorentini riconstrutti attraveso la leggi del tempo*. Quaderni delli Archivo de antropologia criminale e Medicine Legale, Turín, 1930.
6. Cellini, Benvenuto: *Autobiography*, Penguin Clasics, 1956, p. 278.
7. Cellini, B., loc. cit. pp. 281-292.
8. Bull, George, en la introducción a Vasari, Giorgio, *Lives of the Artists*, Penguin Clasics, 1965, p. 12.

9. Cellini, Benvenuto: *Vita*, ed. de Florencia de 1901, p. 396. Posteriormente a la terminación de este trabajo, me ha llegado una nueva traducción inglesa mucho más fácilmente asequible al lector: Benvenuto Cellini: *Autobiography*, con excelente traducción de George Bull, ed. Penguin Books, 1974 (es la octava reimpresión desde que apareció en el 61, lo que demuestra el renovado interés por Cellini).
10. Greci, Luigi, loc. cit.
11. Goethe, J. W. von: *Grossherzog Willhelm Ernst Ausgabe*, ed. Insel Verlag, Leipzig, 1910 (su traducción de las memorias de Cellini se publicó en 1796).
12. Lange-Eichbaumm, Wilhelm: *Genie, Irrsinn und Ruhm* (Munich, 1942) (existe una edición de 1956).
13. Price, G. E.: *A Sixteenth Century Paranoiac (Benvenuto Cellini)*, New York Medical Journal, I. C. p. 727, 1914.
14. Vasari, Giorgio: *Le vite de' piú eccelenti pittori, scultori ed architetti*, tr. inglesa de Gaston de Vere, Londres, 1915.
15. Buonarroti, Michelangelo: *I Tratatti dell' Orificeria*, ed. de 1857, p. 76.
16. Wittkower, Rudolf y Margot: *Born under Saturn*, ed. Random House, New York, 1963, pp. 187-189.
17. Antoniade, C.: *L'Aretin Guichiardin-Cellini*, ed. Desclé de Brouwer, París, 1937.

LEONE LEONI Y PIETRO ARETINO

Leone Leoni (1509-1590), escultor, medallista, grabador de monedas y piedras preciosas, trabajó gran parte de su vida en Milán, aunque preferentemente para la corte española, de Carlos V y Felipe II, y en España se conserva la mayor parte de sus obras importantes, como así mismo las de su hijo Pompeyo Leoni. Gozó de gran prestigio en vida, disfrutándolo en la opulencia de su palacio. Acusado de homicidio, agresiones, robo, estafa, falsificación de moneda, debió la impunidad de la mayoría de tales actos, igual que otros artistas criminales de su tiempo, al favor de los poderosos que admiraban y codiciaban los frutos de su talento. A diferencia de otros artistas delincuentes, como Cellini y Caravaggio, Leone no presenta rasgos psicopatológicos, lo que permite hacer consideraciones sobre el diagnóstico diferencial entre el psicópata (como los dos citados) y quien simplemente es un bellaco, sin etiqueta clínica que le disculpe.

Pietro Aretino (1492-1556). Escritor, poeta, dramaturgo, asesor de los poderosos de su época e inventor, sin saberlo ni proponérselo, de lo que hoy llamaríamos «relaciones públicas» al más alto nivel. Es uno de los personajes más originales e interesantes de la primera mitad del siglo XVI italiano.

La primera gran obra que nos deslumbra al entrar en el Museo del Prado es precisamente de Leone Leoni. La maravillosa estatua del emperador Carlos V, conocida con el nombre de *El emperador con el furor a sus pies*, admiración de los conocedores y recordada por la masa de turistas por el rutinario comentario del guía, que explica con expresión picarona que la imperial anatomía puede analizarse en toda su esplendidez (el Emperador está de lo más «completiño») desmontando la armadura, que para semejante propósito está sólo atornillada.

La estatua y su anécdota, así como las otras estatuas y bustos del Emperador, de Felipe II, Isabel de Portugal, María de Austria, Leonor de Austria, etc., que adornan el Prado, El Escorial y Toledo, existen de puro milagro, pues la mano que las esculpió iba a ser cercenada por el verdugo siete años antes de iniciar la primera de ellas. La conmutación de esta pena por la de cinco años de galeote en la armada pontificia, probablemente hubiese cortado la vida al escultor de haberse cumplido entera.

¿A qué se debe tan brutal castigo? Nada se conoce de la vida del artista hasta que en 1537 gana el favor de Fernando Gonzaga (por la medalla que realiza de Isabel) y éste le consigue un puesto de director de la casa de la moneda de Milán. Únicamente se sabe que nació en Arezzo, y este detalle banal va a ser decisivo por el paisanaje con otro genial bribón, Pietro Aretino, que le brinda su poderosa intercesión cuando, en 1540, empezando aquél su carrera artística, inicia la condena en las galeras.

Por Milán corría el rumor, probablemente no infundado, dado su comportamiento futuro, de que Leone Leoni, aprovechando su puesto en la ceca pontificia, había falsificado moneda. El origen de la denuncia informal parte de varios colegas celosos, y para Leone es un joyero alemán al servicio del Papa, llamado Pellegrini di Leuti, quien inicia y propaga el rumor. Decide, pues, vengar la «calumnia», y el 1 de mayo de 1540, «buscándole en la calle a la hora del Ave María, le acuchilló la cara de tal modo que le convirtió en un horrible monstruo, de repulsiva contemplación, y tan mutilado que sólo la muerte le puede liberar».[1]

Cuando al día siguiente se le lleva ante el magistrado, después de haber afirmado previamente que «lo había hecho con motivo y tras madura reflexión», allí se niega a hablar. Los miramientos judiciales del tiempo no se prestaban demasiado al silencio despectivo y: «... confesó al ser sometido a tortura y amenazado además con dar el mismo trato a su madre y su esposa». Se le condena a perder la mano derecha, conmutándole la pena «en el último momento» por la del servicio en las galeras pontificias «... en consideración a resultar inocente de la mayor parte de las acusaciones, excepto las cuchilladas».

La sentencia se inicia inmediatamente, pues se conserva la carta[2] de su amigo Jacopo Giustiniani del 16 de mayo dirigida a Pietro Aretino, en que pide la interseción de éste, dándole, como es lógico, la versión de Leone Leoni: «... hombre de tan buenos modales como claras virtudes, sobre el que ha caído la mayor de las desgracias, que me pidió os contara sus desventuras, ya que él no puede escribir por su involuntaria partida... Debido al aprecio y protección de muchos de esta corte (Milán) y a su triunfo y raras virtudes, ha suscitado la envidia de algunos colegas... calumnia... de un joyero alemán Pellegrini... (sigue el relato del juicio y condena) ... sentencia terrible para su pobre madre, esposa, hijos y hermanos, todos los cuales viven del sudor de su frente ... de todo esto informado vuestro Honor seguramente conseguiréis su pronta liberación ... no regateéis vuestra todopoderosa pluma que, es sabido, tanto se teme en las altas esferas, que está a su alcance liberar a un criminal de las galeras, y mucho más a un joven virtuoso y honesto como Leoni, y todo por unas simples cuchilladas que... (en sus circunstancias)... ¿quién hubiese actuado de otro modo?...»

Efectivamente, el «virtuoso y honesto» Leoni regresó al año, merced al Aretino y a Andrea Doria, movilizado por aquél (una de las características más divertidas de estas historias de acontecimientos secundarios del Renacimiento italiano es que constantemente tropezamos en ellas con ilustres conocidos, que, por serlo, dan especial interés a sus actos).

Abandonamos un momento a Leoni y sus proezas artístico-delictivas (convicto en el 43 de falsificación de moneda en Ferrara, donde ya trabajaba de nuevo en el troquelado, pues parece que resultaba irresistible su talento para las cecas, o fábricas de moneda, ya que no sólo sale casi indemne del «affaire Ferrara», sino que pronto se le nombra Maestro General de las de Parma y Piacenza). Conviene hacer algunas consideraciones sobre la «pluma todopoderosa» que ayudó a liberarle.

De cosas mucho más difíciles que liberar a un galeote era capaz la pluma «más temida de Europa», la de Pietro Aretino (1492-1556), uno de los personajes singulares del XVI, quien tras vivir ostentosamente muchos años en un palacio del Gran Canal veneciano, permitiéndose entre otras licencias, económicas y morales, mantener una corte permanente de seis concubinas para su uso personal *et amicorum*, a quienes él mismo llamaba «las Aretinas».

Pero incluso el Aretino tenía su corazoncito y a la muerte de una de ellas (Perina Riccia), «estuvo un año sin salir de sus aposentos», lo que descarta una vez más su inclusión (como von Boxberger pretende) entre los psicópatas. Un psicópata, por la inestabilidad de los afectos, fugacidad en los estados de ánimo e inconstancia, es incapaz de permanecer un año sin salir de su habitación por la depresión reactiva a una crisis sentimental.

A punto estuvo de ser nombrado cardenal, y lo fue de «Caballero de San Pedro», dejando al morir un millón de florines, cifra nunca alcanzada hasta entonces por literato o poeta alguno. ¿Por qué y de dónde obtuvo tanto poder y dinero?

De su pluma. No tenía otra fuente de ingresos, ni otra escalera para subir socialmente desde su origen de hijo de un zapatero.

Morus sugiere que era además judío,[3] basándose en que el Aretino, que tanto hablaba de sí mismo, jamás lo hizo de su familia y origen, y también en los rasgos fisonómicos, según el retrato que le hizo el Tiziano y que está en la Frick Collection de Nueva York.

Las actividades literarias podían por entonces proporcionar fama, no fortuna, aunque él se desplazó a Venecia, el mejor mercado del libro, por tener las mayores imprentas y más amplio círculo de compradores de libros, que de allí se exportaban a toda Europa. Es muy difícil comprender la consecución de poder y opulencia de Aretino. Es un caso único, no sólo de su tiempo sino de todos, y debido a un tipo de talento especial y no repetido. Por eso ha sido mal interpretado como lo que hoy llamaríamos un escritor chantajista.

La clasificación como tal (la más difundida aún hoy) parece insultante e injusta. Por supuesto, el certero sarcasmo, la crítica demoledora, la acusación incisiva, que tan bien supo manejar le hicieron temido por todos, y nadie deseaba su enemistad, tratando muchos de comprar su benevolencia o silencio con regalos valiosos (de ello nos dará muestra Leoni), que siempre aceptaba, como también la defensa a ultranza de sus protectores, que llevaba implícita la agresión a los enemigos de éstos. Esta última característica no dejó de acarrearle problemas. En 1525 huye de Roma tras haber sido apuñalado por partidarios de Francisco I (a cuyo servicio se pondrá después, pues cambia con facilidad de bando). En Venecia es «molido a palos» por un embajador inglés, y también allí recibe un ejemplar y merecido escarmiento: Siempre mantuvo estrecha y sincera amistad con Tiziano (que le retrató dos veces), reforzada por la común vinculación a Carlos V, y, según su costumbre, para servir a Tiziano se dedicó a escribir contra su rival Tintoretto. Éste le invita a visitar su estudio, lo que Aretino acepta (posiblemente dispuesto a ver qué se podía sacar; con Tiziano actuaba además como «agente de ventas», y no parecía mala idea una ampliación del mercado, ¡es tan difícil sostener un palacio a orillas del Gran Canal!) Entra Pietro Aretino en el estudio del pintor y éste le encañona con una pistola, con la que apunta pausadamente a varias partes vitales (y especialmente las íntimas) del aterrorizado escritor, que al fin exclama: «Pero, ¡qué hace vuestra merced!» Tintoretto, con voz suave y gélida mirada, responde: «Estoy midiéndole con mi pistola, tiene V. M. exactamente cuatro veces y media su tamaño.» Aretino sale del estudio y no vuelve a cruzarse en el camino del pintor. Sabe perder.

Si el dinero le viene en parte del miedo a su pluma, que orienta como singular aguja magnética hacia los manantiales de oro, ¿por qué rechazamos el apelativo de chantajista? Porque nunca, ni una sola vez, amenazó «o me pagas o escribo». Lo que Aretino vendía, más que el miedo, eran elogios, vanidad satisfecha (a la propaganda de la liberalidad de sus donantes se debe en gran medida la llamativa largueza de éstos), y una curiosa mercancía: información y consejo.

Es una mezcla de abogado defensor de los poderosos ante la opinión colectiva y, como gran psicólogo intuitivo, una especie de agente de «relaciones públicas». Francisco I dijo de él (la temporada que éste dio en servirle, hasta que cambió de bando por la roñosería del monarca francés): «es más útil que mi embajador en Venecia». A Carlos V, que mantuvo siempre una actitud apreciativa hacia Pietro, también le era útil como fuente de información desde aquel hervidero de intrigas internacionales que era Venecia, pero Aretino no se consideraba vinculado permanentemente a nadie; su talento estaba a disposición de todos (si lo podían pagar). Se definió a sí mismo como «segretario del mondo», y llegó a serlo, pues papas, reyes, el emperador y multitud de poderosos solicitaron (remunerándolos) sus consejos; una especie de asesoramiento técnico que, sin duda, les era útil, y aquí radica la singularidad del Aretino. También hacía vaticinios, que llamaba «horóscopo», aunque no los basaba en la influencia de los astros, en la que no creía, sino en su colosal intuición psicológica, su *judicium*, que muy certero debía ser cuando tantos elogios recibía de los destinatarios.

Lógicamente, Aretino no comercializó todos sus consejos y censuras. Muchos fueron espontáneos y no solicitados, como el episodio que le relaciona con Miguel Ángel, y la cobertura por «Il Braghettone», en el *Juicio Final* de la Sixtina, de las zonas anatómicas a las que el Tintoretto le había apuntado, en un arrebato moralizador inesperado en quien había sido escritor licencioso y colaborador de la pornografía; tan hábil que a ello debió gran parte de su popularidad inicial (y tener que huir de Roma en 1525).

Efectivamente, *I Ragionamenti* que escribió para Francisco I entre 1533 y 1536, con gran éxito desde la primera publicación y que hoy se considera su obra más importante desde el punto de vista literario y costumbrista, se basa íntegramente en diálogos reales de cortesanas romanas, sobre las que había abundante material informativo, pues antes del «Sacco di Roma» había en ella 6.000 prostitutas. O sea, uno de cada 18 habitantes de Roma era una ramera; sin contar la abundante prostitución masculina, que nunca fue censada (pero tan florida, que dio lugar a la falsa y divertida leyenda de un grupo de dignatarios pidió al Papa «licencia para el pecado de sodomía durante los meses de la canícula»). En este ambiente hay que encuadrar *I Ragionamenti*, que con la actual revalorización de la literatura erótica ha tenido frecuentes reediciones, cosa que no ha podido hacerse por completo con la verdadera cumbre del erotismo artístico-literario, en la que colaboró también Aretino con sus famosos sonetos, que justificadamente llamó *Sonetti lussuriosi*. Cada uno de ellos acompañaba a uno de los 16 dibujos de Giulio Romano sobre otras tantas combinaciones posturales para el amor (1525). La obra, en edición muy limitada para un grupo de amigos, pasa de mano en mano. Roma no habla de otra cosa. Clemente VII, que hasta ese momento protege al Aretino, ordena la confiscación y destrucción de la obra (parece que se salvó una copia de los dibujos que no han sido reproducidos, pero sí lo fueron, reiteradamente, los picantes *Sonetti lussuriosi*). Fuga de Roma de Giulio Romano y de Pietro ante la intuición de un castigo que sólo alcanzó, como tantas veces, al menos culpable, el grabador Raimondi.

Pero estamos en 1540 y Aretino ha cambiado la orientación erótica por la pía, si no en la vida privada (allí siguen rozagantes las Aretinas), sí en la literaria (*De la umanità di Cristo, La Vita di Maria Vergine*, etc.), y hace tanteos de aspiración al capelo cardenalicio. Escribe una carta a Miguel Ángel felicitándole por haber recibido el encargo de Paulo III para el fresco del *Juicio Final* y se permite darle consejos, y tal es el «respeto» que Pietro Aretino inspira, que Miguel Ángel, que de nadie acepta sugerencias, y menos aún consejos sobre su obra, se lo tolera a Pietro, y le contesta con la mayor cortesía: «Magnífico maestro Pietro, mi señor y hermano. ¡Vos cuyos merecimientos son sin par en el mundo!...» Han pasado cinco años, la obra está terminada, y aunque los desnudos totales de las figuras sagradas no hubieren de escandalizar a Paulo III (que tenía un sorprendente aperturismo en este terreno, ya que para su propio mausoleo en San Pedro se realizaron dos estatuas femeninas en completo desnudo, con las caras de su madre y de su hermana, que luego fueron cubiertas con ropajes marmóreos y rebautizadas como «Justicia» y, ¡no faltaría más! «Modestia»), sí empezaron a escandalizarse (y lo harían hoy la mayoría de los cristianos, vamos a ser objetivos) en círculos cada vez más amplios e indignados. Llega entonces la carta de Pietro Aretino, de tono muy distinto a la anterior, censurándole la irreverente indecencia de la obra (que sólo conoce por referencias): «... Un cristiano, para quien la Fe está por encima del arte, considera como algo impermisible la falta de vestido en las mártires y vírgenes, así como que se presente un secuestro con un agarrón a las partes sexuales. Tanto os habéis excedido, que incluso en un burdel sería extremosa esa muestra de vuestro arte, que estaría apropiada en una casa de baños deshonesta, pero no en la más noble capilla de la tierra.» [4] Y sigue otra serie de consideraciones hirientes, como alusión a la relación de Miguel Ángel con jovencitos. Aunque la orden de Paulo IV para que Daniel Volterra mitigase la desnudez de las figuras (lo que el calumniado «Braghettone» hizo, en verdad, con la mayor discreción y respeto posible a la obra de su maestro) no fue dada hasta diez años más tarde (en 1555), la carta de Aretino fue siempre un elemento importante en la campaña para la discutida reforma.

Comentaristas hostiles, como Wittkower, sugieren que la carta contra Miguel Ángel se debe a resentimiento por no haberle enviado éste unos dibujos que Pietro codiciaba.

Volvamos a Leone Leoni, a quien dejamos en el 44 entregado a su arte sublime y variadas fechorías: nuevas acusaciones de fraude y falsificación, y la más grave que le hace precisamente Benvenuto Cellini, de «envenenador». En 1546 tiene otro de los brutales arrebatos de furia que se permite con creciente frecuencia y en él hiere gravemente (y según algunos, mata) a su ayudante el escultor Martino Pascualigo, porque éste se negó a seguirle en uno de los desplazamientos de Milán. Nuevamente resulta significativa la relación entre nuestros dos protagonistas: el Aretino censura esta vez dura y públicamente a Leoni, y conocedor éste de lo peligrosa que resulta la repulsa ética del escritor y a la vez de su debilidad, decide utilizar ésta para una neutralización de la primera, lo que logra al enviarle dos soberbias medallas-retrato que tan alta estima tenían por entonces. Pietro escribe poco después a Leoni: «... Relego ya al olvido la indignación que he sentido por vuestros actos, y de nuevo os acojo con mi usual benevolencia.»[5]

No sabemos la reacción que hubiese tenido el Aretino a la

siguiente y suprema felonía de Leoni, ya que ocurrió en 1559, tres años después de la muerte del escritor. Éste seguramente no habría estado tan dispuesto al olvido, pues afecta a un conocido de ambos, pero amigo entrañable del Aretino: Tiziano. Leoni y el pintor se habían encontrado varias veces, especialmente debido a la vinculación de ambos a Carlos V. En 1547, después de la batalla de Mühlberg, encargó Fernando Gonzaga para el emperador la estatua del *Furor* con que hemos iniciado este relato. La demora en terminarla hizo que el emperador, impaciente por su posesión, ordenase a los dos Leoni, Leone y Pompeyo (padre e hijo), seguirle, y en Augsburg coincidieron con Tiziano. La estatua no se termina hasta el 56, fecha en que Pompeyo embarca con el séquito imperial, y ya para siempre a España, pero Leone rehúsa la invitación de Carlos V y luego de Felipe II, y regresa a Milán. A esta ciudad es a donde Felipe II envía la pensión acumulada del Tiziano, y allí es donde éste debe gestionar el recogerla. Lo que hoy parece sencillo no lo era. Tiziano encomienda tan delicada tarea a su hijo Orazio, que debe partir de Venecia a Milán, de donde llegan cartas de Leone Leoni invitando a vivir en su casa (el impresionante palacio Omenoni) al hijo de Tiziano, a quien debe muchos favores. Agasaja a Orazio hasta que éste cobra los dos mil ducados, y entonces, ya no en un arrebato temperamental, sino con fría premeditación, para robarle, ataca en compañía de sus criados armados con dagas al confiado Orazio, que de milagro, bravamente defendido por su sirviente, sale con vida, aunque mal herido.

Tiziano escribe furioso a Felipe II relatando la villanía de Leoni: «... Indigno de llevar el título de Caballero y de escultor imperial.»[6] Pues Leoni había ingresado en la Orden de Santiago, honor que los monarcas españoles no volverán a dispensar a un artista hasta el tiempo de Velázquez. Libró Leoni con una multa y el destierro temporal de Milán, lo que aprovechó el papa Pío IV para encargarle en Roma el soberano monumento a su hermano Juan Jacobo de Médici, marqués de Marignano.

Cuando Leone muere en 1590, a los 81 años de edad, lo hace en el lecho, de muerte natural, en la opulencia del palacio, entre el sentimiento y admiración de sus conciudadanos.

El motivo de traer al libro estas dos biografías es, comparándolas con las aparentemente similares de Cellini y Caravaggio, demostrar que los psiquiatras no catalogan como psicópata a toda persona cuyo comportamiento no se adapta a «los convencionalismos», o a las «costumbres de una sociedad». Es preciso que existan rasgos caracteriológicos congénitos que empujen de modo patológico a tales variantes de conducta, que no aparecen en los dos personajes de este capítulo. Éstos, libremente y sin atenuantes patológicos, labraron su propia historia. Por ella merecen ser juzgados.

Como último dato y aportación a cómo un módulo de comportamiento se transmite en el árbol genealógico, diremos que el hijo de Leone, Pompeyo Leoni, y su nieto Miguel Ángel Leoni fueron acusados de homicidio en Madrid en el año 1597.[7]

BIBLIOGRAFÍA

1. Wittkower, Rudolf y Margot: ed. Random House, Nueva York, 1963, p. 191.
2. Giustiniani, Jacopo, la carta de 16 de mayo de 1540 está reproducida en Botari (véase 5), en V, p. 247.
3. Morus: *Escándalos que conmovieron al mundo,* ed. Luis Caralt, Barcelona, 1972, p. 106.
4. Symonds, la carta entera está traducida al inglés en Symonds, John A.: *The life of Michelangelo Buonarroti,* Londres, 1893, página 51.
5. Bottari, Giovanni: *Raccolta di lettere sulla pittura, acultura e architettura,* Milán, 1821-1823. Consta de 8 vols. La carta de P. Aretino de abril de 1546 está en el III, p. 156.
6. Crowe, J. A., y Cavalcaselle, G. B.: *Titian, His Life and Times,* 2 vols., Londres, 1877. La carta del Tiziano a Felipe II está en el II, p. 513 y sigs.
7. Proske, Beatrice Gilman: *Pompeo Leoni,* New York Hispanic Society, 1956, p. 10.

Sobre los Leoni puede consultarse Plon, Eugène: *Les maîtres italiens au service de la maison d'Autriche, Leone Leoni, sculpteur de Charles V, et Pompeo Leoni, sculpteur de Philippe II,* París, 1887.

Sobre el Aretino debe consultarse la obra fundamental: Antoniade C.: *L'Aretin Guichiardin-Cellini,* ed. Desclée de Brouwer, París, 1937.

MIGUEL ÁNGEL MERISI «CARAVAGGIO»

Miguel Ángel Merisi, cuyo nombre aparece también como Amerigi, Amerighi, Amarisi, etc., no es conocido por ninguno de ellos, sino por el de Caravaggio, lugar de su nacimiento en 1573. Falleció en 1610, a los 37 años de vida turbulenta. Popular, aunque también muy discutido en su tiempo, fue luego casi olvidado, para reaparecer en el interés colectivo, ocupando hoy un lugar destacado en la Historia del Arte por el carácter revolucionario de su concepción de la pintura, que rompió los convencionalismos manieristas e inició un modo de hacer naturalista y de selección temática, y especialmente por haber dado a luz un valor estructural nuevo, como tercer elemento junto al dibujo y el color. La violencia de su carácter, con multitud de agresiones y al menos un homicidio, lo ha encuadrado en el diagnóstico de «psicópata explosivo», y de la violencia de su pintura se ha querido deducir una serie de generalizaciones entre el carácter de un artista y su obra, que en gran parte carecen de fundamento.

«De nuestra Orden y compañía ha sido expulsado y separado, como miembro pútrido y fétido.» [1] La tensa carga emotiva de esta frase parece un símbolo de la violencia pasional que tiñó habitualmente las relaciones de Caravaggio, tanto en la intensidad del entusiasmo de sus partidarios como en el odio de quienes le fueron hostiles. En realidad es mucho más, pues demuestra cómo lograba que las mismas personas cambiasen de una a otra actitud respecto a él. Si de la «Orden» fue expulsado, tuvo que ser previamente admitido, y tal honor no es banal, pues de la soberana Orden de Malta se trata. Y en ella no se admite, aún hoy en día, a cualquiera, y mucho menos al hijo de un albañil.

1. Aunque algunos autores, siguiendo a Mancini,[2] dan a la profesión paterna un rango superior («maestro de casa y arquitecto al

servicio del marqués de Caravaggio»), es probable que fuese como máximo lo que hoy llamamos maestro de obras rural.

No es sólo la plebeyez de Caravaggio lo que hace sorprendente su aceptación como «Caballero de Gracia» en la Orden, sino el que acabase de llegar a Malta huyendo de las consecuencias de haber dado muerte en Roma a Ranuccio Tommasoni (mayo de 1606). Las circunstancias de este hecho lamentable son típicas de la conducta y temperamento del Caravaggio. Dos años antes, un pintor holandés que perfecciona su arte en Roma escribe un librito, *Vida de pintores*, en que nos da interesantes descripciones sobre sus contemporáneos, entre ellos, Caravaggio, de quien, tras elogiar su maestría, dice: «... No tiene una continua dedicación al trabajo, sino que, habiéndose afanado en él un par de semanas, se dedica luego a pasear durante un mes o dos, con el espadón al cinto y un criado siguiéndole, o va de un juego de pelota a otro, siempre inclinado a peleas y alborotos, por lo que es peligroso tratarle.» [3]

Fue en uno de esos juegos de pelota que tanto le agradaban, y en el que el equipo de cuatro capitaneado por él perdió la partida, y con ella la apuesta de diez escudos contra los cuatro del equipo de Tommasoni, donde surgieron las diferencias que terminarían en batalla campal entre los ocho jugadores, quienes cambiaron las raquetas por las espadas, quedando seriamente herido Caravaggio y muerto su contrincante. Huye de Roma y es condenado *in absentia*, refugiándose primero en casa de uno de sus protectores (estos artistas fugitivos siempre encontraban algún poderoso dispuesto a esconderlos en su palacio para que trabajasen para él, pues el afán de coleccionar obras de arte tuvo por entonces una de sus periódicas alzas). Huyó después (fracasados los intentos de conseguirle una amnistía) a Nápoles, y de allí, tras dos años de fructífera labor, a Malta a principios de 1608.

Este incidente aislado no significa mucho. Verse envuelto en pelea con desenlace aciago es una tragedia que puede acontecer a cualquiera; pero en el caso de Caravaggio tiene repetidos antecedentes. Desde su llegada a Roma muy joven, hacia 1589 (es un raro caso de precocidad, hecho muy frecuente entre los músicos, pero excepcional entre los pintores, de lo que no conozco un intento explicativo), trampea como puede, luchando con la miseria, el hambre, la explotación (para sobrevivir pintaba cabezas por un ochavo cada una, y realizaba hasta tres en un día),[4] aceptando «completar» (añadiendo flores y frutas, etc.) los cuadros de «maestros» de talento muy inferior al suyo, hasta que va adquiriendo nombradía y con ella cierta estabilidad al ser acogido por el cardenal Del Monte (hacia 1596), con «empleo, provisión y alojamiento». En 1600 Merisi ya se ha convertido en Il Caravaggio, nombre conocido en todos los círculos artísticos de Roma, pero simultáneamente también en los policiales, pues de este año data su primer proceso por reyerta a golpes (con otro pintor, Gerolamo Spampa), persiguiendo a su rival a bastonazos, «... libró con vida porque acudieron a separarlos unos carniceros».

Meses después hiere con la espada a un soldado del castillo de Sant'Angelo (Flavio Canonico), con el que hace las paces pese a dejarle una cicatriz imborrable. El 28 de agosto de 1603 inicia sus estancias en la cárcel, esta vez porque, al ser denunciado, con otros, por Baglione (su colega y biógrafo con quien siempre tuvo la relación tempestuosa y ambivalente), se comporta con tal insolencia en el juicio, que de él pasa a la celda, de la que sale un mes más tarde gracias al embajador de Francia, que intercede y entrega la fianza. Firma el compromiso de no molestar a Baglione mientras dure la causa, pero pelea con él de nuevo en noviembre.

Al año siguiente (1604) sufre otros dos juicios, derivados de la progresiva falta de control, ya que la relativa impunidad, al amparo del aprecio de los poderosos, le induce a dar rienda suelta a su temple explosivo al menor incidente. Se le arresta por agresión a un alguacil y también por herir a un camarero, al que arroja a la cara un plato con alcachofas por no habérselas servido con suficiente cortesía. A éste le persigue además con la espada desenvainada, gesto que se va convirtiendo, al parecer, en un automatismo a la menor provocación real o supuesta, adoptando el papel de «sietemachos» tabernario.

La permanente actitud desafiadora y bravucona encuentra ocasionalmente una expresión divertida, como cuando hace huir (por la que hoy es calle del Babuino, cerca de la Embajada de España) a un grupo de alguaciles a fuerza de pedradas, «con tal sorprendente fuerza como puntería». Utiliza de nuevo su destreza en el apedreo dirigiéndolo contra las ventanas de Prudenzia Bona, su ex patrona, a la que acusaba de haberse apropiado de algunas pertenencias suyas, lo que Prudenzia justificaba como compensación por los meses de renta no pagados durante alguno de los arrestos. Sin gran resultado inicial en el empeño, regresa con algunos amigos y, reanudada la pedrea, logran romper casi todas las contraventanas.

Frecuente enfrentamiento con los tribunales. En mayo de

1605 es arrestado por llevar armas sin permiso (lo dejan salir libre con ellas ante su afirmación, no comprobada, de que lo tenía verbal del gobernador de Roma); en junio es encarcelado en Tor di Nona «por asunto de mujeres», y por mor de otra de ellas (Lena, una de sus modelos y concubinas) hiere al escribano Mariano Pasqualone (julio). Tiene que huir a Génova, de donde regresa al reconciliarse con el herido (para lo cual vemos que Caravaggio tiene también una singular facilidad). Pese a la insolencia con que actúa ante los tribunales, no duda en acudir a ellos cuando cree conveniente, como para denunciar a un tal Ricci, quien había hurtado un tapiz usando el nombre de Merisi.

Está unos meses tranquilo (parece ser que por encontrarse enfermo), pero en los primeros días de 1606 aparece postrado en cama con dos heridas, una en la oreja izquierda y otra, más seria, en el cuello. Acuden a tomarle declaración, pero siguiendo normas al parecer similares a las del hampa actual, se aferra a la versión de que se las hizo accidentalmente al caer sobre su espada en una callejuela estando solo. Lógicamente suponen que miente, y se le prohíbe salir de casa sin permiso, restricción que, por supuesto, se salta a la torera pese a la amenaza de multa de 500 escudos. Meses después muere a sus manos Tommasoni. Nápoles... Malta.

A Malta llega a fines de 1607 o principios de 1608, probablemente requerido de antemano, pues en caso contrario no daría tiempo a lograr en tan pocos meses tan señalado favor como la investidura de Caballero de la Orden por su gran maestre Alof de Wignacourt, el 14 de julio. Parece ser que el famoso cuadro *La degollación del Bautista*, que se conserva en la catedral de San Juan de la Valetta, fue la ofrenda a la Orden. Tuvo este cuadro tan enorme prestigio inmediato, que durante el siglo XVII numerosos artistas emprendieron el entonces penoso y arriesgado viaje a Malta para estudiarlo. Longhi lo llamó [5] «El cuadro del siglo». Desde Malta, además de honor se intentó darle el permiso del papa para que regresara a Roma, a lo que se negó el pontífice, dando en cambio la licencia especial para el nombramiento de Caballero que el gran maestre deseaba conferir para «otorgarle especial gracia y favor... y que desde ahora este excelente pintor reciba el tratamiento de Honourable Michael Angelo... y Malta y su Orden se glorifiquen con este ciudadano adoptivo...». Pronto tuvo el Gran Maestre que reprimir sus arrebatos de entusiasmo, pues Caravaggio, en uno de los suyos de furia, agredió a un «cavaliere di giustizia». Nuevamente es encarcelado, esta vez en el Sant'Angelo maltés, y al fugarse es cuando, reunido el capítulo de la Orden (6 de octubre: menos de tres meses de «Honorabilidad»), es degradado y expulsado por considerarlo «membrum putridum et foetidum», punto en que iniciamos esta reseña biográfica.

El inestable «membrum putridum» llega a Siracusa, y de allí marcha sucesivamente a Messina, Palermo y de nuevo a Nápoles, pues los de la Orden están tan enfurecidos que comisionan a dos caballeros para que salgan en su persecución. Se ignora si fueron ellos quienes, dándole alcance, le agredieron en Nápoles, pues fue gravemente herido a la puerta de una hostería (octubre de 1609). Larga convalecencia, durante la cual gestiona a través del cardenal Gonzaga la concesión de la amnistía en Roma. Considerando ésta próxima, y también posible una nueva agresión por los malteses, vende todo lo que tiene y compra un falucho con el que embarca a Porto Ercole, para aguardar allí la resolución de su indulto romano. La guarnición española de Porto Ercole le confunde con otro fugitivo, apresa el falucho y Caravaggio da con sus huesos en la cárcel. Cuando a los dos días, remediado el error, es puesto en libertad, comprueba que sus marineros aprovecharon el encierro para fugarse con la embarcación y todas las posesiones del pintor en ella. Baglione [6] describe la etapa final: «... Furioso y desesperado andaba por aquella playa bajo el látigo del sol de estío, mirando si podía divisar la nave... Llegado a cierto lugar de la costa, se echó con la fiebre maligna, y sin ayuda humana, a los pocos días murió tal como había vivido», 18 de julio de 1610.

Algunos comentaristas recientes, como Wittkower,[7] pretenden que, biográficamente, Caravaggio era un típico producto de la época, sin rasgos caracteriológicos anómalos. No podemos estar de acuerdo, ya que el relato de sus peripecias lo indica, y un análisis más detallado del comportamiento muestra en ellas los rasgos típicos de una seria neurosis del carácter o psicopatía. La desproporción entre estímulo y reacción, los actos llamados hoy «en cortocircuito», el desbordamiento automático de las pulsiones instintivas, el vivir en el «momento presente», la inmadurez de todas sus relaciones interpersonales, la incapacidad de dar y recibir afecto, en un plano estable, etc., todos los rasgos de una anomalía constitucional del carácter (ya en la infancia, en Milán, se tiene noticia de que «de cuando en cuando hacía una extravagancia o desmán»), típicos del psicópata explosivo, están presentes en Caravaggio. Las circunstancias de su vida le llevaron a fomentar este tipo de respuesta anómala y desproporcionada. Existe una variedad dentro de los psicópatas explosivos, los llamados epileptoides, con cuyas características habituales muestra Caravaggio especial afinidad. Se diferencia de las otras formas de explosividad patológica en dos matices: las crisis de furia, que aparecen repentinamente por motivos nimios, también se disipan con facilidad, tienen entonces disposición al arrepentimiento y, dentro de lo posible, a «desfacer el entuerto». Hemos visto cómo Caravaggio, cuando se terciaba, prefería hacer las paces. El otro rasgo de los epileptoides es la constancia, el tesón y también la terquedad y el fiel apego a un modo de hacer; al contrario de otros psicópatas, éstos suelen ser muy trabajadores. En Caravaggio resulta llamativo cómo en una vida breve y accidentada pudo realizar tan importante obra, y la permanencia de los rasgos esenciales a lo largo de toda ella —«el fiel apego a un modo de hacer»—. Se llama *epileptoide* a esta variante caracteriológica por darse frecuentemente en cierto tipo de epilépticos. No hemos encontrado ningún indicio de que Caravaggio padeciese epilepsia, lo cual puede significar que sus biógrafos desconocían que tuviese este tipo de crisis, que conociéndolas no las comentasen (esto sería ya más raro, pues suelen llamar poderosamente la atención) o que simplemente no las tuviese y que mi interpretación esté equivocada. Existen, de todos modos, formas de epilepsia llamadas «subclínicas», en que los únicos síntomas son los del carácter explosivo que hemos descrito, y con el que el de Caravaggio presenta una notable similitud.

Aquellos que tienen apego a la antigua, difundida y equivocada idea de que existe paralelismo entre el temperamento, la psicología de un artista y los caracteres formales y temáticos de su obra la aplican con entusiasmo al «caso Caravaggio», que parece confirmarla. Se habla de la «violencia» de su pintura como fiel reflejo de la de su temperamento. Encuentro demasiado simplista esta aseveración. Gran parte de la obra caravagiesca es de tema y expresión serena, incluso plácida. Los artistas de su tiempo, y de todos los tiempos, han representado escenas de contenido cruel, sádico, violento. Las escenas de martirio de los santos son una constante del arte religioso a través de los siglos, y nadie ha sacado esta deducción sobre sus autores. ¿Por qué es casi una constante interpretativa en Caravaggio? Sencillamente porque estamos «adivinando» lo que previamente conocemos. Lo mismo que de la temática, opino de la técnica. La supuesta «brutal oposición entre luz y sombras» no refleja tensiones pasionales, sino una motivación plástica, deliberada, que aplica por igual a los temas apacibles.

¿No se puede, entonces, hacer deducciones psicológicas del proceso creador de un artista? Sí, se puede, pero no tan simples. Por ejemplo, en el caso de Merisi, me parece más interesante que generalizar sobre la «violencia», matizar alguna de sus formas de expresión. La obvia interpretación es la de un fondo sadicomasoquista, que se muestra no sólo en la reiteración con que las cabezas cortadas y sangrantes de sus múltiples Goliat y Holofernes son autorretratos (de lo que existe evidencia, al menos en el Goliat de la galería de Viena), sino también en el tratamiento de alguno de sus modelos, y esto ya en una etapa mucho más precoz, cuando el pintor tenía menos de veinte años. El mismo adolescente efeboide del *Joven con vaso de rosas* (del Museo de Atlanta) con expresión de displicente sensualidad, aparece con gesto de sorprendido dolor en el *Muchacho mordido por un lagarto* (Col. Longhi, Florencia), que parecen dos fotogramas seguidos de una secuencia cinematográfica de la que sería reiteración el *Muchacho mordido por un cangrejo* (que parece no es original, pero se considera copia, y mediocre, de un Caravaggio de la misma época).

En muchos sadomasoquistas que aparecen por las consultas psiquiátricas, encontramos inseguridad en la elección de sexo en la pareja, y algunos prefieren elegir copartícipe de rasgos andróginos. El carácter de indeterminación sexual, andrógino, de varios modelos del Caravaggio, es tan patente que durante muchos años se ha discutido si es masculino o femenino el *Tañedor de laúd* del Ermitage de Leningrado, y sólo el tener el pecho descubierto y la fortaleza del bíceps permiten adivinar la masculinidad, pero no la virilidad, del *Baco* de los Uffizi. Igualmente indeterminada resulta la figura central (también tañendo un laúd) del *Concierto de jóvenes* del Metropolitan de Nueva York, todas obras precoces (del 91 al 94), de un pintor con suprema capacidad de fiel reflejo de la realidad, tan acusada, que ocasionalmente, como vamos a intentar mostrar, desborda su propia intención. La preferencia por modelos masculinos, entre la pubertad y la adolescencia, de apariencia homosexual, sigue a lo largo de toda la vida del pintor. Véanse el *Amor Victorioso* del Staadtliche M. de Berlín (del año 99) y el *San Juan Bautista* de la Galería Borghese, pintado un año antes de su muerte. Quizá este fondo sádico y morboso, vagamente intuido, haya condicionado la hostilidad de muchos literatos. Stendhal le calificó de «infame»; para Ruskin «... su obra muestra deseos perversos mal reprimidos...», etc. Incluso algunos pintores notables sienten especial repulsa hacia el Merisi. Poussin comenta que Caravaggio «... ha venido al mundo a destruir la pintura», opinión en la que le precedió Baglione, colega y enemigo del que hemos reproducido el agrio comentario a la muerte de Caravaggio, y que en su *Vite*... dice: «... algunos estiman que ha arruinado la pintura».

Otro aspecto psicológicamente muy importante de la obra de Caravaggio es, independientemente de las implicaciones estéticas, el del «naturalismo». Capacidad de reflejo fotográfico de la realidad, que a veces parece desbordar su propia intención. Es como si Caravaggio «no pudiese» pintar lo que no ha visto, y lo que «ha visto» se ciñe en demasía a gestos y aptitudes de rufianes de taberna aprestándose a la pelea o durante ella. Los ejemplos son múltiples: uno de ellos la *Cena en Emaús* de la National G. de Londres, en que la actitud de la figura de la izquierda no es congruente con la escena: es la reacción de sobresalto aprestándose a pelea, que sin duda quedó en la retina del pintor en una de las muchas que presenció. En *El sacrificio de Isaac* (Florencia, Uffizi) también se percibe esta discordancia de mímica y motórica entre sectores del cuadro, la plácida expresión de la cabeza del anciano y las manos que se aprestan al degüello, no como las de un padre que sacrifica sino como las de un matón que asesina. Esta incongruencia psicológica es lo que da el carácter artificial, en cierto modo surrealista, chocante con su «realismo», a muchos cuadros de nuestro pintor. La reproducción de escenas «vistas y vividas», aunque sean inapropiadas, encuentran nueva expresión en *La degollación del Bautista* de la catedral de la Valetta («El cuadro del siglo» de que ya hemos hablado). Aquí la postura, etc., del verdugo no es la de un «funcionario que ejecuta», sino la de un luchador que derriba, sujeta y vence.

La inadecuación del gesto tiene otra curiosa vertiente cuando Caravaggio «no puede haberlo observado», como en el caso de ser niños o mujeres quienes cortan la cabeza, como el *David* de El Prado, y más aún en la Judit de la *Decapitación de Holofernes* de la Doria Pamphili de Roma, que maneja la espada como si fuese el arco de una «viola de gamba» y cuida más de no mancharse con la sangre que de terminar eficazmente con el coloso antes de que éste pueda reaccionar. Ejemplos de esta índole se encuentran a lo largo de toda la obra de Caravaggio, como si éste fuese capaz de pintar adecuadamente «sólo lo que ha visto». Ello daría una posible interpretación a su rechazo a hacerlo a la *grande manière*, y sería una limitación lo que le lleva en alas de su genio innato a volar por encima del manierismo.

Se preguntará el lector con qué autoridad hago todas estas interpretaciones. Con ninguna, son fruto de la costumbre, en cierto modo «deformación profesional» de un psiquiatra que tiende de modo automático a estructurar psicológicamente lo que observa. Posiblemente el lector, con más y mejores conocimientos en el terreno de la expresión plástica, pueda sacar fruto de mis deducciones. ¿Y si están equivocadas? Aun así, pueden dar lugar a sugerencias útiles para otros. No olvidemos además la consoladora reflexión de Wittkower [8] *Misinterpretation is one of the great stimuli for keeping the past alive* (Las interpretaciones erróneas son un gran estímulo para revivir el pasado).

BIBLIOGRAFÍA

1. Soberana Orden de Malta, *Liber Conciliorum*, 103.
2. Mancini, G.: *Michelangelo de Caravaggio*, L'Arte, Milán, 1910.
3. Mander, Karel van: *Hel Schilderboeck*, Alkmaar, 1604. Hay un resumen de la traducción en A. Ottino.
4. Ottino Della Chiesa, Angela: *Caravaggio*, ed. Noguer-Rizzoli, 2.ª ed., 1972, Barcelona, p. 83.
5. Ottino, loc. cit., p. 104.
6. Baglione, Giovanni: *Le vite dei pittori, sculttori, architetti, ed intagliatori*, Roma, 1642 (hay una edición napolitana de 1733).
7. Wittkower, Rudolf y Margot: *Born Under Saturn*, Random House, Nueva York, 1963, pp. 192-195.
8. Wittkower, loc. cit., p. 281.

CARLO BROSCHI «FARINELLI», «EL DIVINO CASTRATO»

Carlo Broschi, llamado «Farinelli» (1705-1782), ocupa la cumbre estelar de la triste y deslumbrante estirpe de los «castrati»: los sopranos masculinos, mutilados en su infancia para mantener determinadas características de la voz, y que reinaron en los escenarios de Europa durante casi dos siglos. Se le consideró por sus contemporáneos «el mejor cantante del mundo, ahora, y de todos los tiempos». Es una figura humana de notable dimensión, y sirve para eliminar muchos de los errores de atribución de cualidades psíquicas a los castrados. La evolución tanto en el plano físico como en el psicológico, no es uniforme tras esta mutilación,[1] y Farinelli resulta un caso extremo no sólo en sus condiciones artísticas sino también en las caracteriológicas.

Quizá la más sorprendente majadería de la Historia sea la motivación de un armisticio: el que se estableció por dos veces en cuarenta y ocho horas entre las enfrentadas tropas de Cristina de Suecia y Segismundo III de Polonia. La reina, caprichosa, psicopática y viriloide, tiene un repentino antojo, del que, como de costumbre, no está dispuesta a privarse, y ha de satisfacer de inmediato. Ya se tenía noticia desde lustros antes del nuevo «invento musical italiano». El ingenio y la despiadada crueldad de los hombres se aunaron para concebir y realizar la bárbara amputación o estrangulación glandular en niños superdotados para el canto que, castrados, conservaban el tono agudo de la voz de soprano. Potenciada por la caja de resonancia de tórax y pulmones adultos, adquiría virtudes melódicas no igualadas por ningún otro tipo de cantante. Durante varios decenios la «novedad», destinada a coros catedralicios, escenarios de ópera y barracas de feria, se mantuvo en el nivel de lo sorprendente, pero...

había nacido al fin una gran estrella, la primera de este género, Baldassare Ferri (1610-1680), de facultades asombrosas, con las que cautivó hasta extremos inconcebibles a las cortes europeas.

El emperador Leopoldo I, que tenía en su dormitorio el retrato de varios monarcas, hará colgar junto a ellos el del «castrato», con la inscripción: «Baldassare Ferri, Re Dei Musici.» El prodigio musical está actuando en la corte de Segismundo III, y Cristina escribe una carta al rey, con quien está en guerra, solicitando el préstamo por un par de semanas del sonoro emasculado. Accede Segismundo y ambos soberanos ordenan a sus ejércitos la suspensión de las hostilidades para que el eunuco canoro pueda pasar las filas sin peligro. Reanudada la lucha, ha de interrumpirse de nuevo quince días después, para no turbar el regreso del capón melódico, que pasa majestuoso, condecorado y distante, en el carruaje que le transporta rodeado de un pequeño séquito, ante los ojos atónitos de aquellos hombres que vuelven inmediatamente a matar, herir y mutilar con saña.

Hasta en su tierra logra Ferri ser profeta, y no sólo entre los iniciados. El pueblo en masa se suma a esta adoración, que plasma de vez en cuando en curiosas manifestaciones multitudinarias, como cuando (casi en el inicio de su carrera) dirigiéndose a Florencia a cantar en una ópera de Monteverdi, «a una legua de la ciudad salen a recibirle los ciudadanos más eminentes, y le escoltan en marcha triunfal hasta su alojamiento». Cuando se retira, lo hace para gozar de una sólida fortuna. Esta recompensa económica es la que mantiene durante dos siglos la grandeza y servidumbre de los «castrati», pues hasta León XIII no se prohibió su actuación en la capilla de música papal, y alguno sobrevivió para grabar diez discos.[1]

El «último castrato» ha sido Alessandro Moreschi (1858-1922), que gozó de indudable popularidad, pues fue elegido para cantar en el funeral de Humberto I en 1900. Tres años más tarde grabó unos diez discos, no muy difíciles de encontrar en los comercios especializados en rarezas gramofónicas. Es inútil pretender hacerse una idea, por la audición de estas grabaciones, de lo que pudo ser el impacto emocional de un gran «castrato» del pasado, pues Moreschi parece cantante mediocre, y la calidad de las grabaciones, defectuosa (aunque no mala para su época). Escucharle sorprende; a veces asombra, pero nunca embelesa.

El apogeo de los «castrati», su período de grandeza, llega aproximadamente de Cristina de Suecia a Napoleón.[2]

No fue la de Ferri la única anécdota singular de Cristina en torno a los sopranos masculinos, de los que se encaprichó tozudamente. El papa Alejandro VII, que la acogió en Roma, hubo de mantener con ella una permanente contienda de sobornos y triquiñuelas, pues dieron en robarse mutuamente los «castrati» de moda para enrolarlos en sus propias orquestas, lo que Cristina hacía ocasionalmente usando los fondos de la pensión que el pontífice le había asignado al no recibir ella la de su país. Curioso personaje. Se la acusa de haber mandado asesinar a uno de ellos, Cecconi, que se proponía abandonar su orquesta.

Tampoco deja de ser curiosa la relación napoleónica con los «castrati», no sólo por su desinterés general hacia la música, sino porque fue precisamente Francia el único país europeo que resistió la duradera moda de los «castrati», por fanático chauvinismo, privándose durante doscientos años de escuchar «Il Bel Canto» en su mejor nivel, y ha de ser Napoleón quien imponga tardíamente en París a los sopranos masculinos, ya en decadencia.

Por lo menos a un «evirato», a Girolamo Crescentini, escucharon, en diferentes ocasiones, Goethe, Schopenhauer y Napoleón. Singular *test*: analizar los comentarios de tan dispar trío ante este mismo estímulo. Goethe no queda a la altura de las circunstancias. Muestra encendido entusiasmo e intenta un autoanálisis de «por qué me complacen de modo tan extremado» y llega a la extraña conclusión de que es por el mérito de actuar (en papeles de mujer) teniendo que imitar no sólo pasiones y estados de ánimos ajenos, como otro cualquier actor, sino «también una naturaleza que le es por completo extraña». Aunque, contra lo que ocurre con la mayoría de los cantantes, era éste un buen actor, parece mucho más certero el comentario de Schopenhauer, que, muy joven, anota en su diario tras escucharle en Viena: «... su voz, sobrenaturalmente hermosa, no puede compararse con la de ninguna mujer; es imposible que exista un tono más bello y pleno, y en su argentina pureza adquiere un poder indescriptible...». La valoración de Schopenhauer coincide con la de los melómanos discriminativos que pudieron escuchar a los grandes «castrati».

A Napoleón (no incluible por supuesto en esta categoría) también le complació en extremo, cuando le escucha en 1805 al entrar en Viena. Le hace caballero y le invita a París, donde permanece seis años, revolucionando el gusto francés por la ópera, que por decisión imperial, gira en torno a este cantante, al que toda la corte pronto se aficiona. ¿Por auténtica apreciación, por imitación servil, por el automático contagio de la moda? Difícil es adivinarlo. A la ópera no ha ido nunca la mayoría del público, ni en el París de entonces ni en ningún otro lugar, «solamente» a oír música y canto. Especialmente no a oír música, y para el canto, aun las audiencias supuestamente melómanas del XVIII interrumpían las conversaciones sólo en las arias, reanudándolas durante los recitativos y los intermedios musicales. Napoleón, con su omnipresente sentido práctico, dio orden a la orquesta de sonar siempre «piano» (para que no molestase a las conversaciones). No sé si valía la pena ver lo que ocurría en el escenario de la ópera que Napoleón puso en marcha en las Tullerías, pero sí, desde luego, lo que pasaba frente a él. Alfredo de Vigny nos lo cuenta: «... Tomamos asiento en nuestro palco, pero todos los principales estaban ocupados por los reyes. Cada uno se sentaba en una platea rodeado de su corte, y en localidades inmediatas los ayudantes de campo y generales, con quienes departían familiarmente. Los reyes de Westfalia, Sajonia, y Württemberg, todos los príncipes de la Confederación del Rhin estaban en la misma fila. Próximo Murat, rey de Nápoles, en pie, hablando fuerte y con viveza sacudiendo su negra melena... algo más allá el rey de España, José, y próximo a él, ensimismado, el embajador de Rusia, príncipe Kourakin, con sus hombreras de brillantes. El parterre estaba repleto de generales, duques, príncipes, senadores; y flotando sobre todo ello el suave resplandor de los escotes, hombros y brazos desnudos de las damas de la corte... El palco rematado por el águila permanecía aún vacío, lo mirábamos sin cesar. En cierto momento, los reyes se levantaron y quedaron en pie. El Emperador entró solo en su palco, y moviéndose ágilmente tomó asiento, contemplándolos a través de su telescopio de teatro. Recordó al fin que todos permanecían de pie, firmes y a la espera, asintió por dos veces con la cabeza en un gesto brusco y poco agraciado, permitiendo con él que las reinas y reyes se sentaran... Crescentini estaba cantando...» Sólo tras seis años de permanencia en París, y por su mala salud, accedió con desgana Napoleón a que Crescentini regresase a Italia.

Cuando alguno de los gobiernos napoleónicos en Italia pretende abolir la actuación de los «castrati», para no perpetuar tan cruel costumbre, los dóciles italianos se sublevan al grito de «¡Evviva il coltello! ¡Il benedetto coltello!» («Viva el cuchillo, el bendito cuchillo»), aunque no todas las castraciones se realizaban por incisión. Argumenta la comisión de ciudadanos conspicuos: «... Sin los castrati, Italia estaría perdida irremisiblemente», y, sin embargo, son sus últimas glorias. Van a desaparecer, no por condena, que siempre existió y nunca se la hizo caso, sino por volubilidad del capricho humano, y la creciente fascinación ejercida por las «prime donne».

En Venecia (1810) vuelve Napoleón a sancionar con su admirativa presencia la actuación de un «castrato», el último de los «grandes»: Giovanni Battista Velluti, de tan buena voz como malas pulgas. Conocedor del comentario imperial que Napoleón hizo, sin duda incómodo por habérsele saltado las lágrimas (junto a todo el auditorio) al escuchar el canto de un hombre: «Paréils sons je ne crois pas possibles, qu'à ce qui n'est pas homme», masculla irritado el músico a oídos amigos y discretos: «Non uomo, ma nemmeno quel bestione...». Velluti es pendenciero y respondón, pertenece al grupo de los castrados que conservan el temple varonil y tratan de contrarrestar su fama de «disminuidos» con desplantes y alardes de conquistas femeninas. Se opondrá al capricho de la princesa de Gales, que pretende iluminar mejor el escenario, con la consecuencia de más humo y calor, por lo que Velluti se rebela: «Mi garganta vale tanto como una reina.» A este sector bravucón de los eunucos pertenece también Marchesi, el único castrato que se atrevió a negarse a cantar ante Napoleón por motivos patrióticos. Basta la muestra de esta gama de anécdotas entre el Emperador y los eufónicos emasculados para convencerse de la amplitud y disparidad del espectro psicológico de éstos, en cuyos extremos parecen estar Farinelli y Caffarelli, los dos rivales contemporáneos que personifican el encumbramiento del «castrato» y su máxima diversidad temperamental, a media distancia, en el tiempo, entre Cristina y Bonaparte.

Con pocas figuras históricas se familiariza el estudioso más complacidamente que con Farinelli, y lo mismo ocurrió a sus contemporáneos, pues este ser afable y bondadoso es, en todo, excepcional. Pese a su cruel mutilación, y por encima de ella, parece condensar «todas las virtudes y gracias», como le ocurrió a Rafael entre los pintores, y a Germánico entre los guerreros.

La excepcionalidad de Farinelli se inicia en la cuna, pues contra lo habitual entre los «castrati» (casi siempre de familia paupérrima, que por penuria o ambición entregaban sus hijos, generalmente vendiéndolos, a los mutiladores), Carlo Broschi pertenece a una estirpe acomodada e ilustre. Su padre fue gobernador de algunas ciudades. ¿Cómo le destinaron al humillante calvario? Quizá en este caso fue cierto lo que tantas veces se argumentó como excusa (para evitar la excomunión y otras penas legisladas contra quienes intervenían en una castración no justificada por graves motivos de salud): que hubo de hacérsela por accidente o enfermedad, que, según los criterios médicos de la época, podían exigirla. Luego él y su familia harían de la necesidad virtud y sacaron el provecho que brindaba la conjunción de su talento y su desgracia.

Sigue los pasos habituales de los «castrati» triunfantes (la mayoría, al igual que los maletillas aspirantes a torero, arrastrarán su fracaso por «plazas de tercera»). En el conservatorio de Nápoles tiene el mejor de los maestros, el profesor de canto y compositor Porpora, en una de cuyas óperas debuta. En esta ocasión se inició también el libretista Metastasio, con quien le va a unir para toda la vida entrañable amistad, mantenida por carta, siempre encabezada con «caro gemello», pues ambos se consideran nacidos simultáneamente para el Arte en afortunado parto gemelar.

De grata presencia física, libre también excepcionalmente de las malformaciones corporales que luego describiremos como frecuentes en los «castrati» —tributo de su desequilibrio endocrino—, despierta Farinelli entusiasmos no sólo musicales sino también amorosos, inexorablemente unidos al estrellato de cualquier índole, que Broschi no utiliza, pues se desconoce que haya tenido ninguna vinculación erótica, lo que ya veremos es también una rareza entre estos cantantes.

El atractivo melódico de los sopranos masculinos radicaba en parte en las acrobacias vocales, que sólo ellos eran capaces de ejecutar, y que al igual que los brincos desmesurados de algunos bailarines atléticos, les hacían desviarse por afán de lucimiento (al que siempre respondía con entusiasmo la galería, pero no los verdaderos melómanos) del sendero de la sublimidad hacia el del mero asombro. Siendo Farinelli un superdotado absoluto, el público facilón le indujo a «duelos» con instrumentistas y con otros cantantes. Tras su debut, se llenaba todas las noches el teatro para presenciar el implícito desafío entre el trompeta de la orquesta y Farinelli, en filigranas, agudos y duración en una sola emisión de aire, terminando varias noches en empate. Es ésta la primera muestra de la bondad del soprano, pues al fin, y con permiso del trompeta (a quien confesó no haber querido humillar previamente), al quedar exhaustas las fuerzas de éste, siguió Farinelli sin interrupción inspiratoria durante larguísimo rato, elevando y variando las notas sólo interrumpidas al fin por la estruendosa ovación del teatro, puesto en pie.

Más peligroso fue para el arte de Farinelli el «mano a mano» (cuántas sorprendentes semejanzas entre el mundo taurino y el de los «castrati» y sus admiradores) a que le empujaron inmediatamente sus iniciales fanáticos contra el favorito del momento, Bernacchi. Éste, capaz de las más inverosímiles piruetas laríngeas, con las que deslumbraba a los auditorios, llegó a exagerarlas hasta el ridículo, tanto que decepcionó a su maestro, el cual comentó irritado al escucharle entre el delirio de su público: «Tristo a me, io t'ho insegnato a cantare, e tu vuoi suonare.» Según los aficionados a esta degradación del canto, Bernacchi venció al principiante Farinelli, pero entusiasmado con la dura pelea que le proporcionara el novato y percatándose de las facultades de éste, le tomó bajo su protección, con peligro de estropearle para siempre, pues le enseñó gran parte de sus trucos y secretos, con los que, por supuesto, Farinelli aceleró su rutilante ascenso en la popularidad hasta que el más inesperado consejero vino a salvarle.

Pese a las raras virtudes de humildad y templanza de nuestro personaje, es muy difícil que tan joven y triunfante hubiese escuchado un consejo en contra de la opinión de quienes le aplaudían y le adulaban, pero el reiterado contacto de Farinelli con la realeza se inicia del modo más afortunado con un conocedor de excepción: el emperador Carlos VI, que escuchándole en Viena le hace llamar y afectuosamente le advierte: «... a nadie he conocido con tanto talento, por eso debo animarte a que no lo emplees mal; no trates de asombrar a tu público, trata de conmoverlo» ... Siguió Farinelli fielmente tan sabia recomendación, y por ese camino, en insuperable conjunción de arte y oficio, llegó a ser el «mejor de todos los tiempos».

De la capacidad de conmover, dará buena muestra en su próximo destino: Londres. La pasión por «il bel canto» había llegado en Londres a fanatismo, contraponiendo dos bandos, artista contra artista y compañía contra compañía. Se intentaba arrebatar el cetro del mundo musical a Haendel, y contra su teatro se creó la compañía rival, «Opera of the Nobility», a la que como atracción estelar se incorporó Farinelli en 1734. Esta competencia, que acabará a la postre arruinando ambas compañías y con ellas la ópera en Inglaterra —pues una ciudad no podía soportar dos compañías simultáneamente, dadas las astronómicas cifras que cobraban los cantantes—, tiene una pausa durante la cual se logró en una ópera la actuación conjunta de Farinelli y del otro gran astro del momento, Senesino.

Un contralto y la preferencia de este tipo de voz por Haendel explican la que tuvo de este músico sobre Farinelli, soprano.

Se logró hacerles cantar juntos. En el ensayo, la orquesta olvidó seguir tocando, embobada ante el virtuosismo de Farinelli, y en el estreno ocurrió una anécdota memorable: Farinelli representaba a un héroe encadenado, hacia quien se encamina agresivo el tirano enfurecido, representado por Senesino. Farinelli entona su aria, con tal impacto sentimental que Senesino, en pleno escenario, olvida papel, rivalidad y público y corre a abrazar llorando a la supuesta víctima.

Este simpático e inesperado incidente nos lleva a comentar un aspecto singular del arte de los «castrati»: su increíble potencial lacrimógeno. Teatro, ópera, cine, novela y serial radiofónico se han utilizado en parte para llorar «bien a gusto», pero no creo exista equiparación con lo conseguido por estos mutilados eufónicos. La sorprendente resonancia afectiva del canto de los «castrati» se valora por todos los comentaristas, y por el rico anecdotario comprobamos su especial potencia para provocar el llanto. Ya hemos relatado las lágrimas de Napoleón, y de la descripción de auditorios al unísono con el pañuelo de los ojos a la nariz están llenas las crónicas. Entre el anecdotario plañidero destaca también la actuación de Gasparo Pacchierotti, que cantando en Venecia el papel lastimero del protagonista del «Artajerjes» de Metastasio en 1785, tras un aria especialmente emotiva, notó con asombro que la orquesta no ejecutaba el «ritornello»; se acercó al borde del escenario a interrogar al director y le encontró desbordado por el llanto, y que, incapaz de dirigir, le señaló a la orquesta, que llorando en pleno (igual que los espectadores) tardó varios minutos en reponerse y poder tocar. La capacidad de Pacchierotti para desencadenar incontinencias emocionales es tan llamativa que aparece como un *leit motiv* en las crónicas de sus actuaciones en recitales: «... He visto a sus auditores, incluso a los menos iniciados musicalmente, embargados por el llanto, mientras él cantaba...» Por supuesto, no falta un compatriota (estas cosas siempre las hacen los compatriotas), que envidiando tan espectacular inducción al transporte lacrimoso en la ópera de Londres, escribe (Niccolo Tommaseo, se llama el envidioso): «... No tiene gran mérito que mueva al llanto a los ingleses, ya que estos dóciles isleños esperan ovinamente a que el duque de Orleans, desde su palco, dé la señal de llevarse el pañuelo a los ojos en disciplinada unanimidad...»

Es más meritoria esta capacidad de irradiación sentimental de Pacchierotti, pues le falta planta de actor, al haber pagado su cuerpo tributo al eunuquismo: quedó deforme y desgarbado; «... es su voz la que tiene un increíble poder amoroso». El propio músico es propenso a la incontinencia emotiva. En su debut en Sicilia estuvo a punto de ver quebrada su carrera, que se iniciaba en una ópera en que cantaba la

Gabrielli (una prima donna de las más fenomenales e insoportables). Escuchándola, Pacchierotti se refugió llorando entre bastidores, «desesperado de no poder igualar a tan formidable cantante». Tras años de triunfo resonante e ininterrumpido, todavía seguía tímido e inseguro, quebrándose al menor sobresalto.

Al asombroso incidente de Farinelli con Senesino se suma otro similar al que acabamos de relatar sobre Pacchierotti. Un principiante (Gizziello) debuta en una actuación de Farinelli y, al escuchar a éste, se desmaya; tanto le abruma la superioridad del coloso. Pero éste, movido, como siempre, por su buen corazón, conforta a Gizziello, le obliga a actuar y le empuja al triunfo.

Mientras estos incidentes, cargados de tensión partidista, dividen en bandos a los espectadores ingleses y ocupan sus mentes, otros pensamientos muy distintos dirigen precisamente hacia allí, hacia los escenarios ingleses, la atención de la reina de España.

No es la primera vez que Felipe V da muestras de enfermiza melancolía. Ya tuvo episodios previos.[3] Tras períodos de relativa euforia que le valieron el sobrenombre de «El animoso» después de la victoria de Luzzara (1702), aparecen otros de apatía, tristeza inmotivada, miedo a morir; «vapores y melancolías», dicen sus médicos. Alternativas de personificación del «Animoso» con otras de abatimiento, que muestran lo que hoy llamaríamos fases de una psicosis maníaco-depresiva, llevan con los años una progresiva acentuación, permanencia y atipicidad de las fases depresivas. En una de ellas había abdicado en su hijo Luis, y al morir éste de viruela, a los pocos meses, costó mucho que aceptase reinar de nuevo, y es Isabel de Farnesio quien decide. Sobre Goya he comentado la falacia de atribuirle una intención satírica al colocar como figura central a la reina en *La familia de Carlos IV*. Allí argumento que las familias «se colocan» para ser representadas, en una reestructuración espacial automática de su interna jerarquía psicológica. Basta contemplar el cuadro de Van Loo, del Prado, *La familia de Felipe V*, para ver quién mandaba en España.

La preponderancia de Isabel de Farnesio es inestable. El fallecimiento del rey la dejará en manos de su odiado hijastro (que luego tan generosamente se iba a portar con ella). La situación de Isabel, además de vacilante, es trágica en la intimidad, como la de todo cónyuge de enfermo mental, y bien enfermo va estando Felipe V. En la corte se habla sin ambages de «locura»,[4] y ésta va adquiriendo matices dramáticos. El monarca no quiere levantarse y pasa los días en cama, musitando palabras incomprensibles, o con un dedo en la boca (como Isabel I de Inglaterra, en sus días finales, en curiosa similitud egregia). Se niega a que le afeiten, laven, vistan y den de comer, peinen y corten las uñas. En ocasiones se cree muerto y grita aterrado.[5] La depresión va evolucionando hacia un tipo de psicosis llamada «síndrome de Cotard», con estas macabras y atormentadoras ideas delirantes. Nada ni nadie le interesa. En los accesos esporádicos de furia llega a golpear a la reina. Si no se consigue despertar su interés —la opinión de los médicos es acorde—, el rey va a morir.

Isabel de Farnesio, desesperada, toma, entre otras, una pintoresca decisión. Envía una embajada a Londres (1737) para traer de allí a «cualquier precio» (y éste va a ser el astronómico de 3.000 libras de pensión) al «asombro del mundo» con la esperanza de que logre sorprender al doliente monarca. Farinelli emprende viaje y, llegado a la corte española, es invitado a cantar desde una estancia contigua a la del rey en un intento de meloterapia similar al empleado dos siglos antes con Hugo van der Goes. Felipe V abre los ojos, levanta la cabeza y, por primera vez en muchos días, habla. El milagro se ha iniciado. Nuestro rey, bien o mal, sobrevivirá nueve años, durante los cuales, todas las noches, en ritual inamovible, Farinelli le canta las mismas cuatro canciones, a cuyo efecto de caricia sedante para el real tormento se atribuye la supervivencia del monarca.

Puede imaginarse la preponderancia que ello da a Farinelli en la corte española, y es una proeza mucho mayor que las que realiza en el terreno musical el que en un país de envidiosos, este favorito extranjero, que por tan estrafalario trampolín ha saltado al poder, no suscite hostilidades importantes. ¡Qué sucesión de milagros, diariamente repetidos, de bondad, trato afable, desinterés y elegancia espiritual debió hacer el eunuco inefable para conservar la general simpatía! Metastasio, el «caro gemelo», sigue con asombro a través de la nunca interrumpida correspondencia y de la ansiosa interrogación a cada viajero que llega de Madrid, este prodigio de convivencia desde el encumbramiento.

Tanto durante estos últimos años de Felipe V, como durante todos los del reinado de Fernando VI, que le conserva la pensión y el favoritismo, Farinelli es eje de un gran número de actividades de la corte española: en los más inesperados menesteres, como la importación de ejemplares equinos para mejora de la yeguada real. Por supuesto, es en el campo musical donde se le da carta blanca, que aprovecha para convertir la corte española en una de las más cultivadas en este terreno.

Bajo su dirección se construye el «Teatro de la Ópera del Buen Retiro», que se consideró el mejor de Europa hasta su destrucción. Selecciona los cantantes y músicos. También los decoradores, y se ocupa de minucias como el buen aprovechamiento de la cera de las velas con que se ilumina el teatro. Farinelli procura aunar el máximo esplendor con una buena administración, y vela con afán sobre los detalles económicos de los diversos festejos de la corte. El endiosamiento de los cantantes y «prime donne» hace que su traslado desde Barcelona, donde desembarcan, y el alojamiento en Madrid, esté rodeado de suntuosidad; de otro modo no aceptarían venir. Esto sorprende al pueblo, y Farinelli, que estuvo libre de críticas entre los cortesanos, quienes conocían mejor los motivos de su conducta, queda envuelto en la maledicencia popular contra «El Capón que trata a los cantantes como si fuesen Capitanes Generales».

El mismo afán detallista pone Farinelli en la organización de los «Festejos Reales» de Aranjuez. Allí se traslada la corte en los meses de junio y julio. Para la distracción real se draga el Tajo y construye un embarcadero alejado algunos kilómetros cauce arriba del palacio, para que pueda descender la que Farinelli llama «flota del Tajo». En ella embarca la corte al atardecer, para regresar al embarcadero de palacio ya de noche, iluminados por miles de luces que se van encendiendo al paso de las naves por toda la ribera. Del diseño de los barcos se ocupó Farinelli con sumo esmero. Eran quince, cinco grandes, ocho botes de remos y dos más, uno con forma de venado y el otro de pavo real. *La Real*, en ella se embarcan exclusivamente los reyes, un reducidísimo séquito, la tripulación y «ocho músicos, y don Carlos Farinelli, familiar de Sus Majestades». La deslumbrante embarcación, concebida por Farinelli es «... de nueva idea, hasta ahora no construida semejante». Para no turbar el silencio en los momentos cumbres, no utiliza sus veinte remos, y es remolcada por una barca, y otras dos que sirven también para llevar las órdenes a las restantes embarcaciones, en que se apiña la corte en sólo tres, pues en la más hermosa, llamada *Falúa de Respeto*: «... no embarca en nadie de la Corte y únicamente sirve para ir de respeto, y para la diversión de Ss. Ms., que la hacen pasar en muchas ocasiones por delante de la Real, para observar su ligereza, que es grande». «Los botes en forma de venado y de pavo real iban a los lados de la Real.»

Los paseos fluviales se inician en 1752 y dan una idea clara de en qué consistía el máximo deleite de la corte de Fernando VI. Duraban unas tres horas, recorriendo, río abajo, «cuatro millas, desde el embarcadero del Sotillo hasta el del

Puente de la Reina». Al embarcar y desembarcar sus Majestades, vitoreaba la multitud de espectadores siempre presente, y disparaba salvas la artillería de las naves y de los embarcaderos. Durante el trayecto se organizaba en ciertos puntos una cacería: «... prevenidas las redes para que Ss. Ms. lograsen la diversión de la caza, tirando primero la Reina, y siguiendo el Rey...».

Lo más notable era, sin embargo, el concierto fluvial y espectáculo nocturno: «... en las embarcaciones se servía un espléndido refresco dispuesto por la Casa del Rey». «Al anochecer se iluminaban los jardines, las orillas del río y las embarcaciones. En medio de la oscuridad de la noche se distinguían vistosamente con innumerables faroles, los palos, vergas, antenas y jarcias de las embarcaciones, sobresaliendo notablemente, con arañas de cristal y varias luces sueltas, la Real y la *Falúa de Respeto*, de modo que todo el conjunto, con los varios reflejos que causaba en el agua, formaba el más bello objeto que pueda recrear la vista.»

Entonces, si no hacía viento, venía el momento supremo. Se dejaba de remar, los botes ayudaban a inmovilizar la nave, y... cantaba don Carlos. «Al anochecer cantó don Carlos Farinelo dos arias, acompañando el Rey con el clave a la primera, y a la segunda la Reina.» Otro día «cantó un dúo con la Reina», y otro día memorable: «... por estar bella la noche sin la humedad de otras don Carlos cantó por tres veces...».

La reproducción del manuscrito de Farinelli y de las acuarelas de las embarcaciones a todo color se encuentra editada por el Patrimonio Nacional: *Fiestas Reales en el reinado de Fernando VI*, Madrid, 1972, con detalles también sobre la iluminación que se componía de: «... 40.000 luces, sueltas y en faroles, 8.000 de cera y las 32.000 restantes de sebo». No extraña que Farinelli hubiese de tener cuidado con la administración de las iluminaciones.

Bárbara de Braganza, reina y esposa, amable y amada, era gran conocedora de la música, y encarga a Farinelli de la organización de la ópera en Madrid, que lógicamente alcanza un gran esplendor. El fallecimiento de esta reina, que pese a su obesidad patológica —que la amabilidad del pincel no llega a ocultar del todo en sus retratos—, ejerce sobre el rey Fernando VI un enorme atractivo, incluso físico, en añadidura al que su encantadora personalidad justifica, deja a éste inconsolable, y ha de reemprender Farinelli el viejo empeño terapéutico, intentando mitigar con la sublimidad de su arte las penas del monarca.[6] Bárbara, antes de morir, padece también una seria depresión orgánica, con ideas deliroides de ruina. A éstas sumará después el rey viudo e inconsolable temores de ser asesinado. Vaga día y noche, en camisón, sin lavarse ni hablar, por sus jardines. Farinelli, intendente de teatros y espectáculos, caballero de Calatrava, omnipotente en los negocios de la corte, nada puede para mitigar la desolación de Fernando VI, quien se extingue rápidamente, consumido en su mismo dolor.

Carlos III, a quien los apologistas de Farinelli reprochan su dureza con el músico, cuida en una de sus primeras órdenes reales de mantener la pensión de Farinelli «en recompensa por no haber abusado de la benevolencia y generosidad de mis predecesores...» Más tarde, y por motivos no bien aclarados, le ordenará abandonar sus reinos. Farinelli, temporalmente contagiado de las regias melancolías que intentó aliviar, se retira a una posesión que lleva muchos años preparando en Bolonia, hacia 1760. Allí vivirá, querido y respetado, en dorado retiro 22 años más.

Cuando en los primeros meses aún no se ha repuesto del desengaño de haber perdido repentinamente tantos supuestos amigos a quienes favoreció durante muchos años, un amigo leal le recuerda que en el texto (precisamente de su incondicional Metastasio) de una de las cuatro canciones que a diario cantaba para Felipe V figuran los versos:

L'altra turba inconstante,
Manca de' falsi amici, allor che manca
Il favor del Monarca...

Casanova, que le visita en Bolonia,[7] refiere la opulencia de su retiro, y cómo los representantes del poder terreno acudían a rendir pleitesía a este potentado del espíritu. Caso único de extranjero que teniendo a nuestro país en sus manos no le hizo daño alguno, como una muestra más de la grandeza de un alma en que se aunaban arte sublime y bondad, en el endeleble soporte de un cuerpo bárbaramente mutilado.

BIBLIOGRAFÍA

1. Shawe-Tylor, Desmond: *A castrato voice on the gramophone*, Appendix. a la última ed. de *The Castrati in Opera*, de Heriot, A., Sacker y Warburg, Londres, 1956.
2. Bleuler, M.: *Endokrinologische Psychiatrie*, G. Thieme, Stuttgart, 1954, pp. 214-227.
3. Soldevila, F.: *Historia de España*, Ariel, Barcelona, 1956, página 259.

4. Gerard, A.: «La folie de Philippe V», *Rev. Historique*, 1910.
5. Reparaz, G. de: *Los Borbones de España*, Barcelona, 1931, pp. 72-105.
6. Danvila, Alfonso: *Fernando VI y Dña. Bárbara de Braganza*, Madrid, 1905.
7. Casanova, J.: *The Memoirs of Jacques Casanova*, The Modern Library, N. Y., 1975.

Nota sobre la Bibliografía: El mejor y más amplio acúmulo de datos sobre los sopranos masculinos «castrati» se encuentra en el libro de Angus Heriot, *The Castrati in Opera*, Da Capo Press, N. Y., 1974 (reedición de la de 1927).

GAETANO MAJORANO «CAFFARELLI», «EL EUNUCO INTEMPERANTE»

Gaetano Majorano, llamado Caffarelli (1710-1783), contemporáneo de Farinelli y único posible rival en calidad artística, era, en todo lo demás, distinto de este «perfecto profesional». Caffarelli era caprichoso, imprevisible, insolente, terco, cascarrabias, vanidoso, insoportable, pendenciero, celoso... Provocaba en el mismo grado admiración y enfado, y fue exponente característico del comportamiento que luego se ha llamado de «divo» o de «prima donna» (a las que a la vez sustituía y odiaba, dando lugar en la rivalidad con ellas a un anecdotario divertido de recordar, pero que debió ser la pesadilla de los empresarios). Sirve de contrapartida con Farinelli para hacer consideraciones sobre los condicionamientos psicológicos y psicopatológicos de los «castrati».

¡Que lo castren mejor! Esta recomendación perfeccionista está escrita, imitando la letra del Papa a quien se quiso atribuir, en el margen de la denegada solicitud de licencia para contraer matrimonio de un pobre «castrato», que quiso sacramentalizar su enamoramiento. ¡Qué insondable abismo de mezquindad en la villanía! Encallecido corazón el del miserable que en cobarde anonimato asestó este golpe bajo y traicionero al desolado eunuco.

De los grandes grupos de «emasculados utilitarios» que el despiadado egoísmo humano ha ido produciendo —los servidores de harén o gineceo y los del escenario de ópera—, se conoce mucho mejor la biografía de los últimos. Resultan excepcionalmente útiles estos artistas, en su variopinta diversidad, para destruir el mito de un trastorno psíquico específico y uniforme derivado de la castración precoz. La bibliografía médica contemporánea se basa en casos de extirpación glandular tardía por indicaciones clínicas, como tumores cuya malignidad se acentúa por la acción de las hormonas, cuya fuente hay que suprimir para salvar la vida. Lo avanzado de la edad del sujeto y la concomitancia con otra grave enfermedad, y el impacto psicológico de su conocimiento, invalidan la relación de causa-efecto entre castración y variaciones en el psiquismo. Las castraciones prepuberales por accidente son tan raras y dispersas, que dificultan la obtención de deducciones válidas generalizables.

Los errores siguen repitiéndose en algunos libros técnicos.

Aunque es imperdonable que ocurra después de la monumental obra esclarecedora de Manfred Bleuler [1] *Endokrinologische Psychiatrie*, algunos libros, por inercia, siguen reproduciendo viejos errores.

Estos errores derivan de que la observación numérica más importante de este siglo se hizo en sus primeros años [2] en una secta religiosa extendida en Rumania y Rusia, los «skoptsi», o «skopzky». Éstos recomendaban para sus adeptos masculinos o la «pequeña mutilación» con supresión de los testículos (que llamaban «llaves del infierno»), o, para un grado mayor de perfección, la «gran mutilación» o «mutilación imperial» que añadía la de gran parte del pene («llave del abismo»). Estos símiles religioso-cerrajeros llevaron a un gran número de adeptos, en verdadera epidemia psíquica, a sacrificar su integridad anatómica antes de la pubertad o al iniciarla.

Aquí, la castración es cronológicamente equiparable a la de los «castrati» musicales, y son aplicables las observaciones en cuanto a evolución somática. La configuración corpórea deriva a tres tipos preferentes: a) longilíneo, con alargamiento anormal de los huesos de brazos y piernas, por lo que adquieren gran estatura y presentan manos y pies grandes en contraste con un tórax corto y ancho; b) el otro tipo presenta un acúmulo de grasa feminoide, con pechos, caderas, nalgas, etc., de tipo femenino, pelvis muy ancha y muslos de grosor desproporcionado; c) por el contrario, otros sujetos no se deforman físicamente y conservan porte normal.

Lo que sí es constante es el estancamiento de la evolución de la laringe, y con ella la de la voz, fin perseguido en los «castrati» musicales, en los que vemos aparecer las tres variantes de desarrollo corporal descrito. El tipo gigantoide hizo que en alguna sátira se les llamara «elefantes canoros», y el tipo feminoide permitió que algunas mujeres, buenas sopranos, se hiciesen pasar por «castrati», pues estaban mejor pagados. De ello nos cuenta Casanova [3] una divertida anécdota que dice haber tenido con el «músico» Bellino, «después de haberme cerciorado bien, y sin lugar a dudas, de que era una mujer».

Lo que no puede aplicarse a los «castrati» es el esquema psicológico deducido del estudio de los «skopzky», pues éstos se mutilaban por fanatismo religioso, no por afán de lucro de ellos ni de otros, y quedaban luego integrados en un grupo sectario, de comportamiento uniforme, sometidos a normas de extrema rigidez. Todos estos factores moldean el comportamiento y condicionan la evolución psicológica, que en los miembros de la secta se nos describe como: de carácter tímido, pacífico, con tendencia a la apatía e indiferencia, y un cierto embotamiento intelectual y atenuación de la libido.

Hoy sabemos que la evolución física, la selección de las tres variantes somáticas preferentes, deriva del momento de la emasculación y del influjo que este desajuste hormonal produzca en otras glándulas, especialmente la hipófisis. Sobre las variantes psicopatológicas de la castración precoz inciden dos tipos de factores: el orgánico y los de índole psicológica, como el trauma mismo de la castración, circunstancias en que ésta se realiza y el ambiente que luego rodea al muchacho. Del «psicosíndrome endocrino» de la castración me he ocupado ampliamente en uno de mis libros técnicos, limitándome ahora a su ejemplarización en Caffarelli, y algunos otros célebres «eviratos».

Gaetano Majorano era hijo de unos humildes labradores, que hicieron todo lo posible para disuadirle de su empeño de sacrificar su integridad física para «triunfar». La evolución psicológica de estos personajes depende en gran medida del carácter que tenían antes de la mutilación, y el de Gaetano no se doblegaba con facilidad. Por ello fue capaz de lanzarse, todavía en la infancia, a la búsqueda de un «protector», y lo halló en un tal Domenico Caffarelli, cuyo nombre adoptó en gratitud por el ambivalente servicio de haberle proporcionado los medios de ser castrado, como primer peldaño de la escalera que le llevaría al encumbramiento artístico, económico y social (veremos que llegó a ser millonario y duque).

Aunque a tan temprana edad es poco probable que midiesen la magnitud del sacrificio, supone un inmenso potencial de ambición el de estos niños que escogían libremente el camino del «quirófano» clandestino. Lo habitual era que se le llevase a él por fuerza o por engaño. Ya en la antigua Roma estuvo gravemente castigada la castración «comercial», pero no se logró abolirla, pues los esclavos así disminuidos eran mucho más caros que los normales. «Pueri delicati», llamaban a tales niños destinados a servir en los gineceos. La nueva versión melómana de esta monstruosidad tuvo desde el principio la hipócrita condena de la Iglesia, que la castigaba con la excomunión, a la vez que fue inicialmente el «empresario» de todos estos artistas, que pasaron luego a repartirse entre los coros y los escenarios. En 1780, sólo en las iglesias de Roma, actuaban 700 «castrati», además de por lo menos un par de ellos en cada teatro de ópera. Y en el siglo XVIII había cuarenta en los Estados Pontificios, y más de 150 de estas óperas en el resto de Italia. Ninguna ciudad o pueblo próspero renunciaba a tenerla, y la moda había cundido por toda Europa, especialmente entre los príncipes soberanos alemanes. Por ejemplo, en 1752 el duque de Württemberg tenía en su corte quince «castrati», y había importado dos cirujanos de Bolonia, pues el «arte» de esta operación fue exclusivo de los italianos en los dos siglos largos en que se perpetuó la costumbre. Por ello los «empresarios» de las demás naciones debían acudir a Italia para este reclutamiento, salvo en algún caso, como el señalado de emigración de los cirujanos, que no se repitió, pues fue un fracaso, sólo se conoce a un eminente «castrato» que lo haya sido fuera de Italia. Los demás, por ignorados motivos, fracasaron.

Además de la excomunión, había diversas penas civiles, llegando ocasionalmente a la de muerte, para quienes ejecutasen la castración o colaborasen en ella. Por esta razón fueron muy raros, y sólo en períodos de momentánea tolerancia, anuncios como el que campeaba en el establecimiento de un barbero de Nápoles que, en espeluznante aclaración de la amplitud de servicios, ofrecía: «Qui si castrono ragazzi» («Aquí se castran niños»).

Lo habitual, aunque en todos los casos se intentaba ampararse en una «indicación médica para evitar las consecuencias de una grave enfermedad», o en un accidente del tipo «haber sido mutilado de pequeño por un cerdo», etc., era que se realizase en el anonimato, en un secreto a voces que todo el mundo interesado conocía, pero del que no se hablaba abiertamente. Estremece pensar en el horror y tortura de la mutilación, realizada en sórdida clandestinidad, al inocente chiquillo sólo atontado por el vino y la tintura de láudano.

Por todo ello hacían falta «conexiones» para la empresa, y Caffarelli, que, junto a sus muchos defectos tenía la virtud de ser agradecido, lo demostró desde el principio con la adopción de su nombre profesional con el que habría de ser famoso, en reconocimiento del poco envidiable favor de llevarle a Norcia, pueblo que tenía fama de poseer los mejores expertos.

En casi todas las ciudades italianas se practicaba, pero preferían actuar los profesionales en pueblos, como éste de Norcia, donde era menos probable la intervención de la policía. A su vez, existían zonas del país más propicias al reclutamiento de víctimas. Durante cierta época casi todos procedían de Leccia. Estos datos eran prácticamente inaccesibles para el no iniciado, y, por supuesto, para un extranjero, como el inglés Burney,[4] que se queja en su famoso libro de viajes de que «... en Bolonia me decían que era en Venecia donde se realizaban; de allí me enviaban a Milán, y de aquí a Roma, y luego a Nápoles...»

En los conservatorios parece cierto que se respetó siempre la prohibición, no conociéndose datos sobre una sola operación en ellos realizada, pero colaboraban con la misma hipocresía que la Iglesia, ya que en los conservatorios se probaba la voz y facultades del candidato para eliminar a los no prometedores y no incurrir en gastos que no fueran rentables, y allí regresaban después a completar su educación. En el de Nápoles ingresó Caffarelli en tiempos del compositor y óptimo maestro Porpora, de quien fue discípulo favorito (más aún que Farinelli), pese a su difícil carácter.

La agresividad de que siempre dio muestras Gaetano debió tener a raya a sus condiscípulos «normales», de los que era proverbial la crueldad en las novatadas que hacían a los «castrati». Éstos, por su parte, eran siempre minoría y envidiados, por la interesada deferencia que dirección y profesorado mostraban con ellos. Aquí empezaba una segunda fase del calvario. Repuestos de la operación, que ya llevaba aparejada una elevada mortalidad, tenían ciertos privilegios en el conservatorio, como habitaciones mejor caldeadas en el primer piso «para que el frío y la humedad no estropeasen su voz, o la salud, siempre delicada», y, por supuesto, los profesores se esmeraban más con estas promesas de estrellato cuya fama repercutiría en los maestros. Éstos, a su vez, se ocupaban además de hacer un contrato para recibir, a cambio de la enseñanza, un porcentaje de las futuras ganancias. Los otros «figlioli» destinados sólo a los coros o papeles secundarios miraban con resentimiento y envidia a estos «privilegiados».

Si el hombre es cruel, mucho más lo son los niños, y así, en cuanto los maestros volvían la espalda perseguían con saña a los «castrati», indefensos tras el debilitamiento por la anomalía de su desarrollo y por el carácter tímido y sensitivo, y era tal la saña y aplicada con tan maliciosa constancia, que muchos «eviratos» conservaban de esta etapa el recuerdo más amargo de su vida. La situación llegaba a ser más desesperante, si cabe, si el cabecilla de los «figlioli» tenía inclinaciones sádicas, tanto que muchos emasculados se fugaban del conservatorio dejando sin posible fruto el previo sacrificio. Al parecer, es muy rara la anotación en los archivos de los conservatorios de la desaparición de un alumno normal, y en cambio consta con relativa frecuencia que un valioso castrado «se ha fugado».

El temple de Caffarelli no era precisamente tímido-sensitivo, por lo que en permanente desplante y desafío vadeó como pudo las turbulentas aguas del conservatorio. Pasó luego por la etapa de exhibición en diversas ciudades hasta extender y cimentar su fama, que se consolidaría de forma definitiva al actuar conjuntamente con Farinelli, ya consagrado como ídolo, en Venecia. Aquí fueron igualmente admirados sus distintos estilos, cosa que no ocurrió años más tarde en la obligada excursión a Londres, pues allí el público, con menos posibilidades de variación de artistas que en Venecia, ya se había habituado al estilo de Farinelli, y en plena «farinellimanía» era muy difícil que admirasen otra forma de cantar.

Gaetano fue relativamente estable en cuanto a residencia. La fijó en Nápoles, donde se desarrolla toda su vida, turbulenta en el teatro y fuera de él, salvo breves viajes, después de estos iniciales.

Al igual que Farinelli, quedó poco afectado por las posibles deformaciones endocrinas, y, como todos los de físico agraciado, se inició básicamente en papeles femeninos. Ello no le impidió, a los dos años de su debut, meterse en un tremendo lío de faldas que estuvo a punto de costarle la vida. Enamoró en Roma a una dama de rango, y llegado el marido en el momento más inoportuno, Caffarelli, como en una de las óperas «buffas» que empezaban a popularizarse, pasó la noche escondido en una cisterna, sin haber tenido tiempo de arroparse debidamente, con lo que la consiguiente pulmonía puso en peligro su voz y su vida, por lo que hubo de guardar cama varias semanas. Al reponerse, el marido, ya informado, encargó a unos esbirros profesionales la liquidación de Gaetano, pero la esposa, que debía ser de rompe y rasga, financió otra cuadrilla para la permanente protección de Caffarelli, que pasó a ser el tema casi único de conversación en Roma, hasta que decidió marchar a escenarios más seguros. Sus posteriores conquistas las supo llevar discretamente, mientras en todos los demás terrenos el escándalo iba con él como compañero inseparable...

¿Un eunuco, especialista en papeles femeninos, provocando pasiones amorosas en las espectadoras? Por supuesto. Lo veremos repetirse en gran número de los divos emasculados.

Primeramente, la notoriedad triunfante, sea de quien sea —guerrero, artista, millonario, actor, fanático religioso, líder político, castrado...— da igual: proporciona siempre una aureola de «sex appeal» irresistible.

En aquellos tiempos, sin medios de control de la natalidad, un *affaire* con quien no podía provocarla tenía la ventaja de ser la más cómoda, aunque incompleta, de las aventuras amorosas. Las modas son contagiosas, y se desencadenó una verdadera epidemia de encaprichamientos eróticos por los «castrati» y por parte de los dos sexos. Los escándalos se sucedieron, con duquesas o cardenales, príncipes o esposas de grandes personajes. Esta propensión a caer en los brazos de personas influyentes costó la vida a más de un soprano. Hemos visto librarse apuradamente a Caffarelli, pero Siface, por ejemplo, fue víctima de los sicarios de la familia de su amante la condesa Elena Forni, quienes le asesinaron en las afueras de Módena; Rauzzini, tan proverbialmente guapo que siempre hacía papeles femeninos, tiene que huir al enamorarse de él un gran personaje; gracias a haber librado la vida en esta ocasión, podrá Mozart componer para él el *Exultate Jubilate*. Una fuga precipitada salva también a Velluti de las consecuencias fatales de haber enamorado en Rusia a una gran duquesa. Así pues, a su humillante limitación habían de unir siempre el sobresalto, cuando no mayores amarguras.

Independientemente de las casi constantes aventuras, varios «castrati» famosos se enamoraron e intentaron conseguir dispensa pontificia para el matrimonio, que siempre fue negado, como el dramático caso que encabeza este capítulo, y vemos reacciones a esta máxima frustración sentimental de la más diversa índole. Un caso famoso fue el de Cortona, que, desesperado por la denegación de su matrimonio con una cantante, se convirtió en el público amante de Gian Gastone de Médici, último gran duque de Toscana de esta estirpe.

Emasculación y homosexualidad no aparecen en asociación sistemática. Algunos fueron castos, como Farinelli. Otros, como Caffarelli, el tempestuoso Tenducci, Velluti, Marchesi, etc., hicieron sólo conquistas femeninas. ¿Influye en la inclinación del instinto la desviación física hacia el tipo feminoide? No. Es conocido y cómico el caso de Rubinelli, favorito en escena tanto en papeles femeninos como masculinos, «famoso por su bien desarrollado seno», y del que sólo se conocen lances amorosos heterosexuales. El atractivo erótico del travestismo es innegable; produce un especial mordiente en el espectador y paradójicamente más intenso en el del sexo contrario y de instinto normal. Hoy no podemos presenciar lo que ocurre con los eunucos armónicos, porque no existen, pero todo aficionado a la ópera ha podido captar cómo los auditorios masculinos actuales se enamoriscan preferentemente de las mezzosopranos, encargadas hoy, en curiosa inversión del travestismo originario, de los papeles antes destinados a los castrados, como el Cherubino de las *Bodas de Fígaro*, el Sesto de *La Clemencia de Tito* y en la deliberada repetición del fenómeno por R. Strauss en *El Caballero de la Rosa*. La humanidad es una especie animal de conducta muy extraña, y los melómanos formamos un grupo especialmente peculiar dentro de ella.

De todas las multicolores aventuras amorosas de los «castrati», ninguna tan sorprendente como la de Tenducci, quien, fugado con una joven de buena familia, sufre persecución, cárcel (de la que le libran sus admiradores) y puede al fin disfrutar de apacible vida de hogar con su esposa, tan dispuesta para el amor como la literatura, pues escribe y publica sus memorias: *A True and Genuine Narrative of Mr. and Mrs. Tenducci*. Tenducci presenta a Casanova su esposa «legítima y sus dos hijos», y explica al asombrado Don Juan el misterio: según Tenducci, «la naturaleza me tuvo que hacer un monstruo para conservarme hombre, soy un triorquídeo». El tercer testículo, supernumerario, descendió cuando los normales habían sido extirpados, y su tardía puesta en función le permitió matrimonio y descendencia.[5] Qué hay de cierto en todo ello es imposible saberlo, pero esta versión fue aceptada sin grandes reservas.[6]

Las variantes de sufrimiento psíquico que puede producir un trauma tan importante como la castración no tienen límite. Un matiz inesperado y sumamente penoso lo muestra en su autobiografía un «castrato» del siglo XVII (Filippo Balatri), en la que incluye disposiciones testamentarias: «... no acepto que se someta mi cadáver a la costumbre local de ser lavado por cierto tipo de mujeres, no sólo por la indecencia que esto me parece, sino porque no quiero divertirlas, comprobando cómo están hechos los sopranos...» «Por eso también, gracias a Dios y a la industriosa actividad del cirujano Accoramboni, de Lucca, nunca he tomado esposa.»

Atemperado Caffarelli tras el primer escarmiento en sus escándalos amorosos, no lo fue nunca en los teatrales, que provoca de modo continuo y parece que deliberado, como impulsado por una necesidad interna de alarde de insolencia y provocación. Pretende, al igual que Manzuoli, que las orquestas afinen sus instrumentos no sobre la nota de uno de ellos sino con su voz. Se niega a participar en los ensayos y a cantar conjuntamente con los demás.

Por mucho que le gustasen las mujeres a Caffarelli fuera del teatro, las detestaba en el escenario, y su fobia a las «prime donne» dio amplio motivo para diversión y enfado de los públicos, según el nivel a que decidía llevar la impertinencia; y la mesura no era precisamente una de sus características.

En un viaje a Madrid se comportó discretamente, pues aquí nos lo envió desde Nápoles nuestro Carlos III, entonces su rey, que siempre mostró curiosa tolerancia hacia las majaderías de Caffarelli, que parecían divertirle. El motivo del desplazamiento fue librarlo de la cárcel por un monumental escándalo en la más apacible de las circunstancias: en la ceremonia de toma de velo de una novicia de elevada alcurnia (por eso cantaba allí Caffarelli). Por una nimiedad, interrumpió la solemne liturgia, arrancando el arco del violoncelo de manos de su dueño y emprendiéndola con él a «arcazos» contra un pobre tenor y cuantos se acercaban a separarles. Acusado de sacrilegio, libró con el viaje y una buena reprimenda del rey don Carlos, que le envió a cantar a Madrid en la boda de su hermano don Felipe, más tarde duque de Parma. A poco del regreso, olvidó sus promesas, e irritado por los aplausos que recibía de una de las cantantes, «le hizo gestos lascivos, y luego burla, dedicándose a charlar desde el escenario con sus amigos de los palcos», etc. Nueva prisión y otra vez liberado por el favor real.

Harto el empresario de la ópera, pese a los excepcionales triunfos artísticos de Caffarelli, decide cancelar su contrato y traer a otro músico de menos mérito pero también menos conflictivo. Tal es la fama de violento de Caffarelli, que ningún otro «castrato» se atreve a aceptar la tentadora oferta, y... tienen que volver a contratarle. Esto ocurre varias veces durante su prolongada vida artística en Nápoles, que dominó con su talento y extravagantes intemperancias durante decenios.

No en todos los viajes, que ordenaba o permitía don Carlos, mantuvo la templanza de Madrid. Algunos tuvieron peregrina motivación, como el que hizo a Francia en 1753, pues la delfina tuvo el antojo de escucharle, y allí debió permanecer Caffarelli cantando para divertirla hasta el fin del embarazo. Agradecido Luis XV le envió por un cortesano una preciosa caja de rapé de oro labrada. En vez de muestras de asombrada gratitud, habitual en estos casos, Caffarelli le enseñó al perplejo cortesano una colección de treinta tabaqueras, todas ellas más suntuosas (o al menos eso afirmó) que la que el rey le enviaba. Ante situación tan insólita, el emisario explicó que era el tipo de caja que el rey solía enviar a los embajadores, y que éstos se mostraban con ellas muy honrados. «Pues dígale al rey que haga cantar a los embajadores.» Recibió orden de abandonar Francia al día siguiente. Es lo que él quería. Volver a Nápoles... a organizar cuanto antes un nuevo escándalo.

Más que de provocar, de lo que Caffarelli tenía necesidad irrefrenable era de llamar la atención. Lo muestra hasta en las raras ocasiones en que decide elogiar a otro cantante. El timidísimo Gizziello, aquel que se desmayó al oír cantar a Farinelli y tuvo que ser alentado por éste para no interrumpir su carrera, estaba de momentánea moda en Roma, pues el público (como en los toros, increíblemente nada se parece más que el «respetable» de estos dos espectáculos tan dispares) precisaba constantemente encumbrar un nuevo ídolo para poner en entredicho la supremacía del reinante. Caffarelli emprende viaje sólo para oírle, se mezcla inadvertido entre el público, y tras un aria singularmente bien interpretada y aplaudida, sin duda harto del anonimato y de oír pasivamente los aplausos dados a otro, se levanta y grita: «Bravo, bravissimo, Gizziello! E Caffarelli che ti lo dice!» Satisfecho con la impresión que ha causado, no teniendo ya nada que hacer en Roma, abandona el teatro a media función y regresa inmediatamente a Nápoles.

Conocida la anécdota, piensan en Nápoles que al fin existe un «castrato» de primer rango que puede contraponerse a Caffarelli en el escenario sin miedo al escándalo, dada la benevolencia que le ha mostrado. Contratado Gizziello, al momento se arrepienten, pues Caffarelli lanza la noticia de que, como diríamos aquí, «lo cortés no quita lo valiente», y no responde de las consecuencias de lo que valora una impertinente osadía del empresario. Cuando éste está temblando y todo Nápoles se disputa las entradas para la ópera, satisfecho al parecer con haber llamado la atención ya antes del estreno, decide sorprender a todos con lo más inesperado: una conducta absolutamente correcta y talante encantador. Mezcla de alivio y de decepción entre la afición napolitana, a la que poco después pone otra vez en vilo en el *San Carlos*. Fastidiado por el éxito de la «prima donna» Astrua en el primer acto, al iniciar un dúo con ella en el segundo varía inesperadamente las notas. La soprano, en un alarde de facultades de improvisación, le sigue. Como estas arias del siglo XVIII solían repetir varias veces los mismos versos, en cada repetición hace nuevas piruetas inesperadas, que la soprano, que en esta ocasión le sale respondona, logra repetir sin titubeo, por lo que en su desesperado intento de ridiculizarla, cuando le toca cantar a ella, «... no sólo tiene la audacia de fingir dirigirla con el movimiento de las manos, sino también sugiriendo con los gestos de la boca cómo debe ella cantar», según nos cuenta el desalentado empresario, que termina el relato: «sólo consiguió hacer el ridículo, y casi acaba en la cárcel».

Además de estas payasadas pueriles, que por su repetición van creando en Caffarelli una especie de doble personalidad de estrella del «bel canto» y de gamberro zangolotino, de vez en cuando y alentado por la impunidad que don Carlos le brinda, se atreve a desplantes más serios, con el propio monarca o los soberanos ante quienes envía a Caffarelli a cantar. Se preguntan muchos el porqué de esta tolerancia por parte del rey, a quien además no le interesaba demasiado la música. ¿Por qué en loor de ella permite tanto desacato? Probablemente no por la música, sino debido a la personalidad misma de Caffarelli, que cuanto más se le analiza, cae más simpático. A nadie hizo daño grave, no cometió bellaquería alguna, limitándose a estas expansiones de un narcisismo neurótico, que, por encima de todo y más aún que sobre la fama, necesitaba, como fuese, acaparar la atención de las gentes.

El rey de Nápoles utiliza a Caffarelli como una especie de embajador de buena voluntad o de obsequio ambulante, que envía a bodas, bautizos y coronaciones de otros monarcas. Siempre es recibido como el mejor de los regalos, pero no siempre despedido del mismo talante. El rey de Cerdeña condesciende a sutilezas psicológicas para que al fin cante en la boda de su hijo el príncipe de Saboya con la infanta de España. Caffarelli se negaba con un pretexto necio, el de haber perdido las partituras en el viaje, picado, en realidad, al enterarse de que la infanta había sido discípula de Farinelli. Sólo cuando el rey, en vez de retornarlo a don Carlos de un buen puntapié en las posaderas como merecía, utiliza mano izquierda diciéndole que había envidiosos que aseguraban que no sería capaz de igualar a Farinelli, es cuando Gaetano decide demostrar lo que es capaz, y «maravilla a todos con las proezas de su canto». Era el suyo un modo de cantar como corresponde a su personalidad exhibicionista, de los que buscaban el máximo asombro de los oyentes con acrobacias vocales, en que el «más difícil todavía» superaba como aspiración a la sublimidad musical.

En un viaje a Viena el conflicto fue mayor, pues discutiendo en el ensayo general con el libretista, de las palabras pasó a desenvainar la espada, y fueron separados con dificultad antes del duelo. A las dos horas no quedaba en Viena, a ningún precio, una entrada para todas las funciones anunciadas en que actuaría el «Capón con Espolones». Lo que hoy llamamos éxito de taquilla no le importaba demasiado. Tenía un relativo desinterés económico; cobraba menos que muchos rivales de menor talla. Caffarelli era un desconcertante laberinto de virtudes y defectos.

Invitado por el rey de Portugal a inaugurar la ópera de Lisboa en 1755, allí se encontraba cuando el trágico terremoto de ese año. De regreso, al pasar por Madrid, tuvo de nuevo, tras tantos años, ocasión de medirse con Farinelli. Para Gaetano, competir era sinónimo de pelear, pero con el amable y diplomático Farinelli no había modo de iniciar una reyerta. Quizá por ello decidió en ese viaje su prematuro retiro. Si con el único rival digno no había pelea, ¿para qué rebajarse a tenerla con quienes no la merecían?

A su regreso a Nápoles, adquirió una gran propiedad que llevaba anexa a su posesión el ducado de San Donato. Duque, opulento y con una fama que el retiro convirtió en leyenda, vivió casi treinta años más, apaciblemente, pues su carácter se fue dulcificando con los años. Sólo cantaba ocasionalmente y para sus amigos. Las últimas actuaciones en público que se recuerdan de Caffarelli tienen quizá una grata intención expiatoria, pues todas ellas se realizan en el acto de toma de velo de una novicia, como si quisiera compensar el «sacrilegio» con que lanzó al mundo, muchos años atrás, su fama de divo intemperante.

BIBLIOGRAFÍA

1. Bleuler, Manfred: *Endokrinologische Psychiatrie*, Thieme, Stuttgart, 1954, pp. 214-227.
2. Taudler, Gross y Koch: *Die Kastration*, Fuhlberg, Munich, 1914, pp. 69-107.
3. Casanova, J.: *The Memoirs of Jackes Casanova*, The Modern Library, N. Y., 1957.
4. Burney, Charles: *The Present State of Music in France and Italy*, Londres, 1776.
5. Heriot, Angus: *The Castrati in Opera*, Da Capo Press, N. Y., 1974, p. 186.
6. Ídem, p. 224.

SCHIKANEDER Y MOZART

Emmanuel Schikaneder (1748-1812), violinista ambulante, luego integrado en una compañía polifacética de la que fue director y que hacía teatro, ópera, ballet, etcétera. Realizó toda clase de tareas relacionadas con el teatro musical. Estaría hoy en el olvido, pese a su notable y poliformo talento, de no haber escrito el libreto para la última ópera de Mozart, «Die Zauberflöte». «La Flauta Mágica» estará siempre entre las obras que encabezan la selección de muestras supremas del talento humano. De su disparatado libreto se han hecho multitud de deducciones, algunas relacionadas con el hecho de que su autor, Schikaneder, pasó los últimos años de su vida en el manicomio, donde falleció, llegándose a pretender que los rasgos enigmáticos del texto literario de «La Flauta Mágica» sean manifestación premonitoria de su psicosis, lo que acentúa el interés psicológico de la relación con Mozart.

Mozart es... ¡¡Mozart!! Aquí tengo el deber de prevenir al lector: no puede esperar demasiada imparcialidad. De todos los seres humanos que desde los orígenes de los tiempos han pisado la Tierra, a ninguno estoy tan agradecido como a Wolfgang Amadeus Mozart. A él debo los mejores momentos de mi vida, que se repiten una y otra vez con creciente complacencia. Entre mis muchos y graves defectos no destaca el de la ingratitud.

Doña Ana, una joven trastornada por la rabia, dolor y humillación, cuenta a su novio, don Octavio, cómo acaba de presenciar el asesinato de su padre a manos del mismo hombre que acababa de violarla. ¿Y qué creen ustedes que contesta el novio, en un alarde de cretinismo? «Nárrame ese extraño acontecimiento.» El asombro ante tamaña memez teatral sólo es comparable al que sentimos al reflexionar que únicamente, tras oír muchas veces el *Don Juan* de Mozart, hemos caído en la cuenta del disparate, y que aún conociéndolo es preciso hacer un esfuerzo de imaginación para percatarnos del lapsus psicológico en el libreto de Da Ponte (por lo demás excelente). La causa de que nos pase inadvertido está en la capacidad de Mozart de dar carga de irradiación afectiva a su música (independientemente de los valores puramente estéticos y musicales), que logra proporcionar coherencia a lo que no la tiene y unidad sentimental a elementos dispersos.

Liebner [1] expresa esta misma idea: «... La música de Mozart revela más que el texto o lo contradice...»

Otro ejemplo clave lo tenemos en el final del primer acto de *La clemencia de Tito*, con un libreto de cartón-piedra, cuyos personajes no presentan una sola reacción psicológicamente coherente y tienen el nulo potencial dramático de un mal discurso político de circunstancia (lo que en esencia es), y, sin embargo, Mozart, en alas de su música, logra revestirle de enorme carga pasional, con vehemencia lógica en los sentimientos. En el mencionado final del primer acto, cinco personajes distintos cantan simultáneamente, enlazándose en un quinteto que está en la cumbre de los logros musicales, sus reacciones ante la noticia de la muerte de Tito, que no ha ocurrido, pero en la que todos creen. Pese a la vacía insulsez de las palabras, Mozart consigue hacer cinco retratos psicológicos, escudriñar cinco almas que expresan nítidamente la distinta repercusión pasional del acontecimiento en mentes diferentes; logra enlazarlos teatral y melódicamente en el quinteto, produciendo una de las muestras supremas del drama musical. En su estreno, la emperatriz María Luisa, esposa de Leopoldo II, califica *La clemencia de Tito* de «porcheria tedesca», lo que simultáneamente expresa, e influencia la opinión de la corte sobre esta última ópera de Mozart, hecha precisamente para el homenaje en Praga a la imperial pareja. Luego intentaremos analizar el porqué de la incomprensión del genio mozartiano por la mayoría de sus contemporáneos.

Estos dos comentarios resultan convenientes para entender un fenómeno que tiene desde hace casi dos siglos perplejos a los estudiosos: el libreto de *La Flauta Mágica* y la parte que en el contenido espiritual de esta obra corresponde a su autor, Joseph Emmanuel Schikaneder. Diez años antes, Mozart había escrito que «en la ópera, la poesía debe ser hija obediente de la música»,[2] pero nunca su adverso destino le enfrentó con situación más dispar. El libreto de *Die Zauberflöte* es aparentemente un conglomerado de historietas pueriles, ripiadas, llenas de incongruencias y absurdidades para dar lugar a la exhibición de trucos escenográficos y escenas cómicas para lucimiento del protagonista y regocijo del auditorio de barrio.

Los papeles de los «buenos y los malos» se invierten, sin razón aparente, a mitad de la obra. El personaje Monostatos es un malvado al servicio del «bueno y sabio». El cómico canta un rato con la boca cerrada por un candado, y en otro episodio lo hace tartamudeando, pues así lo exige Schikaneder, quien compone el texto y actúa en el papel de Papageno, y se quejará además de que al dar Mozart una continuidad melódica a su personaje, le impide «meter morcillas», que es lo que a él y su habitual auditorio más les gusta. ¿Por qué acepta Mozart colaborar en tal adefesio teatral?

Primero repasaremos las reacciones que el libreto ha suscitado, y luego veamos por qué Schikaneder eligió precisamente a Mozart para musicalizarlo. Para comprender la diversidad de respuestas a este estímulo único, por parte de personas inteligentes, hay que observar que lo que aparentemente es respuesta al libreto lo es siempre, en realidad, a éste «ya musicalizado». Por eso traje a colación otros ejemplos previos de cómo Mozart es capaz de dar un espejismo de unidad lógica a lo que de ella carece. En segundo término, la fragmentación en distintas, brillantes y pintorescas incongruencias del texto de *La Flauta* hace que ésta funcione como un «test proyectivo». Todo lector tendrá noticia, al menos en esquema, de qué son estos tests y cómo se utilizan. El ejemplo más conocido es el del test de Rorschach, para cuya valoración se presentan al sujeto unas manchas de tinta, hechas simétricas al doblar el papel con ellas aún húmedas, y se le pregunta qué «ve» en tales manchones difusos. Al igual que al contemplar las nubes, se «adivina» en tales manchas, deliberadamente confusas, distintos temas que el individuo tiene dentro, y que «proyecta inconscientemente» (por eso se llama proyectivos a estos tests) sobre la imagen sensorial incierta pero sugeridora, y a través de lo que él «cree ver», los psicólogos pretenden adivinar los contenidos subconscientes del sujeto. Exactamente eso es lo que ocurre con *La Flauta Mágica*. Así Goethe, que inició una segunda parte (nunca terminada) para *La Flauta*, la encuentra llena de fantasía poética y profundidad de pensamiento (elementos todos que Goethe llevaba dentro de sí, y se catalizan con el impacto de la música), mientras para otros se trata de «un cuento egipcio», «una alegoría masónica», «una ingenua narración popular», «un cuento de hadas», «un canto de esperanza a la bondad nata del género humano», «símbolo de la eterna lucha entre luz y tinieblas», «crítica social», «un panfleto político disimulado en el que Sarastro representa al buen emperador José II, y la Reina de la Noche a la odiada María Teresa». Su función de «test proyectivo» no puede resultar más evidente; cada uno encuentra lo que tiene dentro, es un espejo que refleja el alma del espectador, y que actúa en cada individuo y generacionalmente.

El supuesto carácter «velado, simbólico y misterioso» de muchos de los elementos del texto ha dado lugar, entre los aficionados a la esotería, a una especie de paranoia de interpretación. Todo lo que se repite tres veces es un tributo a las concepciones masónicas, olvidando que el número tres es uno de los preferidos por el ser humano para la repetición. Multitud de enfermos obsesivos tienen que reiterar por tres veces sus ceremoniales. Tres son las Personas de la Santísima Trinidad, y la liturgia católica (con la que sería delirante pensar que Mozart no está tan familiarizado, al menos, como con la masónica) repite tres veces el *Kirie*, el *Agnus*, etc. Son tres las «Tres Gracias» y tres, a otro nivel, las «hijas de Elena, que ninguna era buena». Por supuesto, tanto Schikaneder como Mozart estaban inscritos en una logia masónica de Viena (sin que ello tuviese más significado del que precisamente adquirió en aquel tiempo y allí, cosa que muchos parecen olvidar), y es posible que ambos encontrasen interesante la introducción de elementos masónicos. Un aspecto con frecuencia ignorado es el carácter lúdico, juguetón, de «divertimento», que tienen tanto el texto como la música de *La Flauta*, cada uno a su nivel. De todos modos, no deja de resultar singular que Mozart, símbolo para tantos del «compromiso cortesano» y de la «elegancia decadente», haya dado a sus tres principales óperas un subfondo revolucionario *(Las Bodas de Fígaro)*, escandalizador *(Così fan tutte)* y masónico *(La Flauta)*, que, como «progre», tampoco es mal récord.

La manía interpretativa alcanza los niveles más disparatados en los análisis de *La Flauta*, como si ésta fuese un acúmulo científicamente preparado de «sutiles alegorías», y «esquemas simbólicos», tanto en tema, decorados, selección de frases, número de instrumentos con que se acompaña un determinado pasaje, etc., llegándose a una verdadera locura de interpretación, y entre las variantes de ésta, encontramos la de la real «locura» del pobre Schikaneder, que falleció demente y de cuya enfermedad se trata de adivinar (von Boxberger) [3] síntomas premonitorios en la disgregación «esquizofreniforme» de muchos elementos de *La Flauta Mágica*.

Nada más alejado de la realidad clínica. Schikaneder se volverá loco años después, pero hasta ese momento mantiene íntegra su personalidad variopinta, pero normal. Trato de convencer al lector de que las incongruencias del libreto de *La Flauta* no son producto de una disgregación enfermiza del pensamiento de su autor, sino de que Schikaneder, todavía esplendorosamente sano, era (como siempre lo fue) un hábil improvisador, y a su improvisación consigue Mozart dar talante de genialidad, que desde la música impregna casi el propio texto literario, de la empresa conjunta de estos dos seres dispares.

No es sólo capacidad de improvisación precipitada lo que caracteriza al libreto de Schikaneder. Éste tiene la rara condición del artista *naïf*, que en este caso concreto proporciona a *La Flauta* un balance inspirado y espontáneo entre incongruencia y filosofía poética, pequeño milagro estético que ni el mismo Goethe sería capaz de igualar (como tantas veces ocurre al auténtico artista cuando trata de remedar al *naïf*), por lo que abandonó, frustrado, su intento de hacer una segunda parte de *La Flauta*. Éste es también un aspecto ignorado de Schikaneder y muy importante, pues aunque profesionalmente adiestrado, como veremos, en muchas facetas artísticas, su inquietud y atrevimiento le hacía lanzarse a otras en las que actuaba «con arte pero sin oficio», base diferencial del quehacer *naïf*, y explicación del aroma de «encanto inexperto» del texto de *La Flauta*.

Concretemos. ¿Quién es Schikaneder? Un tipo humano de lo más pintoresco. Nace en 1748 en Regensburg (Baviera).

Ésta es la opinión de Alfred Einstein.[4] Según William Mann,[5] nace el 1 de septiembre de 1751 en Straubing.

Es el típico niño superdotado, con aptitudes artísticas, de una familia pobre y que inicia su bohemio caminar por la vida haciéndolo como músico ambulante, tocando el violín de pueblo en pueblo por el sur de Alemania. Con gran vocación teatral y aptitudes excepcionales para su más diversa expresión, a los 25 años (en 1773) se une a una compañía itinerante, de la que aparece como primer actor cuando llegan a Salzburgo en 1777.

La compañía Moser tiene características peculiares: hace drama, alemán y extranjero. Schikaneder es el primer Hamlet de que en Alemania se tiene noticia, y de la reiterada inclusión de Shakespeare sacará Liebner[6] la extraña deducción del parentesco entre el texto de *La Flauta* y el de la *Tempestad* de Shakespeare. Es, además, una «compañía musical» que abarca la más amplia gama en el repertorio, desde los Singspiel alemanes a la ópera «seria» pasando preferentemente por la ópera «buffa». Hace también ballet, y todo tipo de espectáculo que hoy llamaríamos «musical ligero». La compañía, actuando en pequeñas ciudades, incluso pueblos, y que cuando lo hace en las capitales queda relegada a teatros de suburbio, centra su repertorio en lo que puede atraer a «su» público, por lo que se caracteriza por el gran despliegue de vestuario y maquinaria escenográfica (reproducción de tempestades con rayos, truenos, volcanes, etc.), tan del gusto popular. Por esta época, además de primer actor, es ya consumado cantante. Según un crítico, «su voz es pura, melodiosa, y canta con simplicidad y gusto».[7] Comienza sus primeros intentos literarios componiendo obras teatrales, modificando al gusto local las de los otros, e iniciándose en la realización de libretos. En el mundillo artístico tan reducido de Salzburgo era imposible que los Mozart y Schikaneder, que ocupan el teatro de la Hannibalplazt, tan cerca de la casa de los Mozart (en Salzburgo todo está cerca), no tuviese relación, y ésta se establece, al parecer, a un nivel entrañable. El actor es invitado habitual a los conciertos caseros de los Mozart, y ya en 1780 parece haber existido el intento de colaboración entre Wolfgang y Schikaneder en una «ópera alemana», empeño en que ambos están interesados como protesta por el casi monopolio en su país de la ópera italiana. Mozart realizó un primer intento con *Die Entfübrung aus dem Serail*, pero el carácter «buffo», ligero, de este *Rapto del serrallo* no demuestra de modo definitivo la capacidad del idioma alemán para ser cantado. El proyecto queda en el aire, pues Schikaneder tiene una de sus muchas quiebras económicas y ha de disolver la compañía.

El negocio teatral siempre es arriesgado, y nuestro hombre, que ya se ha metido a empresario, parece haber combinado una hábil orientación comercial y, ya es mérito, un empeño en asociarlo con la calidad del repertorio (además de Shakespeare, siempre presente en todas sus etapas, trae a Salzburgo a Calderón de la Barca con *El Alcalde de Zalamea*), pero Emmanuel es mujeriego y gastador, su dilapidada economía arrastra a la del teatro, y vemos cómo a lo largo de su vida, una y otra vez ha de disolver la compañía, aún en períodos de éxito taquillero, que no basta a compensar los derroches de este gastador impenitente.

Igual que despide y recupera a sus actores y cantantes, lo hace con los miembros de su familia, que también lo son. En la primera representación de *La Flauta* intervendrán su hermano mayor (Sumo Sacerdote), su hija Nannete (uno de los tres «Niños») y una cuñada, e iba a hacerlo su esposa, reiteradamente embarazada, unas veces de él, otras de algún colega. (De ella se divorcia y reconcilia alternativamente, pero suele mantener la relación artístico-empresarial.) Con compañía o sin ella, navega esos años por las aguas procelosas del mundillo músico-teatral de Alemania y Austria. En 1786 gana el favor del Emperador, que le permite establecerse en Viena, en el Kärtenthor Theater, donde una de las primeras obras que pone en escena es *El Rapto del Serrallo* de Mozart, con gran éxito, que no repercutirá económicamente en el compositor, pues la costumbre de la época era que el músico recibiese, a la entrega de la obra, una pequeña cantidad y... «se acabó». De todos modos, el contacto entre los hombres, desde 1780 —primer encuentro—, hasta 1791 —año de la muerte de Mozart y de la trascendental relación entre ambos—, sus relaciones, aunque cordiales, serán esporádicas.

Ahora debemos situarnos en el parque de un gran edificio situado en las afueras de Viena, en el suburbio de Wieden, a la orilla del río Wien. Se trata de la casa de aduanas del príncipe Stahremberg, llamada Freihaus. Allí, en 1787, un empresario levanta en el jardín un gran barracón de madera que, ampliado al año siguiente y con el nombre de Freihaus Theater, queda bajo la dirección de la esposa divorciada de Schikaneder, Eleonora, la cual, muerto su amante, convence al adaptable ex esposo a que reanude de vez en cuando nueva función amatoria, y con independencia de ella la dirección del teatro, que tiene un aforo de 800 espectadores. El Freihaus Theater entra en una fase de notable prosperidad, que ha de atribuirse al talento y celo de Schikaneder. Éste, con una compañía de actores que actúan como cantantes de un modo un tanto «aficionado», excepto la colaboración de algunos de primer orden, como la cuñada del propio Mozart, se lanza a grandes empresas lírico-teatrales, siempre con el matiz que ya le era característico de movimientos de masas y espectacularidades escenográficas para divertir y deslumbrar a un público de clase media, para cuya captación ha de afanarse con habilidad, pues compite con los teatros oficiales de la corte y además con otros «libres» al estilo del suyo: el Leopoldstädter Theater y el Josefstädter Theater.

Tiene que hacer verdaderas filigranas para la utilización continuada, única forma de amortizarlos, de las complejas máquinas, decorados, vestuario, los treinta músicos de la orquesta y su extraña agrupación de actores y cantantes. En el repertorio aparecen con frecuencia anteriores éxitos vieneses de Mozart *(Don Giovanni, Nozze di Figaro, Entführung)*, ya prestigiados, con las melodías más pegadizas canturreadas por las calles de Viena, y, por tanto, siempre taquilleros. No basta; ha de estar en continua renovación y complacencia de los gustos más comunes (y por tanto inexorablemente teñidos de vulgaridad) del «auditorio municipal y espeso».

Encuentra un verdadero filón en los temas de «ópera mágica», una nueva modalidad que prende explosivamente en el público. La base son los cuentos de hadas, leyendas situadas en lugares irreales y sugeridores, con las múltiples ventajas del exotismo atractivo, novedad, y especialmente, por la imprecisión de escena y vestuario y por ello la posibilidad de utilizar con ligeras modificaciones el que tiene la compañía, en un constante «reciclaje» inteligente y amortizador.

Para ello Schikaneder entra a saco en la colección de cuentos de hadas de Wieland, haciendo una especie de ópera cómica-romántica, de aureola feérica sumamente atractiva. Las modificaciones las encarga a veces al autor, otras las hace él mismo (como ocurrirá con *La Flauta*) o las pide a uno de sus actores, que en el polifacetismo típico de los miembros de su compañía, ejerce ocasionalmente de autor: Johan Georg Metzler. Esa versión teutona de los «cómicos de la legua» agrupa talentos singulares, Metzler por ejemplo, que años más tarde añadirá confusión sobre *La Flauta* afirmando haber sido su autor. (Parece que simplemente colaboró en la redacción de algunos párrafos.) [8] Metzler había abandonado sus estudios de leyes y mineralogía (ya extravagante combinación) para integrarse en la compañía de Schikaneder, que abandonará en 1801, siendo nombrado en sucesivas etapas «Real Director de Minas de Dinamarca» y después «Profesor de Mineralogía y Química en la Universidad de Dublín». Así pues, el complejo grupo de artistas que en torno a Schikaneder se apiñan son de por sí interesantes y polimorfos, y deben adaptarse a multitud de funciones. La capacidad de mantenerlos juntos es ya una muestra de la excepcionalidad de Schikaneder.

Los títulos de las nuevas óperas (que siguen alternándose con obras «serias» de Shakespeare, Pasiello, Gluck, Haydn, etcétera) son reveladores: *El jardinero tonto de la montaña, o los dos Antonios* (el más tonto lo representará, por supuesto, Schikaneder, que ha ido abandonando, entre otras razones por imperativo de la edad, su antigua preferencia por los papeles de galán joven, sustituyéndolos por los personajes cómicos, de los que se hace un verdadero especialista), *Oberón*, también de Wieland, como la siguiente, *El rey de los Elfos*, que con su gran éxito da lugar a sus numerosas variantes, como *La Isla Mágica*, *La Piedra de la Sabiduría*, etc. Ya tenemos todos los elementos que compondrán *La Flauta Mágica*, remiendo de varias de ellas, que Schikaneder ofrece con entusiasmo a Mozart en la primavera de 1791 (pocos meses antes de la muerte del genio), como obra «original y nueva». Pero sobre «la novedad y originalidad» ya podemos sacar conclusiones de los títulos mencionados, y además de que otro de los cuentos de Wieland se llama *Lulú oder die Zauberflöte*. De la condición evidente de remiendo multiplagiado parte mi convicción de que sobran todos los intentos de «descifrar» el sentido esotérico de cada uno de los elementos de la farsa, que no están ahí como fruto de la destilación de un pensamiento simbólico, sino de la casualidad, en la apresurada cosecha en sembrado ajeno.

Para reforzar el matiz de precipitada improvisación, mientras se gesta *La Flauta*, en el teatro rival, el Leopoldstädter Theater (curiosa coincidencia), excavan en la misma mina y precisamente de *Lulú oder die Zauberflöte* se extrae el texto de *Kaspar der Fagostist* por Wenzell Müller, con tan evidentes semejanzas con *La Flauta Mágica* «de» Schikaneder, que éste, para no verse acusado de plagiario, y contando con que la mayoría de espectadores pasan por los dos teatros, ha de hacer sobre la marcha unas apresuradas modificaciones. A ellas puede deberse el tan comentado giro con inversión de los papeles de «bueno y malo» de la Reina de la Noche y Sarastro (que mi colega von Hubbner interpreta como manifestación de la inversión de los afectos que se experimenta en la esquizofrenia, etiqueta diagnóstica que se empeña en adjudicar a Schikaneder, con la que ya razonaremos por qué no estamos de acuerdo). ¿Por qué repentinamente tanta flautita, «cítara encantada», «isla encantada», «montaña encantada», etcétera? Por el mismo motivo que ahora se suceden en oleada películas de vampiros, exorcismos, destapes, tiburones, etc., dejándose arrastrar por el carro del triunfo de la primera de ellas. ¿Hacen falta más argumentos para no buscarle doscientos pies al gato cuadrúpedo, encantador, pero modesto, improvisado y con remiendos, de *La Flauta Mágica*? El que Schikaneder, con su condición nata de artista *naïf*, le haya teñido de un aroma especial, que el genio de Mozart elevará hasta cumbres donde elucubraciones pedantes están fuera de lugar, es otro tema.

En ese momento, con todos sus trucos y habilidades artístico-empresariales, Schikaneder es un triunfador. Seguirá siéndolo por varios años, hasta el punto de que en 1801 traslada su compañía al famoso teatro céntrico de Viena, Theater am der Wien, que sigue siendo uno de los principales de esta capital de la ópera.

Este gran triunfo es el canto de cisne de Schikaneder. Los

escasos comentaristas de su biografía son ya muy imprecisos, pero todos coinciden en que «a pesar del mucho dinero y prestigio ganados», faldero y derrochador, se arruina de nuevo, y en 1802 disuelve la compañía, e intenta luego rehacerse en teatros más modestos (Nussdörf). Sucesivas ruinas, y demenciado los últimos años de su vida, pasa varios en un manicomio, y tiene una póstuma coincidencia con Mozart: ambos son enterrados en la fosa común, y se carece de noticia de dónde están sus restos.

¿De qué enfermedad se trata? No de una esquizofrenia. Ésta suele ser de aparición juvenil (demencia precoz, se la llamaba previamente), y cuando es de aparición tardía (Schikaneder tiene más de 50 años al inicio de su psicosis), incide sobre un tipo de personalidad llamada «prepsicótica esquizoide», en que se anticipan minimizados muchos de los rasgos caracteriológicos del esquizofrénico, como su dificultad para relaciones interpersonales, tendencia al aislamiento «autista» (vivir en un mundo interior propio, con desinterés por el circundante).

Ni remotamente entrevemos alguno de ellos en la persona de Schikaneder, expansivo, cordial, vividor, hedonista, variable, donjuanesco, con una enorme capacidad de improvisación y adaptación a las circunstancias, presumido, simpático, manirroto, y especialmente con la indispensable capacidad de sintonización y de irradiación afectiva sin la cual es imposible ejercer como actor cómico. ¿Por qué, pues, una esquizofrenia?

No quedan relatos de sus síntomas establecida la dolencia, pero la personalidad prepsicótica es tan opuesta, tan del círculo ciclotímico, que es razonable descartar la etiología esquizofrénica. ¿Cuál fue entonces su enfermedad? Por los datos temperamentales mencionados, a lo que estaba predispuesto, como todos los ciclotímicos, es a una «depresión endógena», pero aunque esta terrible enfermedad inhabilita mientras dura, no «demencia» (ni deteriora intelectualmente, embruteciendo, ni tampoco trastorna la capacidad de juicio, en el significado coloquial de la palabra «locura»), y además remite espontáneamente sin tratamiento al cabo de uno o tres años, recuperando el sujeto toda su capacidad. No fue éste el caso de Schikaneder. Estuvo enfermo sin interrupción unos diez años, no se recuperó, y de «locura» (pérdida de la razón) hablan los pocos que sobre este período de su vida han hecho comentarios.

Lógicamente, con la falta de datos todo queda dentro de la elucubración, pero una teoría verosímil es la que atribuye su demenciación a una terrible enfermedad, hoy prácticamente desaparecida, pero que hasta hace sesenta años padecían casi la quinta parte de los internados en los manicomios: la llamada «parálisis general progresiva de los enajenados de la mente». Era una secuela tardía de la sífilis, de aparición entre los 10 y 20 años después de haber contraído el contagio venéreo (accidente que nadie puede extrañar en Schikaneder, perpetuo cortejador de «la que fuese»). En sus inicios, la enfermedad se manifestaba (en la forma más típica, pues puede adoptarlas muy distintas) por un cambio en la personalidad, con muestras de falta de control temperamental y social, conducta absurda con un colorido general de euforia injustificada, delirio de grandezas e irritabilidad. Por ello, antes aun de ser diagnosticados, suelen haber deteriorado su situación profesional, familiar y social (todo esto le ocurre a Schikaneder). Los síntomas se van haciendo tan evidentes y alarmantes, que se les hospitaliza, en aquella época de modo definitivo, hasta que tras el curso progresivo e inexorable de la enfermedad, la muerte venía a liberarles del «sillón de los paralíticos» en el que embotados, babeantes e inmovilizados, pasaban los últimos años de su vida cubiertos de su propia suciedad, úlceras y moscas. Sin sufrir demasiado, ya que la demenciación llegaba a ser tan profunda que ni de su propia miseria podían percatarse. Conviene que sepan estas cosas (y tantas otras) la multitud de llorones profesionales que ensombrecen nuestra privilegiada época, quejándose constantemente de la sociedad y tipo de vida actuales. A principio de siglo, un médico vienés, Wagner von Jaureg, descubrió (casualmente en una epidemia de su hospital) que si estos enfermos se contagiaban de paludismo y tras unos cuantos accesos febriles se les daba quinina, curaban de las dos enfermedades. Gracias a él (y a los tratamientos con que después se ha sustituido éste) los «sillones de los paralíticos» son una reliquia macabra del museo imaginario de horrores de esos tiempos pasados que tantos irreflexivos se empeñan en que «siempre fueron mejores».

1791

Mil setecientos noventa y uno, Mozart va a morir en diciembre, pero naturalmente lo ignora, como tampoco conoce Schikaneder su terrible futuro manicomial, cuando ambos, por ofrecimiento del empresario en marzo de 1791, deciden colaborar en *La Flauta Mágica*. ¿Por qué acepta Mozart? Los motivos son muchos; el primero es que no tiene más remedio que agarrarse como tabla de salvación a cualquier encargo.

Poco antes aceptó uno mucho más ingrato, escribiendo para un coleccionista de curiosidades tres obras para un órgano mecánico (y hasta de esta humillante extravagancia sale airoso, logrando unas piezas de originalidad y profundidad sorprendente —KV 594, 608, 606—).

Mozart, el genio nunca igualado, se hallaba sumido en la miseria y en una desconsoladora concatenación de fracasos. Durante algunos años, desde que decidió liberarse del arzobispo Coloredo, logró mantenerse dando clases de piano y composición de encargos, y con recitales, que en aquella época llamaban «suscripciones», por las que hacían para asistir los oyentes de pago. La fórmula sirvió sólo durante algún tiempo. A principios de este año tiene que poner anuncios en demanda de alumnos (que no llegaron), pues le quedan dos. A la última «suscripción» se apuntó un oyente. No son, pues, de extrañar las vergonzosas cartas, de sablista recalcitrante, que escribe a su habitual fuente de préstamos, Puchberg. Reproduciremos fragmentos de una de ellas: «... Estoy en una situación que no desearía a mi peor enemigo... hace días intenté abrirle mi corazón, pero me faltó valor... sólo temblando y por escrito me atrevo —y no debería atreverme ni por escrito— ... en vez de gracias, sólo tengo para usted nuevas súplicas; en vez de cumplir lo prometido, sólo nuevas exigencias... usted que me conoce debe percatarse de la desesperación que esto me causa».[9] Puchberg, harto sin duda de tanta deuda impagada, no contestó a esta carta, teniendo Mozart que escribirle otras dos, aún más suplicantes, para obtener respuesta.

Cuando en septiembre de 1790 se recibe en Viena al rey Fernando de Nápoles, y éste invita a varios músicos a visitar su reino, Mozart queda fuera de la oferta, pese a la siempre leal incitación de Haydn, que sí fue invitado y rechazó el convite para aceptar un viaje a Londres, pero no consiguió que Mozart ocupase su lugar. Fue el bondadoso Haydn, el contemporáneo que mejor entendió la magnitud de Mozart, y tuvo la generosidad de admitir su superioridad. En una carta a Leopoldo Mozart de años antes ya había afirmado: «Os juro en nombre de Dios (nombre que el beato Haydn, que encabezaba todas sus composiciones con una jaculatoria, no es imaginable fuese a emplear en vano), que no conozco ningún músico, ni directamente ni por referencia, que tenga un sentido del ritmo como vuestro hijo...» Es aún más noble su actitud cuando, en época ya más reciente, la Ópera de Praga le encarga una ópera «buffa», y Haydn contesta: «... Cómo me hacen a mí esa oferta, teniendo a Mozart, ¡esa maravilla!» De todas las incidencias de la triste biografía de

Mozart, la que da más pena no es la carta a Puchberg, sino que en ese viaje londinense de Haydn le refirieron unos supuestos comentarios de Mozart despectivos hacia él, con enorme disgusto, que hace más meritoria la respuesta. Contestó aquél: «Aun si eso fuese cierto, yo le perdono.» No llegó nunca Mozart a enterarse del incidente. Fue siempre muy duro en el enjuiciamiento de los demás músicos, compositores e intérpretes por igual, con la habilidad para el sarcasmo hiriente, de que hay muestra constante en sus cartas. ¿Se le escapó alguno contra Haydn? Posiblemente no, pues con independencia de la gratitud, había de admirar su talento, pero es triste pensar que Haydn lo haya tenido que creer.

No sólo es sorprendente que en sus 35 años terminase más de seiscientas obras, sino el que simultáneamente la correspondencia de los Mozart ocupa en la edición alemana seis volúmenes.

A fines de 1790 se presenta una nueva gran oportunidad para los músicos vieneses: la coronación en Frankfurt de Leopoldo II. Para los festejos se contrata a numerosos músicos, que acompañaban a la corte. Nuevamente queda Mozart excluido, del modo más humillante, y tiene una idea desesperada: con su cuñado el violinista Franz Hofer irá por su cuenta para dar conciertos aprovechando la euforia general, que por el clima festivo serán aceptados y quizá bien remunerados. Para el viaje se empeñó la cubertería de ambos, y aunque recibieron muchos halagos de ciertos grupos, el regreso no aportó ninguna mejoría a la situación económica.

En la primavera de 1791 se repite una vez más la «necesidad» de una cura en el balneario de Baden para Constanza, que se dirige allí a sumar nuevos gastos, tan simple de espíritu como siempre, enferma, embarazada, y además dispuesta a coquetear (en cuanto da a luz y mejora) con un militar de baja graduación, que encima canta muy mal.

¿Cómo nos va a extrañar que Mozart acepte en esta situación el disparatado libreto de *La Flauta Mágica*? Lo hace de mil amores, pues sabe de sobra que su talento le permitirá hacer una obra de suprema calidad en torno a ese andamiaje, que, además, por sus características se presta a que dé rienda suelta a la imaginación hacia la creación de formas nuevas de expresión musical. Por otra parte, Schikaneder le cae simpático. En primer término porque lo es; en segundo, porque siempre dio muestras de aprecio hacia Mozart y sus obras. Sin embargo, vale la pena repasar los condicionamientos a que la empresa le somete. Recientemente, un músico favorecido con una beca de medio millón de pesetas para hacer en dos años una composición musical se quejaba: «... ¡Cómo van a pretender que un artista actúe condicionado!» Este tópico que se oye hoy mucho entre artistas mediocres para justificarse hay que valorarlo analizando por ejemplo la situación planteada a Mozart.

No creo que se hayan acumulado nunca mayor número de «condicionamientos»: ha de terminar la obra para septiembre, está destinada a un teatrillo de barrio, debe prestarse al lucimiento del primer actor y empresario, que es un cómico, y adaptarse específicamente al resto de la compañía hasta extremos insospechables. De ellos es ejemplo que el papel de Reina de la Noche vaya destinado a la cuñada de Mozart, excelente soprano, pero que en avanzado estado de gestación no puede permanecer mucho en escena y, sin embargo, hay que sacar provecho a su voz privilegiada, la mejor de la compañía. Mozart escribe para ella las dos colosales arias «serias» de coloratura, de las más hermosas y difíciles de la historia de la ópera, breves, como se le encargó, y que en menos de ocho minutos, repartidos en dos actos, acumulan tal potencia dramática que son suficientes para destacar teatralmente al personaje.

La consecuencia es que hoy es casi imposible encontrar una soprano de las facultades colosales necesarias para ejecutar bien estas dos arias, y que se resigne a estar ocho minutos en escena en una ópera de tres horas y pasar el resto en el camerino. Es un problema que se repite en cada representación de *La Flauta*, y que hace que casi nunca las oigamos bien cantadas en el escenario. Mozart tiene que dejar entrar disfrazados de animales a todos los actores sobrantes, que actúen las maquinarias tan del gusto plebeyo para las «pruebas del agua y del fuego», que Papageno cante con la boca cerrada haciendo muecas, que Monostatos haga la danza fálica ante Pamina dormida, y que todo ello se intercale con escenas de las máximas pretensiones de solemnidad y nobleza espiritual.

¿Qué tienen que ver con una ópera «buffa» los tríos de los geniecillos, de los sacerdotes, los coros, las arias de Sarastro? El milagro se repite una y otra vez, y Mozart nos transporta insensiblemente de lo cómico a lo sublime, en constante proeza psicológica, además de serlo musical.

Sólo estas acrobacias de adaptación bastarían para pasmarnos ante la flexibilidad mental de Mozart, pero en medio de esta tarea recibe el encargo de otras dos obras de gran magnitud, y que ha de simultanear con la composición de *La Flauta*: el *Requiem* y *La Clemencia de Tito*.

Mucho se ha escrito sobre el *Requiem* y el extraño modo

como Mozart recibió el encargo. Durante la era del romanticismo dio lugar a la leyenda, sentimentalmente concordante con el gusto de la época, de que Mozart creyó que le había sido encargada por la propia muerte para su funeral. Por supuesto, Mozart no «creyó» tal versión, pero en todos nosotros se opera ocasionalmente una división entre lo que piensa el cerebro y lo que piensa el «corazón». Pese a considerar injustificada una determinada asociación de ideas, a veces no podemos evitar la rumiación obsesiva de ellas. Cuando esto ocurre suele deberse a un anómalo estado fundamental del ánimo, que por su colorido atrae esas ideas. Esto es lo que parece haberle ocurrido a Mozart, que desde que en julio del 91 recibe el encargo, ciertamente realizado de un modo un tanto misterioso, queda predispuesto a la idea de que esta música funeraria está destinada para él mismo. De sobra es sabido que el conde Franz Walssegg zu Stuppach, músico aficionado, tenía la vanidad pueril de interpretar en su castillo y capilla, para un grupo de amigos y con intención de deslumbrarlos con un talento del que carecía. Pero podía «comprar» música compuesta por autores a quienes pagaba para que silenciaran la paternalidad de la obra, atribuida al conde. Llegó, pues, su secretario Leutgeb a la puerta de Mozart, con el encargo de un Requiem, para la difunta esposa del conde, quien pasaría por ser el autor. Mozart acepta esta suprema humillación de «negro», para un rico vanidoso que con esta anécdota ha cubierto su sonoro nombre de ridículo ante la posteridad. Sin embargo, es divertido pensar que, de no haber muerto Mozart sin completar el encargo, y haberse descubierto la paternidad del *Requiem*, de haber permanecido la atribución al conde, habría éste pasado a la historia del arte como uno de esos autores sorprendentes de «una gran obra única» (una especie de *Gatopardo* de Lampedusa en el terreno musical), y todos lamentaríamos que la holganza que su bienestar económico le permitía no le hubiese obligado a componer más.

Lo cierto es que Mozart, durante esos meses de trabajo abrumador, es acosado reiteradamente por negros presentimientos, que suele asociar con el *Requiem*. ¿Veis cómo es para mí?, dirá a quienes rodean su lecho pocos días antes de morir. Desde meses antes tiene un extraño sentimiento de haber completado su ciclo vital, de haberlo hecho «todo», en sus 35 años, en los que ha trabajado sin cesar durante 30, pues compone a un ritmo febril desde los cinco.[10]

Lleva terminadas más de seiscientas obras (de las que en vida sólo verá publicadas unas setenta), y desde niño se ha encontrado frecuentemente enfermo. También es tema de discusión, un tanto banal, la naturaleza de la última enfermedad de Mozart. Según algunos murió de insuficiencia cardíaca,[11] o de tuberculosis; según otros, de uremia, por las complicaciones de una enfermedad del riñón que venía minándole desde niño. Aunque los síntomas graves que le obligan a guardar cama aparecen en el último viaje a Praga, en septiembre, todo este año se encuentra mal, con frecuentes dolores de cabeza y de muelas, astenia e hinchazón de manos y pies, con acentuaciones frecuentes de un intenso malestar general. Por ninguno de esos síntomas interrumpirá el trabajo ni su ritmo; aún en el lecho de muerte seguirá componiendo. Es útil reflexión para tantos que se quejan de no poder trabajar «porque se encuentran mal» el que la mayoría de las obras grandes de la humanidad hayan estado realizadas por hombres «que se encontraban muy mal». Hay que seguir cabalgando aunque ladre el cuerpo. Más entorpecedores que los dolores corporales son los del espíritu, y a Mozart le acosan, no sólo desde el plano de las desgracias materiales (sobre las económicas y profesionales, que ya conocemos, está la muerte de cuatro de sus seis hijos; el último de los dos supervivientes nacerá precisamente en esos días), sino también del vacío sentimental de su vida de hogar, y para colmo la presencia de lo que los místicos llaman «desolación espiritual», una especie de congelación afectiva sumamente atormentadora para los espíritus sensibles: «... Si la gente viese en mi corazón me sentiría avergonzado. Para mí todo es frío, frío como el hielo...».[12] En otra carta (del 7 de julio): «... No puedo describir cómo me siento, una especie de vacío que me hiere, un anhelo nunca satisfecho...».[13] Conviene que consideren esto los que insisten en la idea simplista de que la carga pasional de las obras de arte dimana del volcán interno del alma del artista. El arte es siempre un proceso cerebral, no sentimental, aunque muy pocos tienen la increíble capacidad que ahora muestra Mozart, quien, saltando sobre el abismo del vacío afectivo interior, es capaz de crear páginas de máxima irradiación sentimental.

Éste es un rasgo especialmente destacado en Mozart y sobre el que creo que no se ha insistido: la aptitud de control de las emociones, para expresarlas cuando no existen, y para ocultarlas cuando le abruman. Se me hizo este último aspecto especialmente evidente analizando morfológicamente sus cartas que se exhiben en el Mozarteum y la Mozart Gebursthaus de Salzburgo. En contraste con algunas cartas a su padre, que expresan grafológicamente, por la inclinación descendente de las líneas, etc., el estado depresivo en que las escribe, y que no encuentra necesario ocultar, la carta en que relata a un dignatario de Salzburgo el fallecimiento de su madre no muestra grafológicamente el menor signo de emoción. También es notable el frío control con que comunica la muerte de su padre, casi como postdata incidental de otra carta para no modificar la estructura armónica del texto previo (algo a lo que Mozart está condicionado profesionalmente). La emoción se percibe sólo porque alude a ella: «... Le informo que regresando a casa hoy, recibí la triste noticia de que mi amado padre había muerto. Puede imaginarse el estado en que me encuentro.» Y, en cambio, comprobamos que es capaz, en pleno vacío sentimental, de expresar musicalmente un volcán de pasiones.

Los genios, en sus necesidades humanas, caminan igual que todos, a ras de tierra, y así vemos cómo Mozart se inventa una ilusión amorosa por su mujer, que Constanza no sería capaz de sostener en su desconsoladora mediocridad e incomprensión de su marido, si éste no se autoengaña sobre ella.

En este último verano, Mozart alterna cartas y visitas ilusionadas a su mujer en el balneario de Baden-bei-Wien, donde ella se repone de males en parte imaginarios (sobrevivirá cincuenta años a su marido), mientras él los padece de verdad, solitario en Viena, trabajando en la minúscula casita de madera del jardín del Freihaus Theater, cenando con Schikaneder (en las reuniones con frecuente final libertino a que éste era gran aficionado), con Puchberg o algunos de sus escasos amigos para engañar la soledad. Son curiosas las manifestaciones de celos de la pareja. Constanza los tuvo frecuentes, menos cuando pudo haber tenido motivo real para ellos, pues con su habitual torpeza no se percató del torrente de expresión amorosa que hay en las cantatas que Mozart escribió para Anna (Nancy) Selina Storace, su primera «Susana».

Otro contraste sorprendente es el del profundo conocimiento que Mozart demuestra de las mujeres —«conoce tanto sobre las mujeres como Shakespeare», comenta acertadamente A. Einstein—,[14] y la ingenuidad en la relación con ellas en la vida privada. La aguda intuición del alma femenina no deriva precisamente del éxito con las mujeres, que fue bien modesto. De la propia esposa se siente inseguro, y a las muchas tribulaciones que en ese verano lastran su potencial creador añade la preocupación de que Constanza no haga nada inconveniente en el balneario. En las cartas que allí dirige insiste en que tenga cuidado con las «malas compañías». En otra carta: «... Por favor, no vayas al casino, *primo* la compañía es, tú entiendes lo que te digo. *Secondo*, no puedes bailar tal como están las cosas. Esto lo podrás hacer mucho mejor cuando tu pequeño marido esté contigo...»

De la inquietud de Mozart es muestra la inesperada visita, en la que pretendió subir a la habitación de Constanza desde el exterior entrando por la ventana «para darle una agradable sorpresa», según dijo al teniente von Malffati, que le sujetó creyendo que era un ladrón, escena que parece extraída de una de las óperas cómicas del propio Mozart.[15] Que Constanza ejerció sobre él un notable atractivo físico hasta el último momento resulta indudable por las afirmaciones epistolares, llamativamente crudas muchas de ellas; pero en la lucidez que la intuición del próximo fin parece traer consigo muestra haberse percatado de la limitación intelectual de su esposa. En carta de octubre a un amigo, en uno de los intervalos en que la mejoría le permite salir, anuncia que llevará a Constanza a ver *La Flauta Mágica*, y se le escapa: «... en su caso ocurrirá probablemente que vea la ópera, pero no que la oiga».

La increíble acrobacia mental de interrumpir la partitura de *La Flauta* para componer una «ópera seria», estilo que tiene abandonado desde hace diez años, se ha realizado en agosto. El 6 de septiembre dirige el estreno en Praga. Ya conocemos el calificativo de «porquería» hecho por la nueva emperatriz, lo cual contribuyó de algún modo a que se lo pareciese también a los demás en el estreno. El público aguardaba de pie en el teatro (así se dispuso la sala para esta ocasión, pues no cabían sentados) desde las cinco, y a las siete y media llegó la imperial pareja, iniciándose entonces lo que el conde Zinzendorf describe en sus memorias como «el espectáculo más tedioso que se pueda recordar, *La Clemencia de Tito*».

Con este nuevo fracaso, y la aparición de los síntomas alarmantes de su última enfermedad, regresa a Viena, y a fines de septiembre estrena *La Flauta Mágica*. Por eso es tan comprensible que, al tener ésta éxito casi desde el primer día, Mozart, al recaer, siguiese desde el lecho reloj en mano disfrutando imaginariamente de la representación, interrumpiendo con ello la desesperada carrera con la muerte para terminar el *Requiem* antes de su llegada.

El enfrentamiento con su próximo fin es lúcido y sereno; lleva años preparado espiritualmente para ello, como demuestra una de sus cartas: «La muerte, si la miramos imparcialmente, es el fin de nuestra existencia. He formado en los últimos años una relación tan estrecha con este mejor y más fiel amigo de la humanidad, que su imagen ya no sólo no me aterra, sino que me es, en verdad, estimulante y consoladora.

Doy gracias a Dios por haberme juzgado merecedor de entenderlo.»[16]

En los intervalos de lucidez intercalados en el progresivo embotamiento, Mozart compone febrilmente, sabe que resta muy poco tiempo y renuncia a todo lo que pueda hacérselo perder. Las privaciones sentimentales son las más amargas, y mucho debió parecérselo, cuando a fines de noviembre ordena sacar del cuarto a su querido canario, cuyo canto, ahora menguado en la capacidad de la abstracción, le dificulta componer.[17] En la desesperada carrera contra la muerte perderá también esta última competición. El día 4 de diciembre, mientras escribe las notas para las palabras *judicandus homo reus*, del *Dies Irae*, cae la pluma de su mano, al desvanecerse (a).

En la madrugada del día 5, recibida la extremaunción, se despidió de los suyos, y, obnubilado, siguió componiendo. Con las últimas respiraciones, emitió los sonidos que seguía creando y ya no pudo escribir.

(a) El musicólogo español J. L. Pérez de Arteaga ha estudiado el original que se conserva en la Albertina de Viena, y encuentra que la letra y la anotación de Mozart apenas difieren, en su expresión agónica, de las características que siempre habían tenido, igual que ocurre con su música.

BIBLIOGRAFÍA

1. Liebner, Janos: *Mozart on the Stage*, ed. Calder and Boyars, Londres, 1972, p. 225.
2. Mozart, W. A., carta del 13 de oct. de 1781.
3. Boxberger, Karl von, tesis doctoral, aún inédita, pero que suele consultarse en la biblioteca de la «Internazionalle Stifftung» del Mozarteum de Salzburgo.
4. Einstein, Alfred: *Mozart, His Character, His Work*, ed. Granada Publishing Limited, Londres, 1973, p. 477.
5. Mann, William: *Introduction and Synopsis of Die Zauberflote, K 620*, pág. primera del folleto en la versión discográfica, por Otto Klemperer, Odeon, 1971.
6. Liebner, Janos, op. cit., pp. 221-223.
7. Mann, loc. cit.
8. Komorzynsky, Egon, en una monografía sobre Schikaneder, demuestra la disparidad de estilos y redacción de Gieske con los de *La Flauta*, 1951.
9. Blom, Eric: *Mozart and His Family*, trad. inglesa de Emily Anderson, MacMillan, Londres 1938. Es resumen de la edición alemana, más completa, pero contiene todo lo fundamental y es más asequible.

10. Bar, Karl: *Mozarts Krankheit, Tod, Begräbnis*, Salzburg, 1966.
11. Liebner, loc. cit., p. 252.
12. Mozart, W. A., carta del 30 de sept. de 1790.
13. Mozart, W. A., carta del 7 de julio de 1791.
14. Einstein, loc. cit., p. 72.
15. Rollet, H.: *Mozart und Baden*, Mozarteums-Mitteilungen, II, é, ag. 1920.
16. Mozart, W. A., carta del 4 de abril de 1787.
17. Blom, loc. cit., p. 146.

LA SUPUESTA PSICOSIS DE GOYA

Francisco de Goya (1746-1828). Se ha pretendido utilizar a Goya como argumento de la posibilidad de la «enfermedad creadora». La tesis se funda en que Goya enferma gravemente hacia los cuarenta y cinco años, y que la obra revolucionaria, la que le hace saltar la barrera del talento al genio es posterior a esa fecha. Por supuesto, los partidarios de la teoría de la relación «genio-locura» han asociado ambos hechos y afirman que la enfermedad (cuya etiqueta diagnóstica varía desde «brote esquizofrénico» hasta «psicosis saturnina» pasando por la mitad de los capítulos de un tratado de Medicina) provoca un impulso innovador, del que antes carecía, y le eleva, por la incómoda escalera del sufrimiento, a las cimas de la genialidad. Pretendemos demostrar lo mucho de inexacto, o al menos de incierto, que hay en la mayoría de estas afirmaciones.

Lugar común que se ha hecho imprescindible: «De haber muerto a los cuarenta y cinco años —es decir, de bastante más edad que Masaccio o Rafael, Caravaggio o Watteau, Van Gogh o Modigliani—, Goya no sería hoy más célebre que sus maestros inmediatos o que otros diversos pintores españoles de su época, es decir, no lo conocerían más que los *especialistas*. Por fortuna, la gravísima y misteriosa enfermedad que le atacó recién cumplidos los cuarenta y cinco, en vez de arrebatarlo a la fama, parece haberle dado plena conciencia de sí mismo, de su sensibilidad y de los medios que había madurado para expresarla.»[1] Este párrafo, reproducido de uno de los más recientes libros de arte, de tipo convencional, dedicado a Goya, resume perfectamente la idea que desde hace muchos años va pasando de un autor a otro, y de los libros de Arte a los de Psiquiatría, volviendo de éstos a los primeros en un mutuo refuerzo que ha ido dando a esta suposición el carácter de hecho admitido y comprobado.

Antes de discutir el tema, vamos a dar muestra de su expresión desde la otra orilla, la de mis colegas, cuyo interés por el «caso de Goya» es tan intenso, que en el libro actual más importante de la especialidad,[2] y que por ser puramente científico tiene muy pocas ilustraciones de tema artístico, dedica nada menos que cinco (sobre las que luego volveremos) a demostrar gráficamente la disociación de la obra del artista en dos etapas, divididas por la enfermedad, tras la cual: «... Francisco José de Goya y Lucientes ofrece una impresionante ilustración del engarce entre la percepción subjetiva del cuerpo y la creación artística... tras los sufrimientos (de la enfermedad del 1792-1793) cambió en su observación e imaginación, emerge de la odisea como una persona diferente, o, hablando con más precisión, como un artista distinto. Primeramente pintor de costumbres, y diseñador de tapices en un estilo rococó elegante, se convierte en un artista que adopta una visión áspera y vengativa del mundo, tanto externo como interior.» [3] Seguidamente refuerza su opinión con la de un crítico de arte (en un libro científico), Canaday: [4] «La vida de Goya se divide, casi en su punto medio, por una enfermedad que casi lo mata... Emerge un nuevo Goya, el humano y amargo observador social... cuyas plasmaciones de pesadillas exploran las realidades más desesperadas.» Tras esta reiteración en lo que ambos han copiado de fuentes anteriores que ya lo vienen haciendo de modo similar de otras más antiguas, añade la siguiente puntualización técnica: «En conexión con los cambios sensoriales perceptuales internos, mencionados en su carta de 1794 (se refiere a la de Goya a Iriarte que luego reproduciremos), es cuando aparece Goya como el gran maestro en el arte representativo que conoce la posteridad.» Incluye fotos de *Las gitanillas*, del retrato de la marquesa de Pontejos y de tres fragmentos de las pinturas de la Quinta del Sordo a los que subtitula «Cuadros de Goya después de su enfermedad» (y «tan después»: han pasado casi cuarenta años, pero eso no lo dice), y para que no falte ningún tópico ya ha intercalado el comentario obligado sobre el paralelo entre bizarrería de vida y obra en el artista: «... sin dar más detalles de la vida pintoresca de Goya (pintoresca tanto en el sentido literal como en el figurativo).»

Ya tenemos acumulados todos los tópicos: 1) Enfermedad, que divide su quehacer pictórico en dos etapas. 2) Están claramente diferenciadas en temática y calidad. 3) Las alteraciones perceptuales y sensoriales de la enfermedad iluminan y amplían la expresión plástica. 4) Goya lo explica, a su modo, en la carta a Iriarte de enero de 1794. 5) La vida tempestuosa, pasional, pintoresca, etc., de Goya.

Dispongámonos al análisis crítico de los cinco puntos comenzando por el último.

La vida apasionada y apasionante de Goya es una mera invención literaria del siglo XIX, que ha disecado con su habitual lucidez Ortega y Gasset,[5] llegando a la conclusión de que lo más excepcional de la biografía del genio es su absoluta ausencia de excepcionalidad, fuera de su obra plástica. «Las cartas de Goya son cartas de un ebanista.» «Goya no tiene relación directa con sus temas durante la mayor parte de su vida.» «Los objetos que interpreta —cosas o personas— no le interesan con un interés directo, inmediato, que revele el menor calor humano irradiado hacia ellos. Se los ha puesto delante y se limita a interpretarlos según su manera, unos con cuidado, otros con atroz descuido.» «Se habla con fatigosa reiteración de la impetuosidad de Goya, del calor humano de su pintura, pero yo no veo nada de eso como no sea en algún lugar excepcional de su obra. Ha solido padecerse de un estrambótico empeño en representar a Goya como el prototipo del hombre español y se ha partido, por anticipado, de un esquema de españolismo sobremanera arbitrario y pueril.» Son todas observaciones agudas de Ortega[6] que debemos recordar. Es curioso que los comentarios más sugeridores y penetrantes sobre la pintura, en el pensamiento español contemporáneo, hayan partido de dos filósofos.

En el pseudoanecdotario de Goya destacan: la venida a Madrid huyendo de «un crimen de sangre»; la vida «disipada»; la relación con la duquesa de Alba; la actitud de «crítica y denuncia de una sociedad que se plasma en la sarcástica versión de *La Familia de Carlos IV*», y el espíritu revolucionario e ilustrado que le hace emigrar, tras la gran «náusea existencial» que expresa en los *Caprichos*, *Disparates*, *Horrores de la guerra*, etc.

El mito del «crimen de sangre» parte de un equívoco de nombre, el de Zapater, que escribe: «La juventud de Goya fue agitada y borrascosa; llena de lances y amorosas locuras...; genio pendenciero, a los dieciocho años tuvo que abandonar su ciudad nativa, después de una sangrienta contienda en que quedaron tres hombres tendidos en el campo de la lucha.» Se dio crédito a este relato pensando que procedía de Martín Zapater Clavería, el amigo entrañable de Goya, con quien mantuvo tan prolongada e íntima relación epistolar, y que, por ello, estaba enterado a fondo de los acontecimientos de su vida. El Zapater que escribe estas líneas es otro: Francisco Zapater y Gómez, sobrino del primero, y las publica en 1861, unos cien años después de la supuesta reyerta, de la que no queda el menor rastro legal, ni comprobación de su veracidad... Corresponde perfectamente a la leyenda romántica, a lo que según los criterios de la época «debería» haberle acontecido al genio, y que, por tanto, hay que atribuirle para no defraudar. Es lógica la reflexión, hoy frecuente, de que de haber existido un pasado inmediato tan acusadamente turbulento, Francisco Bayeu se hubiera opuesto a la boda de Goya (en aquel tiempo además, subordinado suyo) con su hermana.

El propio Goya demuestra no haber dado excesiva importancia al motivo de su marcha de Zaragoza, pues en la carta dirigida a Mariquita, la tabernera a la que solicita el envío del retrato de su madre que dejó a medio pintar, dice: «... pero a Dios gracias, todo pasó con locuras de mocicos. No tardaré en volver a Zaragoza, si Dios quiere». Este incidente, de naturaleza aún no aclarada, es el único de posible violencia de que en toda la vida del artista hay noticia.

En cambio sí es de Zapater y Clavería, el íntimo amigo, la carta del 20 de abril de 1793, y precisamente dirigida a Bayeu, que contiene la frase enigmática que ha dado base a la leyenda de la «disipación»: «A Goya, como te dije, le ha precipitado su poca reflexión.» De las mil posibles interpretaciones predominó la concordante con la opinión preestablecida: debía referirse a excesos amatorios indiscriminados, y el resultado de «su poca reflexión» (la enfermedad del 92-93), una infección venérea, la sífilis, que se ha barajado como posible diagnóstico y que igual puede contraerse tras un largo historial crapuloso que en una ocasional concesión al instinto, de cuya insistente pujanza no cabe dudar en Goya. Quedó su mujer embarazada veinte veces, sobreviviendo sólo un hijo, Javier.

La temática popular de los cartones para los tapices, los temas taurinos, dieron base al encuadramiento socio-cultural del inventado libertinaje. Majos y manolas, chulos y toreros habrían de ser los copartícipes.

Ortega [7] hace una clara deducción al considerar que el día que se haga un inventario «de las horas que Goya hubo que pasar pintando, dibujando, grabando, sería curioso ver el número de ellas que le quedaron libres para vagar por otros lados de la vida —para emborracharse, para conquistar mujeres, para torear o andar de jarana con chisperos y garifos, para entretenerse esgrimiendo en medio de la calle con los maestros de la espada, para hacer el chichisbeo con la duquesa de Alba y demás exquisiteces en que se hacía consistir la vida de Goya». «... Cuando la vida, aun la más afortunada, como Goya dirá con su magnífica insolencia, es siempre... ¡una jeringa!» Al afirmar sus primeros biógrafos, como Carderera,[8] que «de haber escrito Goya sus memorias, éstas serían tan interesantes como las de Benvenuto Cellini», se equivocan en un doble sentido, primero porque Goya escribía muy mal y segundo porque el relato del fondo aventurero de su vida tenía el mismo impedimento que el testamento de su padre,[9] que «no lo hizo porque no tenía de qué».[10]

En cuanto a la duquesa de Alba, las majas y demás fabulaciones, la fantasía popular se aferra a ellas como a un ensueño consolador, que no desea abandonar, y por eso se reitera generación tras generación. No existe la menor duda sobre que la modelo de las majas *no* tiene ningún parecido ni relación con la duquesa de Alba. Tampoco se dispone de ningún argumento de peso para respaldar la idea, tan repetida, de que fueron encargadas por ella. La mayoría de los expertos fechan su ejecución entre 1801 y 1803, primero la desnuda y luego la vestida, de la que sí parece posible que sirviese en algún momento para tapar la primera. La relación personal con la duquesa termina en 1797; así pues, no se comprende de dónde ha sacado un autor tan reciente como Ezquerra del Bayo [11] base para resucitar la peregrina leyenda de que la ilustre dama posó al natural para estos cuadros que siguen resultando chocantes aún en nuestros días.

Es curioso que Anthony Storr,[12] en su reciente estudio sobre la psicodinámica del arte, haya utilizado las *Majas* como argumento (conjuntamente con la *Venus* de Velázquez) para demostrar la falta de carácter erótico-excitante de las grandes obras de arte. Será para él, pero no para una gran parte de los observadores. Más aún, sólo la captación de los valores estéticos (asequibles a un porcentaje muy pequeño de la población) puede apartar de la mente su notable y, sin duda, intencionado potencial erótico, quizá sin precedente equiparable desde Lucas Cranach y Clouet, que no ha dado sólo lugar al cómico y explicable incidente contemporáneo del guardia urbano de Cáceres; baste recordar en este sentido que durante los años treinta, cuando la preciosa emisión de sellos con las *Majas*, varios países se negaron a aceptar las cartas franqueadas con el de la *Desnuda*. Aparecen estos dos cuadros por primera vez en el inventario de las posesiones de Godoy, realizado el año 1803, llamándoselas: «... una Venus, y una maja vestida», y en un inventario de 1808 como «Gitana vestida y Gitana desnuda». En 1814 tuvo Goya el famoso incidente con la Inquisición, por denuncia de «ejecutar pinturas obscenas, una mujer desnuda sobre una cama y una mujer vestida de maja sobre una cama». Vemos que ni la «vestida» se libra de la aureola picante, y la conceptuación como impúdica mantendrá a la «desnuda» oculta en la Academia de San Fernando hasta el año 1900. El año siguiente pasó al Prado. Sobre el tan comentado álbum de dibujos, realizado durante la estancia en 1797 en la finca de la duquesa en Sanlúcar de Barrameda, el que Goya plasmase en él alguna representación eróticamente sugerente, que pueda ser identificada con su anfitriona, no significa que ésta tuviese conocimiento de ello. Recuérdese que Goya era cincuentón, obeso, deteriorado físicamente y que por su sordera precisaba para comunicarse «de los signos con la mano». Mal punto de partida para lograr intimidades cuya imaginación sigue siendo tema favorito de cierto tipo de gentes.

Otro tópico predilecto es el de la actitud crítica, la mordaz ironía y desprecio que se trasluce en la estructuración espacial de *La Familia de Carlos IV*, en que los personajes aparecen «fijados con indecible crueldad»,[13] marcando el pintor el matriarcado de la reina con su colocación en el centro y relego del rey a lugar secundario. Por supuesto, Goya es de los pintores que «opinan» en sus cuadros. Esto lo han hecho siempre todos los grandes maestros, y sin un modo interesante de opinar (aunque sea desagradable y no se esté de acuerdo) nunca un cuadro resulta fuente de atracción duradera.

Hemos de hacer, sin embargo, una consideración psicológica que ha pasado inadvertida a los comentaristas de este cuadro y otros similares: las familias «se colocan» por sí mismas. Independientemente de como el artista las reparta, las familias, por su propia estructura psicobiológica, tienen una tendencia espontánea a distribuirse en el espacio, que se manifiesta de modo especial al ir a retratarse, tanto en un cuadro, como fotográficamente. El fotógrafo o el pintor suelen redistribuir la espontánea jerarquización, pero cuanto más sensible es el artista, más dispuesto está a captar y respetar esa coherencia psicológica que va a dar rotundidad a la plasmación gráfica.

Uno de los tests psicológicos más utilizados para estudiar el mundo emocional del niño es el del «dibujo de una familia». Se le propone simplemente eso: que dibuje una familia. Sin excepción representa simbólicamente la suya, y las tensiones psicológicas dentro de ella, siendo de la mayor importancia la «colocación» de los personajes. Por el tamaño y lugar central sabemos, sin preguntárselo, quién es en su opinión el que manda, el padre o la madre, y por la representación de su propia persona junto a uno u otro de ellos, de quién se siente más próximo, etc. Se ha hecho el experimento de comprobar cómo esas familias se «colocan» para hacerse una foto, y sorprende la concordancia con el esquema ya impreso en la mente del niño, pues éste corresponde a una realidad. ¿Por qué vamos a empeñarnos en que Goya quiso poner en evidencia, ridiculizando su escala interna de valores, a la familia real? ¿Para qué y para quién este peligroso juego? Es más lógico suponer que este genial captador de esencias representase complacido la que afloraba espontáneamente a su vista.

En cuanto a la otra grata y perdurable fabulación sobre el carácter revolucionario, indómito, rebelde, etc., de Goya, tan del gusto del artista «comprometido» de nuestros días, tiene el mismo fondo de verosimilitud que las demás fantasías. Sin resultar necesariamente servil, Goya se adaptó a todas las cambiantes circunstancias. Sin pasarse al lado donde el sol más calienta, se dejó acariciar por él sin la menor protesta. Mal genio, aspereza, terquedad, nada tienen que ver con gallarda y generosa rebeldía. A Carlos IV, Godoy, José Bonaparte, Fernando VII y el diablo en persona, aceptará con una sola condición: que le dejen pintar. Es lo único que de verdad le interesa, y es la clave interpretativa de toda su biografía y evolución plástica. También aquí Ortega [14] da en el centro de la diana, la vocación de pintor de Goya: «... Es improbable que en ningún otro (pintor contemporáneo) se diese una vocación tan decidida y total, tan coextensiva con su persona. Cabría decir que Goya no tenía esa vocación, sino que la vocación le tenía a él, le poseía por completo. Ya veremos en qué sentido preciso habrá que considerarle como un efectivo poseso, como un endemoniado por el demonio de su propio estro...» «Esta advertencia es capital para entender a Goya, su vida y su obra.»

Así, le vemos en pertinaz insistencia burocrática solicitar los puestos y modalidades de acción que más le convienen. Aferrarse a sus pensiones y prebendas, moldearse a las solicitudes de Godoy, pintar apresuradamente a Fernando VII a su paso por Madrid, recibir de José Bonaparte la «Real Orden de España», y salir luego indemne del proceso de «purificación» a que ha de someterse en 1814 (para «continuar gozando su sueldo»), en el que alega: «... No puede menos de lisonjearle la conducta que ha usado durante la estancia del gobierno intruso, pues a pesar de su edad, quebrantada salud, y sus muchas obligaciones que atender, no tan sólo no pretendió, sino que se resistió a cuantas ofertas le hicieron, prefiriendo malvender sus alhajas que servir a dicho gobierno».[15] Sin embargo, ha de justificar la jura de fidelidad que firmó en 1811 a José Bonaparte como trámite obligatorio para cuantos recibían la «Real Orden de España». La uniforme redacción de los testimonios que aporta a su expediente de purificación nos hace pensar en un hábil asesoramiento legal común; la fórmula es siempre ésta: «Que aunque le comprometió el Gobierno intruso con darle la cruz de la llamada Real Orden de España, por el renombre que en la Pintura debía a sus estudios, observó el declarante que no se la puso ni un solo momento...» [16]

También es falso que, al no recibir ningún encargo importante de Carlos IV, después del gran retrato familiar, mantuviese un deliberado distanciamiento del rey. Por el contrario,[17] regala al rey las ochenta láminas de cobre de los *Caprichos*; pide a cambio, y obtiene, una recompensa para que su hijo Francisco Javier pudiera viajar.

Ya tenemos al coloso parcialmente desmitificado, encajado en su real dimensión humana, que con sutiles gradaciones propias de la involución, y de su acontecer vital, permanece uniforme de juventud a vejez. ¿Dónde está, pues, esa división radical en obra y personalidad que supuestamente arranca de su enfermedad de 1792? Veamos en qué consiste su enfermedad.

La enfermedad

Goya estuvo, como tantas personas, reiteradamente enfermo, pero cuando se habla de «la enfermedad» se alude a la muy grave que tuvo en los años 1792-1793, y de la que parece ser un episodio previo, más leve, la que tuvo en 1777. Existe también otro posterior. Vamos a dividir el estudio de la enfermedad en dos apartados: los hechos y las interpretaciones.

Los hechos conocidos se inician con su viaje a Cádiz en noviembre de 1792, emprendido sin pedir permiso, cosa que debía haber hecho por ser pintor de Cámara. Sin duda, pensó que sería de breve duración, pero gravemente postrado en casa de su anfitrión en Cádiz, Sebastián Martínez, hace que éste escriba a Bayeu a fin de que tramite el permiso reglamentario para el viaje ya consumado. Se le concede en enero de 1793, y meses después pide una prórroga. Como siempre, el mejor relato se encuentra en la correspondencia de los afectados. De enero es la comunicación del duque de Frías del permiso de dos meses «para que pueda pasar a Andalucía a recobrar su salud», y del 17 del mismo mes una carta de Goya, fechada en Madrid, pero evidentemente enviada desde Cádiz, como una más de la serie de marrullerías que empleará para cobrar: «... He estado dos meses en cama con dolores cólicos, y que paso a Sevilla y Cádiz con licencia... pueda yo tomar algún dinero en Sevilla»,[18] pues del 2 de enero era ya la carta de Sebastián Martínez a Martín Zapater, a la que éste responde el 19 de enero: «... Me ha vuelto a dejar en el mismo cuidado nuestro amado Goya... y como la naturaleza del mal es de las más temibles, me hace pensar con melancolía sobre su restablecimiento ... el cariño con que toda su familia se dedica a procurarle los auxilios y consuelos que necesita en tan crítica situación... Si su indisposición lo permite, dígale Vm. mis cariños...»

Con gran celo se ocupa este buen amigo, Sebastián Martínez, no sólo de la curación sino de los asuntos de Goya, manteniendo copiosa correspondencia, en la que destaca cómo acentúa la exposición de la gravedad en las cartas «oficiales» (para las solicitudes de prórroga de licencia, etc.) y es más realista en las privadas. Por ejemplo, en la carta del 19-III-93 a la oficina del Sumiller de Corps dice: «... Gastando en esto los dos meses que traía de licencia, pero la suerte quiso que cayera malo en Sevilla, y creyendo aquí tendría más auxilios se resolvió a venirse ... y se me entró por las puertas en malísimo estado, en el que subsiste sin haber podido salir de casa ... quisiera (Goya) escribir largo sobre el asunto, pero no se lo he permitido conociendo el mal que le hace a su cabeza, que es donde tiene todo su mal.» * Diez días más tarde escribe a Zapater «... que nuestro Goya sigue con lentitud, aunque algo mejorado. Tengo confianza en la estación y que los baños de Trillo que tomara a su tiempo lo restablezcan. El ruido en la cabeza y la sordera en nada han cedido, pero está mucho mejor de la vista y no tiene la turbación que tenía, que le hacía perder el equilibrio. Ya sube y baja las escaleras muy bien, y por fin hace cosas que no podía...».[19]

El 30 de marzo carta de Martín Zapater a Francisco Bayeu, comentada al principio de este relato, porque dio lugar a la leyenda de disipación: «... A Goya, como te dije, le ha precipitado su poca reflexión, pero ya es preciso mirarlo con la compasión que exige su desgracia y como a un hombre enfermo, a quien es menester procurar todos los alivios, como tú lo has hecho, consiguiéndole la licencia...» La frase es bien ambigua, y puede referirse a haber marchado sin licencia, pero ha sido sistemáticamente interpretada como una velada alusión a que el origen de la enfermedad fuese un contagio venéreo.

El 11 de julio esta Goya en Madrid, pues interviene en

* En la reproducción de cartas y fragmentos empleamos la ortografía actual.

una sesión de la Academia, pero en los documentos de la Real Fábrica figura que «se halla en la absoluta imposibilidad de pintar», lo que probablemente es una excusa basándose en la pasada enfermedad, que ya ha cedido (ha hecho, al menos, tres retratos y los famosos cuadros sobre hojalata que al año siguiente somete a la Academia). El motivo de fingir una inutilidad que ya no existe es el deseo de eludir el compromiso de seguir haciendo cartones para los tapices, labor que parece haberle hastiado, y más ahora, que, como afortunada consecuencia de la enfermedad, por las limitaciones de la convalecencia, ha descubierto durante ella el sublime placer de la libertad creadora sin supeditarse a las exigencias del encargo. Lo expresa en la tan reproducida carta a Iriarte, la más significativa de las tres que le dirige en enero de 1794: «Illmº. Sr.: Para ocupar la imaginación mortificada con la consideración de mis males, y para resarcir en parte los grandes dispendios que me han ocasionado, me dediqué a pintar un juego de cuadros de gabinete, en que he logrado hacer observaciones a que regularmente no dan lugar las obras encargadas, y que en el capricho y la invención no tienen ensanches. He pensado remitirlos a la Academia... Protéjalos V.S.I. y protéjame a mí en la situación que más necesito el favor que siempre me ha dispensado.»

De «estas observaciones a que regularmente no dan lugar las obras encargadas» parte una línea de ejecución, cada vez más libre y espontánea, que pasando por las *Brujerías para la Alameda de Osuna*, los *Caprichos* y los *Desastres de la Guerra*, desemboca en las *Pinturas Negras de la Quinta del Sordo*, realmente todo un mundo nuevo en cuanto a temas, clima y modo de hacer, que supone uno de los capítulos más asombrosos de la historia de la pintura. Acompañándose en línea paralela con obras en directa relación con la etapa previa, ello explica que se haya pensado en un desdoblamiento de la personalidad del autor y con él en la primera etiqueta clínica: la esquizofrenia.

Interpretaciones de la enfermedad

La esquizofrenia es una extraña enfermedad en muchos sentidos y también en el específico de las «vivencias de extrañeza del yo y extrañeza del mundo» que padece el enfermo, y en la impresión de «extraño, raro», que suele producir al espectador. El nombre (relativamente reciente) de «esquizofrenia» significa escisión, y quiere indicar una mente dividida. Cuando los médicos encuentran un tipo de conducta raro y escindido, incongruente consigo mismo, sin relación al que antes tenía el sujeto, una de las posibilidades diagnósticas que flotan en su ánimo es el de la esquizofrenia. En esta enfermedad se presentan atormentadores contenidos mentales, o alucinaciones de tema monstruoso y terrorífico, que a veces el enfermo representa en sus dibujos o pinturas. Ésta es la explicación de que algunos médicos, y entre ellos los españoles Blanco Soler [20] y mi padre, Antonio Vallejo-Nájera,[21] se hayan inclinado, ante la «disociación» de la obra de Goya, a partir de 1794, y las características formales de una parte de ésta —que el mismo autor parece insinuar es producto de transitoria insania en frases como «El sueño de la razón produce monstruos»—, hacia el diagnóstico de una esquizofrenia leve, con tres brotes o reactivaciones de la enfermedad, con su período de apatía en la fase inmediata y otro a continuación de actividad frenética, sin deterioro global de la personalidad.

Tengo que disentir de estos dos queridos y admirados maestros y de otros muchos que como ellos piensan. El estudio de numerosos artistas que han padecido esta psicosis me ha llevado a la convicción de que o no afecta a su expresión plástica o la interrumpe o la deteriora profundamente. Una esquizofrenia lo suficientemente grave como para producir tan clara modificación en el modo de pintar habría alterado también sustancialmente la personalidad toda del pintor, lo que no acontece en el caso de Goya. La esquizofrenia produce fijaciones, estereotipias, amaneramientos; no originalidad e innovación creadora. Una forma de esquizofrenia con desdoblamiento de la personalidad, o «doble personalidad simultánea», que explicase el incongruente y paralelo modo de trabajar en dos estilos a través de una motivación patológica, habría de acompañarse de la misma dualidad en el comportamiento cotidiano del artista, como si fuese dos personas distintas. Nada de eso ocurre.

Los nuevos temas que ocupan al pintor surgen de su propio quehacer profesional, no de enfermedad alguna. La primera serie «monstruosa», la de las *Brujerías para la Alameda de Osuna* (1797-1798), es obra de encargo, y corresponde a las extravagancias de moda entre los «ilustrados» de la época. Un año después comienza los *Caprichos*, y el hecho de que no los hace sólo para solaz interno o descargo de tensiones intrapsíquicas se demuestra por el verdadero lanzamiento comercial con que los presenta. Que corresponden al gusto de la época queda bien probado por la venta, que pondera en la carta con que ofrecerá a Carlos IV el regalo de las planchas.[22] «... No se vendieron al público más que dos días, a onza de oro cada libro, se despacharon veintisiete libros. Pueden tirar las láminas cinco o seis mil libros. Los extranjeros son los que más las desean, y por temor de que recaigan en sus manos después de mi muerte, quiero regalárselas al Rey mi Señor para su Calcografía...» Allí siguen, y no veo en todo ello el menor vestigio de un comportamiento esquizofrénico.

Otro diagnóstico frecuentemente atribuido es el de la sífilis. Siendo ésta una enfermedad temible, en ella, durante siglos, «el remedio peor que la enfermedad» ha tenido una amenazadora presencia. Muchos de los tratamientos empleados, especialmente los de las grandes dosis de mercuriales, producían graves envenenamientos, con lesiones importantes o la muerte como final, aunque como con humor patibulario se ha comentado «los enfermos morían curados». Piensan algunos que esto casi pudo suceder a Goya en Sevilla, y que ante su gravedad se le trasladó a Cádiz, donde tardó meses en mejorar. De la sífilis, en todo caso quedó efectivamente curado; no se aprecian vestigios en los casi cuarenta años de supervivencia; y sí pudieron ser de envenenamiento mercurial por el famoso «Ungüento Napolitano» muchos de los síntomas que desde Cádiz nos refieren. De aquí la comentada «poca reflexión» como origen de los males de Goya, que, aun de tener esta etiología humillante, no suponen una vida depravada; simplemente pueden derivar de una caída ocasional, ante la que muy pocos podrían atreverse a tirar la primera piedra.

Durante su grave postración perdió Goya la audición y el equilibrio. Ambos sentidos tienen próximo emplazamiento en el oído. No se recuperó jamás de la sordera, pero sí afortunadamente de la pérdida de la estabilidad y de los vértigos, que le hubiesen impedido pintar. Aunque el propio Goya habla de su «apoplejía», nada hace suponer que haya tenido una hemiplejía. La palabra apoplejía tenía entonces distinto significado.

Que la laberintitis fuese de origen sifilítico, o de otra causa, y acentuada por su envenenamiento (del que ahora discutiremos otra posibilidad) o tuviese otra etiología, no puede dilucidarse con precisión.

La última modalidad interpretativa del episodio patológico, defendida por el psiquiatra americano Niederland,[23] es la del envenenamiento por el plomo contenido en sus pinturas, cuya afectación del cerebro tiene un precioso nombre, «encefalopatía saturnina», pero de terribles consecuencias, alguna de las cuales coincide con las que Goya padeció. También de este diagnóstico disiento por dos órdenes de motivos. Primero, por la propia sintomatología, que de haber sido de tal intensidad y debida a una intoxicación saturnina, tenía que haber provocado los demás síntomas que la acompañan: convulsiones, excitación, delirio; síntomas que por su carácter llamativo habrían sido mencionados por Martínez, y tenían que haber dejado además secuelas permanentes de parálisis, paresias y deterioro mental, incompatibles con la precisión de pulso y agilidad mental que Francisco de Goya sigue manifestando hasta su tardía muerte.

El otro argumento se basa en que se conocen las facturas del droguero que le enviaba los materiales para pintar, y en ellas se incluyen cantidades importantes de albayalde, carbonato de plomo blanco, utilizado como pigmento de ese color y muy tóxico, especialmente por inhalación, la cual produce con facilidad al molerlo.

¿Por qué entonces descartar esta posible encefalopatía saturnina? Precisamente porque esas facturas se conservan junto a otras: las del operario encargado de moler los colores y con el polvo mezclar los aceites para las pinturas de Goya.

Este hombre se llamaba Pedro Gómez, y a él dedica Goya gran número de cartas, informes, memoriales y expedientes, curiosa mezcla de generosidad y tacañería. Goya, que evidentemente está hastiado de la tarea de hacer cartones para los tapices, aprovecha la enfermedad para eliminar parte de los compromisos contraídos, y después ciertos aspectos de la tarea. Logra con un memorial librarse de hacer los «adornos», pues escribe que «por haberse ejercitado únicamente en lo historial y de figuras, desconfía poder desempeñar en lo concerniente a adornos por no haberlo hecho jamás», y logra encargar esta tarea a «pintores adornistas, dándoles las mejores ideas».[24] Con éstas y previas triquiñuelas va abandonando la Real Fábrica, y como consecuencia se decide en ella no pagar el salario al «moledor de colores», el mencionado Gómez. Como Goya lo sigue utilizando y no desea pagarle, intenta a toda costa conservar para el «moledor» el sueldo estatal, y a este fin dirige multitud de escritos, alguno verdaderamente conmovedor, como el memorial de octubre de 1797. «... Se han detenido por el señor Controlador los jornales... del pobre moledor, que hace treinta y seis años que sirve en este ejercicio ... y se halla en avanzada edad sin tener otro auxilio para su subsistencia...» Como el desgraciado Pedro Gómez precisa comer para subsistir, y Goya a él para que le prepare los colores, decide pagarle los seis reales de jornal (por día de trabajo), hasta que se los saque a las arcas reales, lo que tardó casi dos años y multitud de papeleo en conseguir, mezclando en las peticiones, a las desgracias del operario, las suyas propias: «... y como hace seis años que me faltó de todo punto la salud, y especialmente el oído, hallándome tan sordo que no usando de las cifras de la mano no puedo entender cosa alguna, por lo que no he podido ocuparme en cosas de mi profesión, motivo por el que no se me han abonado los jornales que he satisfecho semanalmente al moledor, que me ha asistido, desde hace veintisiete meses y serme sumamente necesaria su asistencia...», 22 de marzo de 1798.[25] Pese a tan evidentes contradicciones, y a que es pública su gran actividad profesional (menos en la Real Fábrica), consigue al fin le reintegren los jornales adelantados al «pobre moledor», quien durante todos estos años, y los muchos que lleva de profesión, sigue gozando de buena salud. Si el material empleado por Goya era tan tóxico, ¿cómo no se envenenó más intensamente el encargado de su molienda, tarea más propensa a los accidentes por inhalación?

Que durante los meses de sufrimiento, incapacidad e iniciación de la sordera pasó por una etapa de melancolía, no cabe duda. Él mismo así lo manifiesta. La matización diagnóstica de si se trató de una depresión endógena, independiente de los acontecimientos de su vida, de base constitucional, y en la que, por tanto, la enfermedad orgánica, con la que coincide, actúa solamente como factor desencadenante, importa poco, pues motivos sobrados tiene para una «depresión reactiva», lógica respuesta a lo desesperanzador de su situación. Tanto si pasó por una fase endógena, como si ésta nunca existió, es lo cierto que en los años siguientes se percibe un estado de ánimo de tipo melancólico hipocondríaco, comprensible en su deterioro físico y el terrible impacto psicológico de la sordera total.

Repercusión de la enfermedad en la obra

Ésta es la parte esencial de mi comentario. El enfermar de Goya sólo tiene importancia para la posteridad si modificó la naturaleza de su expresión artística, y mucho más si logró potenciarla.

Hay que diferenciar aquí dos posibilidades: 1) La enfermedad, por acción directa sobre el cerebro (esquizofrenia, intoxicación o depresión endógena), variando su función y a través de ella la percepción del mundo y del yo, con o sin alteración del estado de ánimo, crea nuevos cauces para su arte. Ésta es la opinión de casi todos los médicos que han estudiado el «caso Goya», no la mía. 2) La enfermedad actúa simplemente como crisis vivencial, modifica el curso y circunstancias de una vida, y a través de estas mutaciones se operan otras en el ánimo e intereses de la persona. A esta interpretación me adhiero.

Resulta, pues, indiferente que la enfermedad de Goya haya derivado de sus tratamientos con mercuriales, o del envenenamiento accidental con el plomo del albayalde, de una neurolaberintitis luética, o de cualquier enfermedad somática acompañada de neuritis, o que haya tenido episodios psicóticos transitorios. Ninguna de estas enfermedades puede haber tenido un efecto potenciador o modificador del talento de Goya. Ya lo hemos argumentado para la esquizofrenia. Las intoxicaciones pueden ser leves y pasajeras, en cuanto afectación del cerebro, y producen entonces sólo los síntomas llamados «irritativos» del tipo de alucinaciones o estados confusionales, que curan sin trastornos residuales, y por tanto sin posible efecto en el modo de pintar. Si el envenenamiento es grave, se produce una destrucción de neuronas; estas células (que son la base corporal de la inteligencia, entre otras cosas) no se regeneran, y queda entonces el cerebro definitivamente disminuido en su función, y si el artista es capaz de seguir creando, lo hace siempre a un nivel inferior al que tenía, en proporción directa con la intensidad del daño cerebral. Si padeció un envenenamiento, fue de la modalidad que afecta preferentemente a los pares craneales (sordera, vértigo, etc.), y nervios periféricos (parálisis del brazo de la que curó sin residuo), y no del tipo de impregnación tóxica de las células cerebrales. No puede hablarse de una genuina «encefalopatía saturnina», o mercurial, como se pretende. Sí puede haber tenido, y probablemente padeció, formas más leves de intoxicación, como ocurre a tantos pintores, especialmente a los de brocha gorda, y, como ellos, haber sufrido «cólicos saturninos», y otras molestias digestivas, que seguramente afectaron al «pobre moledor de colores», quien debió tomarlas como acompañantes inexorables de su oficio y por ello no se les hace referencia en ningún documento.

¿Qué explicación tienen los períodos de actividad frenética que siguen a cada agravamiento de la enfermedad y al consiguiente período de desgana en la convalecencia? Kretschmer demostró que existe cierta correlación entre la estructura corporal (biotipo) y el temperamento (psicotipo). Según su clasificación, Goya quedaría encuadrado corporalmente entre los pícnico-atléticos. Le correspondería por tanto, tener oscilaciones espontáneas del estado del ánimo, entre los polos tristeza-alegría, hiperactividad-inhibición. En las personas así predispuestas, es muy frecuente una fase depresiva tras cada enfermedad somática, especialmente las infecciosas o tóxicas, y por la oscilación pendular pasan después a las de hiperactividad. Esta hipótesis ya explicaría los ciclos de Goya, pero es sólo eso, una hipótesis y también puede encontrarse otra más sencilla: el deseo de recuperar el tiempo perdido y poner en función la energía renacida. H. Gardner, en un reciente y magnífico estudio sobre las artes y el desarrollo humano,[26] divide los artistas según domine la inspiración o la disciplina, y aquellos —como Goya— en que surge un estilo propio fuera de la tradición suelen tener un predominio de la inspiración, la capacidad de aprehender conjuntos, y de elaborarlos mentalmente como una unidad, en iluminación casi repentina. A Goya le surgen los cuadros como a Mozart las melodías, elaborados en su integridad, sin necesidad apenas de corrección. Este proceso tiene su gestación interna, y una vez integrado mentalmente el nuevo esquema aparecen explosiones de actividad creadora.

Interpretación vivencial

Si la famosa enfermedad no explica el cambio a partir de los cuarenta y cinco años, ¿a qué se debe éste? En parte a la enfermedad. ¿No acaba de decirnos lo contrario? No del todo. La enfermedad no es significativa en la evolución de Goya como proceso patológico, pero sí lo es como acontecimiento, como tragedia; del mismo modo que lo sería la ruina o pérdida de los seres queridos. No es necesario enfermar de la mente para que se produzca un profundo cambio psicológico. Continuamente vemos en nuestro alrededor alguien con un cambio profundo en sí mismo y en el enfoque de la vida tras una crisis existencial, sea ésta grata o trágica, enamoramiento correspondido o gran desengaño, conversión, iluminación, encumbramiento o desastre. No siempre es coherente el cambio anterior con los avatares de la fortuna, muchos se han encontrado a sí mismos, y a un cambio hacia la felicidad, tras una frustración que les hace mutar la escala de valores. No es el sendero de la bienaventuranza el que encuentra Goya al despejarse la nebulosa del torpor de su mente y sentidos durante la enfermedad, pero sí es el camino hacia la cumbre, a que su genio aún no plenamente en función le tenía predestinado. Existen genios precoces y otros de floración tardía. A éstos pertenece Goya.

Conviene desenmarañar un primer equívoco. El que la etapa tardía de Goya sea una de las cumbres de la historia de la pintura no significa que la previa tenga ese tinte de mediocridad que por contraste se le pretende atribuir, «como

Maquiavelo, más que un hombre, es un símbolo de malignidad y astuta perversión, fría crueldad, rapiña despiadada... Tremendo error de perspectiva histórica.

Del esplendor de aquella Córdoba de más de medio millón de habitantes dieron reiterado testimonio las sucesivas embajadas que de otros países fueron llegando y por todo el mundo esparcieron noticias de las maravillas que rodeaban a Abderrahman III. (Aquí, el arruinado salón de su nombre en Medina Azahara.)

Los pocos encargos de cuadros que recibía Hugo van der Goes partían de canónigos, comerciantes o extranjeros. Su principal obra, el «Tríptico Portinari» (en el grabado), **fue encargado para el panteón de esta familia florentina por uno de sus miembros.**

A la llegada de los Comuneros a Tordesillas, Juana «la Loca» está en fase de alivio de su dolencia. Recibe al jefe de los sublevados, Juan de Padilla (en la imagen), **y a sus demandas de ayuda le contesta con discursos vagos, pero aparentemente bien concertados.**

Los desmesurados cuernos que la Diana abraza (en «La ninfa de Fontainebleau») **fueron aumentados deliberadamente, pues representan los que al marido de la modelo iba poniéndole Benvenuto Cellini.**

La primera obra que nos deslumbra al entrar en el Museo del Prado es de Leone Leoni. La maravillosa estatua de Carlos V, conocida con el nombre de «El emperador con el furor a sus pies», existe de puro milagro. La mano que la esculpió estuvo a punto de ser cercenada, acusado Leoni de falsificar moneda.

En «La degollación del Bautista» (el «cuadro del siglo», al decir de sus contemporáneos del XVII) **la postura del verdugo no es la de «un funcionario que ejecuta», sino la de un luchador que derriba, sujeta y vence. Es como si Caravaggio «no pudiese» pintar lo que no ha visto. Lo que «ha visto» se ciñe en demasía a gestos y aptitudes de los rufianes de taberna que él tan bien conoce.**

«Castrato» de singular nobleza, intendente de teatros y espectáculos, caballero de Calatrava (la flordelisada cruz de su blanco manto lo atestigua), **omnipotente en los negocios de la corte de Fernando VI** (su imagen, en el espejo oval, junto a la de doña Bárbara de Braganza), **este honrado Farinelli tratará, con su voz, de mitigar la pena del rey enajenado que sólo sobrevivirá un año a la desaparición de la esposa amada.**

Que Constanza (a la izquierda) **ejerció sobre Mozart** (a la derecha) **un notable atractivo físico hasta el último momento resulta indudable por las afirmaciones epistolares. Pero en la lucidez que la intuición del próximo fin parece traer consigo, muestra el compositor haberse percatado de la limitación intelectual de su esposa.**

Otro tópico predilecto es el de la actitud crítica de Goya, la mordaz ironía y desprecio que se trasluce en la estructuración espacial de «La familia de Carlos IV», en que los personajes aparecen «fijados con indecible crueldad», marcando el pintor el matriarcado de la reina con su colocación en el centro. Pero hemos de hacer una consideración psicológica: las familias «se colocan» por sí mismas, independientemente de cómo el artista las reparta.

El 28 de julio de 1856 se extinguía Roberto Schumann (a la izquierda). **Días antes, en una momentánea iluminación de las tinieblas que ciegan su mente, ha reconocido, sonreído y abrazado a Clara** (derecha). **Ésta, secándose las lágrimas al salir de la habitación, exclama: «No cambiaría este abrazo por todos los tesoros del mundo.»**

«Hay que verle —anota José d'Ortigue tras asistir a un concierto de Liszt—, **la melena flotante, lanzar sus dedos de un extremo a otro del teclado, al encuentro de la nota que estalla con un sonido estridente o argentino, como una campana golpeada por una bala. Hay que ver su fisonomía radiante e inspirada, la mirada terrible que lanza a veces sobre el auditorio, con la que le embriaga, fascina y espanta...**

El 27 de julio de 1890 Vincent se dispara un tiro al corazón. La bala, desviada por una costilla, se aloja en el tórax y Van Gogh morirá al cabo de 48 horas. El revólver se lo había pedido a su posadero Ravoux para «espantar los cuervos que tanto le molestaban pintando en el campo». (Tal vez éstos del «Paisaje de un trigal con cuervos».)

No fue sólo Rusiñol el núcleo de la vida bohemia y artística en su versión más simpática, sino que su magnetismo personal fue capaz de atraer hacia Sitges, a su casa-museo del Cau Ferrat (en ella, unos amigos y Rusiñol, con sombrero), **a músicos, actores y literatos de toda Europa.**

Poseía Nijinsky una ilimitada capacidad de expresión mímica: con gestos podía hacer comprender y sentir cualquier cosa. En ello se basa uno de los secretos de su increíble fuerza de irradiación emocional desde el escenario. En cambio, quedaba cortado cuando había de responder con palabras.

El carácter inmodificable del pensamiento paranoide de Hitler, y el ser éste compartido por sus seguidores fanáticos, no dejó a los militares otra alternativa que el famoso atentado. Nunca una sola muerte hubiese podido salvar tantas vidas. No lo quiso así el destino. (En la foto, estado en que quedó la sala de juntas de Rastenburg tras estallar la bomba allí colocada por el coronel Von Stauffenberg.)

Rudolf Hess (a la izquierda) **hubiera quedado como figura secundaria del Tercer Reich si no fuera por su intento, entre heroico y demencial, de conseguir con su intervención personal la paz con Inglaterra. Para lo cual emprendió su famoso vuelo a Escocia el 10 de mayo de 1941** (abajo, restos de su ME 110 tras el difícil aterrizaje cerca de Dungavel).

En vísperas de la crisis de Suez, en el verano de 1956, Eden estaba tomando estimulantes anfetamínicos y, para colmo, padeció uno de sus cólicos hepáticos; por lo que la suma de analgésicos y espasmolíticos tuvo que producirle cierto embotamiento intelectual. (Caricatura australiana de la época. Eden aparece caracterizado como un ridículo imitador de Churchill.)

sus maestros o contemporáneos». Previos a la enfermedad son el retrato de *Los Duques de Osuna con sus hijos* (Prado), el de *Manuel Osorio Manrique de Zúñiga* (del Metropolitan de N. Y.) de supremo encanto y *La pradera de San Isidro* (del Prado), ¿cuándo ha hecho algo remotamente similar un pintor «secundario»? Abandonemos pues el mito del incremento de facultades tras la crisis del 93, el talento existe en toda su plenitud, lo que comienza es a utilizarse de otro modo y en gracia a la prolongación de su vida a cargarse de sabiduría.

Desde la remota llegada a Madrid, Goya ha sido, en cierto modo, víctima de su propio triunfo. Ha trabajado constantemente «de encargo». Por vez primera la enfermedad de 1793 le obliga a una larga pausa y a reflexionar; a reflexionar bajo las recientes premisas de un nuevo mundo, el de su sordera atroz y definitiva. El aislamiento permite una visión en perspectiva; por eso tantas obras importantes se han escrito desde la cárcel, y en la cárcel, y en la prisión de su aislamiento sensorial ha de trabajar ya para siempre. Sólo quien ha padecido una afección aparentemente tan banal (de nombre casi culinario) como el vértigo de Ménière sabe del tormento e inseguridad que supone, con náuseas y pérdida del equilibrio, y mareo en tierra firme que imposibilita para toda actividad. Ya vemos cómo Goya se goza en volver a bajar las escaleras, y después en poder, poco a poco, pintar. Aquí surge la revelación. No habiendo aún recuperado plenamente el pulso, la precisión visual y demás facultades imprescindibles para el nivel de perfección artesana sobre el que siempre ha montado previamente el edificio de su arte, ha de permitirse licencias, para ir «ensayando». Por eso los cuadros que presenta a Iriarte, «... en que ha logrado hacer observaciones a que regularmente no dan lugar las obras encargadas, y en que el capricho y la invención no tienen ensanches». «Protéjalos V.S.I. y protéjame a mí...». En cuanto se disipa el palpable temor con que los presenta, un nuevo mundo de posibilidades plásticas se abre a quien le acaban de estrechar las de comunicación humana. Goya, pintor de vocación, que como nos decía Ortega «le posee a él», se convierte en poseso de su vocación. Ha saltado de la vocación al experimento creador, y con él la pasión de crear, devoradora, irrefrenable como todas las grandes pasiones. Éste es el trampolín con que puede dar el salto del talento al genio.

Lo asombroso no es que Goya, en una constante progresión de libertad y osadía creadora, pinte así. Lo casi inconcebible es que simultáneamente siga haciéndolo también al modo anterior. Una gran parte de su obra última está hecha evidentemente para su propia satisfacción, pero también sigue sabiendo complacer cuando se lo propone, y lo hace con frecuencia. Es difícil aceptar la simultaneidad de las *Pinturas negras de la Quinta del Sordo* (1821-1823 el *Saturno*) con otras del tipo del retrato de *Don Sebastián Gabriel de Borbón y Braganza* (1822), que, con mayor sabiduría y ligeras variantes del oficio, podría atribuirse al mismo autor cuarenta años atrás. La inconcebible agilidad mental necesaria para saltar sobre el abismo que separa estas dos obras sería motivo de pasmo a cualquier edad y es testimonio de la juventud espiritual de este anciano de casi ochenta años. De aquí la absoluta injustificación de la maniobra, tan falsa y tan repetida, de contrastar las pinturas «negras» con las de los tapices y querer «demostrar» la división de vida y obra de Goya en dos etapas.

Posiblemente fue útil también la enfermedad de 1793 en anticipar algo que va a ser evidente en Goya: la «prisa» por crear, en parte derivada de la vivencia de muerte inminente. *El Arte es largo y la vida breve...*, reza el Juramento Hipocrático, y esta sensación de estar compitiendo en una carrera desesperada con la muerte inevitable, la necesidad de llegar antes a una cierta etapa de la creación hace ir tirando por la borda el lastre inútil y entorpecedor de lo accesorio, y así, y generalmente sólo así, los genios alcanzan el núcleo esclarecedor de lo esencial. El mismo fenómeno de prisa sublimadora encontramos en otros pintores de fecunda ancianidad, como el japonés Hokusai, que pasados los ochenta exclama: «Qué lástima morir ahora que estoy empezando a comprender», o el Tiziano de la deslumbrante sobriedad en la etapa final.

Es una satisfacción comprobar que Goya, pese a su proverbial mal genio y las disforias irritables, disfruta en alas de la ilusión creadora de momentos de gozo hasta el final. En la última carta a su hijo, del 1 de abril de 1828, le dice: «Querido Javier, no te puedo decir más que, de tanta alegría, me he puesto un poco indispuesto y estoy en la cama...» En ella morirá días después. Pocos meses antes lo ha hecho en singular coincidencia histórica, Beethoven, el otro gran sordo con quien está en deuda la humanidad.

BIBLIOGRAFÍA

1. *Goya*, ed. Noguer-Rizzoli, serie «Clásicos del Arte», Barcelona, 1975.
2. Freedman, Kaplan, Sadoch: *Comprehensive Textbook of Psychiatry*, Ed. Williams Wilkins, Baltimore, 2 vols., 1975, páginas 2.464-2.467.

3. Niederland, William, G.: *Psychiatry and the Creative Process*, en Freedman, etc., pp. 2.464-2.465
4. Canaday, J.: *Goya and Horror*, Horizon, 10:90, 1968.
5. Ortega y Gasset, José: *Goya*, ed. Rev. de Occidente, col. El Arquero, 1958, 2.ª ed. 1966.
6. Ortega, loc. cit. pp. 22-24.
7. Ortega, loc. cit. p. 82.
8. Carderera, V. *Biografía de Francisco de Goya*, El Artista, Madrid, 1835.
9. Zapater y Gómez, F.: *Goya, noticias biográficas*, Zaragoza, 1868.
10. Angelis, Rita de: *Goya*, ed. Noguer-Rizzoli, Barcelona, 1975, p. 5.
11. Ezquerra del Bayo: *La Duquesa de Alba y Goya*, «Estudio Biográfico-Artístico», Madrid, 1928.
12. Storr, Anthony: *The Dynamics of Creation*, Pelican Books, 1976, p. 223.
13. *Goya* de Noguer-Rizzoli, Barcelona, 1975, p. 115.
14. Ortega, loc. cit., p. 81.
15. Goya, F. de: *Memorial o instancia de D. Francisco de Goya a D. Gonzalo de Vilches, es solicitud de que se procediera a su purificación*, Madrid, 4-XI-1814.
16. Sambricio, Valentín de: *Los Tapices de Goya*, ed. Patrimonio Nacional Madrid, 1946, p. CLI.
17. Goya, F. de: «Carta de Goya a D. Miguel Cayetano Soler, rogándole transmita al Rey su deseo de ofrecerle *La obra de mis Caprichos, consta de ochenta láminas grabadas...*, Madrid 7-julio-1803.
18. Goya, F. de: *Carta a D. Manuel de Cubas*, del 17-1-73, hoy en la col. del Marqués de Casa Riera.
19. Martínez, Sebastián. Estas dos cartas de Sebastián Martínez, del 19 y 29 del III-1793, pertenecen a la col. del Marqués de Casa Torres.
20. Blanco Soler, Carlos: «Goya en su enfermedad y en su arte», conferencia incluida en el vol. *Recuerdo de España en Filipinas*, ed. Cultura Hispánica, Madrid, 1949.
21. Vallejo-Nájera, Antonio: *Locos Egregios*, Salvat, 2.ª ed., Barcelona, 1953, pp. 312-315.
22. Sambricio, loc. cit., p. CXLII.
23. Niederland, W. G.: *Goya's Illness*, N. Y. Estate J. Med., 72; 413, 1972.
24. Sambricio, loc. cit., p. CXXXIV.
25. Sambricio, loc. cit., p. CXXII.
26. Gardner, Howard: *The Arts and Human Development, Ed. Wiley-Interscience*, N. Y., 1973, p. 278.

SCHUMANN Y LISZT

Robert Schumann (1810-1856) es uno de los principales exponentes de la música del Romanticismo. El primer gran compositor de su tiempo, con sólida formación literaria, especialmente en el mundo de la poesía, aporta un aroma lírico, que perfuma también su matrimonio con una mujer excepcional, Clara Wieck. Unión perfecta de artistas que irá más allá de la muerte, pues Clara, en los cuarenta años que sobrevivió a su esposo, fue la intérprete ideal y principal difusora de su obra. Schumann, junto a Van Gogh, es el más claro ejemplo de sublimidad en la creación artística, entre los episodios de una grave enfermedad mental. Tras un período de alucinaciones y delirio, y el frustrado suicidio en el Rhin, Schumann ingresó en un manicomio, donde murió dos años después.

Franz Liszt (1811-1886), con su magnética personalidad, ejerce una gran influencia sobre todo el mundo musical de su tiempo. Se utiliza a Liszt en este relato para ambientar el clima psicológico en que se mueven intérpretes, compositores y el espectador melómano de su época.

Al terminar el concierto, parte del público, enloquecido, se lanza al estrado. Arrancan las cuerdas del piano para llevárselas como recuerdo, y con el mismo fin se disputan los jirones en que van desgarrando los guantes del artista. No, no es un festival de hoy, de música *pop* ante jóvenes embriagados con tóxicos psicodélicos. Son los apacibles ciudadanos de una tranquila ciudad europea, Mulhouse, en los años treinta del pasado siglo. El intérprete, Franz Liszt.

En una gira contemporánea por España, nuestros compatriotas muestran el mismo entusiasmo, pero mucha mejor educación. En Madrid se acuña una medalla de oro en su honor, tras diez conciertos de éxito delirante, y en Córdoba, sin duda por un reflejo condicionado procesional, hacen que un carro con seis caballos blancos llevando su piano preceda al virtuoso.[1]

Acaba de «inventarse» el nuevo tipo de ídolo de las multitudes: el virtuoso del instrumento. Hasta entonces sólo interesaron los del canto. Las acrobacias vocales de la «prima donna» y del «primo uomo» arrebataron a las masas durante el siglo XVIII, culminando la adoración colectiva en esa extravagancia musical, el soprano masculino, el «castrato», de los que Farinelli, tan ligado a España, fue el máximo representante.

Otro sorprendente fenómeno humano y musical ha precedido a Liszt, Paganini. En su primer encuentro en 1831 deslumbra a Liszt, como va haciendo con toda Europa. Circula la leyenda, muy del gusto literario del momento, de que una técnica inconcebible, tan sobrehumana, sólo puede derivar de un fáustico pacto con el diablo. Paganini, complacido con el papel que hoy llamamos de «monstruo sagrado», fomenta la impresión demoníaca, acentuando los rasgos torvos de su figura espectral y lúgubre atuendo.

Habrá que estudiar el porqué de la atribución satánica a las acrobacias musicales de la época. Recuérdese, por ejemplo, el apodo de «El trino del diablo», con que se conoce la sonata en sol menor para violín de Tartini, y otros casos similares.

Liszt, en comprensible emulación, poseyendo facultades mecánicas asombrosas, se lanza a una verdadera orgía de acrobacias del teclado, de las que más tarde se avergonzará, considerándolas propias del «oficio de payaso» y atracción pública.[2]

Como consecuencia de las actuaciones de estos colosos de la ejecución musical, surge en Europa una singular psicosis colectiva, un nuevo modo de acercarse a la música. Leyendo las críticas de la época, he llegado a la conclusión de que esos públicos enardecidos no iban a *oír* la música, iban a *verla*.

Repasemos la crónica de José d'Ortigue de uno de los conciertos de Liszt. No refiere con preferencia impresiones auditivas, sino visuales: «... Hay que verle con la melena flotante, lanzar sus dedos de un extremo a otro del teclado, al encuentro de la nota que estalla con un sonido estridente o argentino, como una campana golpeada por una bala; sus dedos parecen alargarse y encogerse por un resorte, y a veces separarse de sus manos. Hay que ver sus ojos sublimes alzarse al cielo, para buscar allí la inspiración y luego volverse melancólicos a la tierra; su fisonomía radiante e inspirada, como la de un mártir que se dilata en el júbilo o la tortura; la mirada terrible que lanza a veces sobre el auditorio con la que le embriaga, le fascina y le espanta, y esa otra, mate, que se extingue privada de luz; hay que ver la alillas de su nariz, hincharse para dejar paso al aire que escapa de su pecho en oleadas tumultuosas, como las de un corcel que vuela en la llanura...»[3]

El lector estará pensando que crónicas como ésta son fruto del encargo a un escritor o periodista, que más seguro de sus aciertos literarios que de los conocimientos musicales, se ampara en malabarismos con los primeros para enmascarar la inseguridad en los últimos. Ya sería importante, pues el público percibirá preferentemente lo que el crítico le ha dicho, lo que ya espera. Muy de moda está hoy la crítica al crítico y una actitud desdeñosa hacia su opinión, mas la que vamos a reproducir ahora es la del mejor de su tiempo, el que fue despedido en 1830 de la *Gaceta Musical*, por un elogio clarividente, pero que pareció excesivo hacia un nuevo valor, Chopin. El crítico se llama Robert Schumann, y nos dice de un concierto de Liszt:[4] «... El aliento mismo del genio se puede experimentar, pero no describir. Imaginad un ser delgado, estrecho de hombros, de cabellos caídos sobre el rostro y el cuello, un rostro extraordinariamente espiritual, movido, pálido, interesantísimo; unos ojos que traducen todas las expresiones... y tendréis una idea de Liszt... Pero cuando se sienta al piano pasa sus manos por sus cabellos primero, luego fija la mirada, su busto se tranquiliza y sólo la cabeza y la expresión del rostro indican los sentimientos que experimenta. Es imposible hacerse una idea de este juego: hay que haberlo visto.»

Si un músico y musicólogo del talento de Schumann lo valora, es que tiene importancia. Ningún crítico actual se atrevería (todavía) a un relato similar, pero esta reflexión histórica me ha hecho notar lo que está pasando inadvertido: que existe una tendencia actual a volver a potenciar la emoción musical con lo que en teatro se llama expresión corporal. Posiblemente la moda hierática en intérpretes ha sido un artificio derivado del agrandamiento de las salas de concierto, fruto del tamaño creciente de las orquestas sinfónicas y de la paralela exigencia económica de masificación de los auditorios. Con la distancia, las modulaciones mímicas y motóricas pierden efecto. Si en las críticas musicales de los últimos cincuenta años se comentan elogiosamente los movimientos de alguien sobre el escenario, se refiere invariablemente a los del director de orquesta, en quien son esenciales. Los del solista o pasan sin comentario o se censuran como una concesión a la galería. Y lo son, pero en la galería estamos todos. El arte es siempre, además, pero de un modo muy importante, una forma de comunicación. La comunicación humana, por la selección que en el proceso histórico ha tenido la depuración de los sentidos, se hace preferentemente por el de la vista. La música no puede quedar exenta por completo de este condicionante biológico. El virtuoso que nos comunica algo debe hacerlo de modo primordial con el instrumento, pero además... Un nuevo elemento influye en nuestros días al retorno a la expresión mimicomotórica del solista: la televisión. Ya hay un acercamiento al espectador, vuelve a tener impacto.

Comentando esta impresión con el director español E. García Asensio, tras meditarla, éste manifestó, que en efecto, ha notado esta tendencia, y quienes participan de ella obtienen generalmente grandes triunfos con el público. Por supuesto, la exageración de este recurso pone en peligro trocar lo esencial por lo accesorio.

Por eso, la reciente tendencia a obligar a los cantantes de ópera a pulirse como actores, las teatralizaciones posturales de los virtuosos, etc.

Otra realidad aún no desmenuzada psicológicamente es el porqué de las pésimas condiciones de actor que suelen lastrar a los grandes divos.

Retornando siglo y medio atrás, ya antes del encuentro personal, Schumann lo había hecho previamente con la fama de Liszt y Paganini. Manifestó su deseo de ser «un Paganini del teclado», y frases como las que hemos mencionado y que repetía toda la prensa europea sobre las manos de Liszt: «... sus dedos parecen alargarse y encogerse por un resorte y, a veces, separarse de sus manos...», etc., tuvieron que afectarlo, como a los demás jóvenes intérpretes de su tiempo, en quienes estableció en consecuencia el deseo de conferir a sus manos facultades prodigiosas desde el punto de vista mecánico.

En Schumann, el resultado fue trágico, e indicio de la tendencia a llevar hasta el absurdo ciertas situaciones. En 1832 (22 años), tiene la peregrina idea de independizar los movimientos del cuarto dedo y ampliar el alcance de la mano en extensión. Para ello inventa y construye un artilugio de madera, trabaja con el dedo anular sujeto y estira los demás, con tan exagerada obstinación que se disloca y anquilosa la mano derecha. Las articulaciones de los dedos son tan sensibles al dolor, que con la desdichada tendencia humana a emplear para el mal sus potenciales se han usado tradicionalmente para la tortura. Sólo un empeño bordeando la patología puede soportar el martirio a que se sometió voluntariamente Schumann. El resultado fue una catástrofe para sus ambiciones, pues hasta ese momento pretende ser un virtuoso y no un creador.

En este sentido puede interpretarse como enfermedad afortunada, como triste punto de partida para la sublimación creadora, en la misma línea que la deformidad de Pope: «Ya que mi espalda está torcida, tengo que hacer que mis versos sean derechos», o de Toulouse-Lautrec: «Con una estatura normal no me habría dedicado a la pintura.»[5] La trágica anquilosis de la mano, que lleva en doliente y estéril peregrinación de médico en médico y luego de curandero en curandero, será la fuente de que brota uno de los más refrescantes manantiales melódicos del siglo XIX.

No es la explicable depresión de Schumann tras este episodio el primer desajuste emocional de su vida, que, como es frecuente en los trastornos psíquicos, enlaza con los existentes en su familia. De su madre dicen los biógrafos que era «anormalmente sensitiva» y nerviosa. Su hermana Emilia, con signos evidentes de perturbación mental, se suicida cuando él tiene 16 años. Esta tragedia familiar ocurre durante una fase de Schumann, la primera de su vida, de lo que en la Edad Media llamaban «mal de amores».

Episodio de melancolía enfermiza asociado a una frustración amorosa, que en el caso de Schumann se debe a la virtud de Inés Carus, objeto de su primer enamoramiento, mujer casada, culta y refinada musicalmente, que le acompaña cantando *lieder*. La inmersión de Schumann en el mundo de la música es tan absorbente y exclusivista, que todas sus amistades y vinculaciones sentimentales quedarán incluidas en él.

Precede en muy pocas semanas al fallecimiento de su padre. Éste, convencido al fin del talento musical de Roberto, había decidido enviarle a estudiar con Karl Maria von Weber.

El suicidio es una forma de comportamiento contagiosa; se presentan «epidemias» no sólo en su frecuencia sino también en el modo de realizarlo (como no hace mucho la de incineraciones en vida, a imitación de los bonzos de Vietnam), y el *Werter* de Goethe dejó tras sí una oleada que aún persistía. Pero el suicidio de Emilia Schumann, como los que Roberto intentará años después, son claramente patológicos. El temor al suicidio quedará como espectro amenazador permanente en su subconsciente, en el que incide otra moda romántica, la del desdoblamiento artificial de la personalidad, la creación del *otro Yo* (*Doppelgänger*), que en Schumann llevará a la expresión bifronte en los dos personajes Florestán y Eusebius.

En el otoño de 1833, cuando parecía haber superado la crisis psicológica de la lesión invalidante de la mano, tiene su primera gran explosión de síntomas: desvanecimientos, hemorragias, respiración entrecortada, crisis de angustia, que culminan en una noche de terror en que se «siente volver loco» e intenta, para librarse del sufrimiento interior, tirarse por la ventana. Pasa unos meses aislado, indiferente a cuanto le rodea, irritable e inactivo. Cede la crisis y reanuda su vida de compositor y crítico musical, pero le queda para siempre como secuela la fobia a los cuchillos y a los pisos altos.

La novela de amor entre Clara y Roberto Schumann es una de las más hermosas que se pueden haber vivido. Tiene, en armonía con la literatura de la época, antes de llegar a la etapa feliz, varios capítulos de amargas peripecias. Ha conocido a Clara niña, en casa de su maestro de piano Wieck, de quien es hija. Aparece desde el principio en el diario de Roberto, pues en él anota todas las incidencias de su vida, pero repentinamente, aquella criatura superdotada despliega su capacidad de éxito en un viaje triunfal a París, a los 16 años, donde tras varios conciertos arrebata a quienes presencian su paso: Goethe le envía su retrato, Chopin le besa emocionado la punta de los dedos. La «niña» de Wieck ha vuelto a casa y a la presencia de Schumann, como una estrella rutilante del firmamento del que la lesión de la mano acaba de hacerle caer para siempre. Esta disparidad ante el triunfo inmediato es algo que luego deberán superar juntos gracias a la nobleza del espíritu de ambos, puesto a prueba en situaciones límite, como cuando en una gira triunfal de Clara, a la que Roberto acompaña, le preguntan delante del esposo si éste «también» es músico. Pero esto se encuentra aún muy lejos. Cuando se percatan de su mutuo amor, en el otoño de 1835, Wieck intenta apartar a su hija de esta unión indeseable.

La emoción del primer beso furtivo se palpa en la Sonata en fa sostenido, op. 11, escrita en su rememoración inmediata y que Clara llamará siempre «mi Sonata» «grito del corazón lanzado hacia mí».

Los apologistas de Schumann dan una imagen sombría del viejo profesor y sus maquinaciones, pero las maniobras del pianista están justificadas en un doble sentido: la invalidez de Schumann para la que iba a ser su profesión, y que de un modo más o menos claro el maestro percibía la enfermedad mental latente, siempre a punto de brotar en este discípulo sensitivo, absurdo y terco que se había provocado su propia ruina.

El emparejamiento de las desgracias, que según nuestro refranero nunca vienen solas, tiene especial presencia en la atormentada biografía de Schumann. Acaba de morir su madre (1836) y cuando se aferra como a única tabla de posible salvación al cariño de Clara («... ámame, ámame mucho. Pido mucho, porque yo doy mucho. Afortunadamente tu imagen radiante domina las tinieblas...»), Wieck endurece su oposición. Siguen cuatro años de pruebas y tribulaciones en que Clara muestra su temple excepcional, y Roberto alterna con las oscilaciones endotímicas de su estado de ánimo enfermizo períodos de actividad entusiasta con otros de abandono y desesperanza. En una de las fases sombrías piensa de nuevo en el suicidio, y aflora a la conciencia la intuición de la locura latente. Escribe en su diario el 1-VIII-1838: «... El martes durante todo el día y la noche han sido las horas más horrorosas de mi vida; pensaba que me iba a consumir de inquietud. Fue algo terrible. Por la tarde llegó una bondadosa carta de Clara, pero no me sirvió de consuelo. Todo volvió de nuevo, la rápida separación ("vivencia de la disolución del yo"), la angustia, como si tuviera que interpretar deprisa y corriendo ("prisa patológica"), la soledad en la gran ciudad. Un momento más y no hubiera podido soportar aquella noche. No pude cerrar un ojo... Dios me libre de morir así» (insomnio y angustia timopática).[6]

No quiso la Providencia atender su petición, y al año siguiente presenta un episodio alucinatorio, pasajero, «mientras pasea por el campo escucha un misterioso coral con trompetas», que interpreta como premonición de la muerte de su hermano Esteban, quien, efectivamente, fallece en aquellos días.[7]

Tras un envenenamiento de las relaciones, por un pleito de Roberto contra Wieck por difamación, al haberle éste acusado de embriaguez y de locura, se realiza al fin la boda en septiembre de 1840. Como en todos estos conflictos familiares, el ambiente se carga de hostilidad y amargura, atizando el fuego la esposa separada de Wieck, que ve en el conflicto una ocasión favorable para herir a su esposo. De este torbellino de mezquindad y pasiones nace la unión perfecta de dos espíritus superiores y nobles, que, pese a la enfermedad, sólo la muerte será capaz de quebrar.

Como todos los timópatas, Schumann alterna períodos de abatimiento con otros de excitación, un tanto independientemente de las circunstancias que sólo sirven para desencadenar o acentuar las fases depresivas cuando con ellas coinciden, pero no para turbar los períodos de exaltación y actividad desenfrenada. Uno de ellos se presenta en el mismo año 1840: «... Desde ayer por la mañana he escrito veintisiete páginas de música de las que sólo puedo decir esto: mientras las componía reí y lloré de alegría... ¡Ah Clara, qué dicha divina escribir para el canto! Yo he estado privado de ella mucho tiempo.» Roberto compone febrilmente. En menos de un año, 136 *lieder* del total de 246 que será su aportación en este terreno.

Los trece años de entrañable y fructífera unión que van a seguir se empañan periódicamente por sus depresiones, y de modo permanente por los síntomas neuróticos que arrastra desde la adolescencia y por atisbos esporádicos de la futura locura. Son tres aspectos de la patología mental de Schumann que debemos diferenciar si queremos tener una idea clara del clima espiritual de este matrimonio de colosos de la música. Las fases depresivas de Schumann son del tipo llamado «endógeno»; no demasiado intensas, al igual que su contrapartida, las fases de euforia hipertímica. En estas últimas nunca da la sensación de un «perturbado», y la apariencia que tiene de serlo en alguna de las depresivas se debe a que en ellas se potencian los múltiples síntomas neuróticos, que en el lenguaje coloquial calificaríamos de manías, rarezas, preocupaciones y exigencias enfermizas. La evolución ciclotímica de su estado de ánimo es tan patente que algunos comentaristas como Storr[9] pretenden atribuirle toda la psicopatología de Schumann, pero muchos de los síntomas no encajan en este cuadro clínico, como las fobias a los instrumentos cortantes y a los pisos altos, muestra de la angustia timopática con temor más o menos consciente a perder la razón y atentar contra la vida. También son de tipo neurótico las irracionales exigencias de silencio absoluto, que obligan a cambiar cuatro veces de domicilio en la misma ciudad, y que dentro de la casa imponen a Clara una forzada quietud, con el sacrificio de no poder ejercitarse y temer la pérdida de facultades que les ayudarían a sobrevivir, lo que a su vez crea en Roberto, consciente de la situación, sentimientos de culpa. Sobre estos dos planos, diferentes pero entrelazados, de sufrimiento, se montan los atisbos de la futura demencia. Al regreso a Leipzig desde Rusia, viaje triunfal para Clara en que Roberto sufre el triste papel de «esposo de la artista», presenta en otoño de 1842 otra crisis de «alucinaciones que le hacen llorar y temblar». El espectro de la locura se cierne amenazador,* y tiene curiosas manifestaciones, como la carta que escribe a Hiller cuando éste, años más tarde, acaba de recomendarle para ocupar su puesto de director de los «Festivales musicales del bajo Rhin», dice así: «... Busqué insistentemente en un viejo libro de Geografía datos sobre Düsseldorf y encontré que en él se señalan como curiosidades: tres conventos de monjas y un manicomio. Los primeros me alegraron, pero el último me hizo desagradable la lectura. Te explico cuál es la relación. Hace unos pocos años vivíamos en Maxem. Descubrí entonces que la vista desde mi ventana era principalmente el Sonnenstein (un manicomio). Esta visión fue fatal para mí: me deprimió durante toda mi estancia. Y de igual forma, pienso, puede ocurrir en Düsseldorf. Debo prevenirme muy bien contra todas las impresiones melancólicas...»

Ya ha comenzado a dar muestras de suspicacia querulante y conflictos con los colegas. No incluimos entre éstos el que tuvo con Wagner, con quien no es fácil mantener la amistad, por sus desplantes, intemperancias y bravuconadas, aunque alguna sea tan graciosa como la que tuvo durante el tiroteo de Dresden: «... No te preocupes por mí, soy inmortal.» La egolatría de Wagner le hace desdeñar a todos, y unos comentarios despectivos sobre Mendelssohn apartan definitivamente a Schumann del genial impertinente. Mendelssohn, su muy querido y admirado amigo, cuya muerte va a provocar en Roberto en 1847 una nueva descompensación con alucinaciones y terrores. Posteriormente, en el definitivo enloquecer, interpretará como inspirados por Mendelssohn desde la tumba los sonidos alucinatorios que convierte en música.

Es injusto que algunos biógrafos[9] reprochen a la encantadora Clara Schumann el no haber estado, según ellos, a la altura de las circunstancias cuando en la fase de Düsseldorf comienza a enemistarse Roberto con sinceros amigos y gentes bien intencionadas, por típicas reacciones de paranoide sensitivo, que llevan a una situación progresivamente deteriorada de perseguido-perseguidor. Dice, por ejemplo, J. Alf: «La verdadera tragedia de todos los malentendidos radica en el hecho de que Clara no descubrió hasta el desgraciado fin de la estancia en Düsseldorf el alcance de los males anímicos del esposo. Incluso las irreales incursiones de su marido en el evasivo terreno de la magia con la mesa volante —según las propias anotaciones de Schumann que figuran en su dia-

* Con extraños toques de fascinación; por ejemplo, su primer *lied* sobre un poema de Shakespeare es la «Canción de un loco».

rio— deben interpretarse y tolerarse con ingenua admiración.» Pregunto yo: ¿qué más cabe que una veneración y cariño tales que enmascaran hasta las evidentes anomalías?, y, además, ¿qué hubiera podido hacer Clara?; ¿qué esperanzas podía darle la medicina entonces?

La única variante, en caso de haberse percatado, pudo haber sido una actitud conciliadora con los distanciados por las reacciones paranoides de Roberto, pero la propia Clara, por una serie de motivaciones socio-culturales, estaba mal encajada en Düsseldorf. Aquí, la vida burguesa, campechana y alegre, sin distanciamientos formalistas de clases sociales, todas entremezcladas en los coros y asociaciones musicales y acostumbrados a confraternizar (si el carbonero de la esquina tenía una excelente voz de bajo, era «figura» en el coro, en que cantaba junto al notario, y se trataban con camaradería, por imperativo de la común afición musical), era extraña a la rígida educación de la hija de Wieck, la cual, pese a su apurada situación económica, era una estrella internacional, había tenido una entrevista de dos horas con los zares, etc. De las clases sociales superiores de Düsseldorf le separaban los celos, que la colectiva admiración femenina y el descaro con que ésta se manifestaba habrían de provocar. Anota Clara en su diario al regreso de una cena en casa del doctor Muller, de Koenigswinter:[10] «Generalmente, la gente se encuentra aquí alegre cuando está reunida. Sorprende especialmente el festivo y desenfadado comportamiento de las mujeres, e incluso parece como si se desease superar las fronteras de la feminidad y del decoro... La vida conyugal aquí es más francesa, más ligera.» Tampoco entiende Clara al pueblo, y se lamenta: «Además, tampoco me encuentro a gusto aquí entre las gentes de la clase más baja. Son casi por lo general toscos, orgullosos y pretenciosos. Se consideran totalmente como uno de nosotros...»

Del 51 al 53 se suceden con frecuencia e intensidad creciente los brotes de síntomas de grave enfermedad mental, acompañados en sus intervalos por una intensificación de la labor creadora, como si intuyese que restándole aún seis años de vida, sólo le quedaban tres de alternante lucidez y capacidad de trabajo. Compone febrilmente, y contra el prejuicio de que se percibe un descenso en la calidad, es notable, por el contrario, el que hasta el final no deteriora ostensiblemente su talento musical, que sigue evolucionando hacia una consumada madurez, con logros crecientes, aun cuando él mismo intuye la pérdida progresiva del control de su psiquismo, y especialmente le angustia la vivencia del desgobierno de la actividad psíquica. Pese a ello, no persisten sólo los automatismos técnicos, de oficio (que suelen mantenerse hasta bastante avanzados los deterioros cerebrales), sino la inspiración. Es singular que nunca ha orquestado mejor que en los dos últimos grandes oratorios, tanto en evolución técnica como en inspiración. En el último, *Der Rose Pilgefahrt*, realiza innovaciones técnicas notables, como el coro de cazadores de la mitad, acompañado solamente de tres trombones y un clarinete, logrando efectos de multitud y distancia, con pinceladas impresionistas, cosa de que no fue capaz años antes en el coro equivalente del *Das Paradies und die Peri*, que queda un tanto tapado por la orquesta.

En 1851, iniciado el desarrollo sensitivo-querulante, no sólo conserva el talento musical, sino la capacidad de análisis y crítica para su integración en un texto tan complejo como el de *El Peregrinaje de la Rosa*, pues escribe al autor, Moriz Hormm, sugiriendo modificaciones: «Ciertamente se une la poesía con la música de forma idónea, e incluso me ha sugerido gran cantidad de melodías, pero el poema debería ser más corto, conservar más su dramatismo. Todo esto desde el punto de vista de la composición musical, pues estoy muy lejos de hacer tal consideración del poema como tal.» En esta carta se percibe claramente cómo cuando empezaba ya a tener una alteración patológica de las relaciones personales, las mantiene con gran delicadeza cuando aborda aspectos técnicos, como el de las competencias del autor de la música con el texto.

Horn acepta una a una todas las sugerencias, y Clara escribe en una carta cómo Schumann, «a pesar del ruido inaguantable de la calle de esta mísera vivienda, está creando cosas maravillosas».

Desde el punto de vista psicopatológico, es impresionante que conserve en los espacios interpsicóticos (los períodos de atenuación de la enfermedad) la capacidad para un esfuerzo ingrato hacia el que no siente impulso espontáneo. En muchos artistas el empuje creador es tan potente que les lleva a trabajar durante las enfermedades y tribulaciones, a veces incluso con esta sensación de «prisa en la carrera con la muerte», pero la tarea desagradable —no creadora— se suele rechazar y Schumann, contra su opinión de considerar que el soporte con un piano era suficiente, y ante la presión de amigos admiradores que le insisten en ello, acomete la instrumentación total de la obra, pese a que advierte: «Es un trabajo fatal, no ya sólo una tarea penosa, sino falta de interés, pues cuando termino algo, ya no me interesa más y se convierte en mí en una cosa independiente de la que ya no deseo ocuparme. Debo esforzarme más.»

La sensacional instrumentación de *El Peregrinaje de la Rosa* queda como un monumento a la capacidad de superación de un hombre genial minado por el desmantelamiento psicótico de la personalidad.

Se acerca el final tempestuoso. Comienza la entrega obsesiva a sus actividades ocultistas. Interroga a los veladores, de los que afirma que «lo saben todo»; le persiguen alucinaciones auditivas que en ocasiones le llevan a la convicción de que Mendelssohn y Schubert le dictan desde sus tumbas melodías sublimes, y que por ello todos le envidian y persiguen. De estos meses son los pleitos con los patrones de la orquesta, de los que Clara escribe, sin entender aún la valoración enfermiza que de ellos hace Roberto: «¡Qué pena no poder evitar a Roberto esta amargura! ¿Qué no habría dado por marcharnos de aquí? Pero cuando se tienen seis hijos no es tan fácil...» La amargura la hubiese llevado Roberto con él, pues estaba enclavada en su cerebro, y de los seis hijos pronto tendrá que cuidar Clara, ella sola y para siempre con ejemplar solicitud.

En febrero de 1854, apenas tiene intervalos lúcidos, que aprovecha inmediatamente para sentarse a componer o escribir. La noche del 10 la pasa entera escuchando extraños acúfenos (alucinaciones auditivas no verbales de ruidos), dominando un sonido, un *la*, que le produjo un «maravilloso sufrimiento». El día 20, junto a las alucinaciones auditivas, tiene otras visuales, complejas, escenográficas; se cree sucesivamente rodeado de ángeles que le dictan melodías maravillosas, o de fieras salvajes dispuestas a destrozarle. Pasa del éxtasis al terror confusional. Despejado al día siguiente, intenta serenarse al piano, pero consciente de la pérdida del control de sí mismo y temiendo un nuevo episodio en que pueda agredir a su mujer (embarazada), suplica a Clara que le abandone. Un par de días después, intenta irse al manicomio (al que tanto terror intuitivo tenía desde años atrás), pero es de noche y no puede entrar. El día 27, sale de su casa y se tira al Rhin, no se sabe si en un impulso automático de su locura o para librar a Clara de las consecuencias de ésta. Le salvan unos pescadores.

En un importante trabajo sobre la enfermedad de Schumann, Slater y Mayer[11] discuten la habitual interpretación como esquizofrenia hebefrénica, alucinatorio delirante. Plantean la interpretación del padecer de Schumann como una psicosis maniaco-depresiva. Ya hemos argumentado que los síntomas desbordan este encajamiento diagnóstico, y se acercan más a lo que López Ibor llama «timopatía ansiosa», por combinación de síntomas endotímicos con otros psicógenos que se potencian en las fases depresivas.

Períodos contradictorios de actividad e inspiración, con otros de abatimiento y congelación del espíritu, los tienen muchas personas, y entre ellas, por supuesto, artistas importantes, que pueden adquirir por su intensidad valoración como «enfermedad».

Ejemplos dentro del mundo de la música son Haendel, en quien, afortunadamente para él, predominaron las hipertimias (euforia e hiperactividad), y Rossini,[12] quien, retirado a los 37 años durante una fase depresiva, sufrió otra, de tres años de duración, en 1854, en la que «otro en mi lugar se hubiera suicidado», tan intenso fue su padecimiento. La interpretación de Slater y Mayer de que el proceso demenciante de los últimos años fue una «parálisis general progresiva», es posible. El comentado abrazo a Clara sólo pudo darlo con uno de los brazos, tenía el otro inmovilizado. Los precoces episodios transitorios de alucinaciones y demás síntomas; el desarrollo paranoide, y que en los tres últimos años premanicomiales no existiese una demenciación progresiva, en el sentido de embotamiento de las facultades, pues hasta días antes del internamiento compone a gran nivel, hacen pensar en el diagnóstico tradicional de esquizofrenia como el más acertado. Esquizofrenia que, por supuesto, se injerta en las anomalías ciclotímicas y neuróticas precedentes, igual que puede padecer tifus quien tiene ya una tuberculosis.

El dos de marzo, ante su propia aterrorizada insistencia, es trasladado al manicomio de Enderlich, cerca de Bonn. Es el principio del fin, que llegará como un alivio, tras el prolongado tormento. El 28 de julio de 1856 se extingue Roberto Schumann, que cinco días antes, en una momentánea iluminación de las tinieblas que ciegan su mente, ha reconocido, sonreído y abrazado a Clara. Ésta, secándose las lágrimas al salir de la habitación, exclama: «No cambiaría este abrazo por todos los tesoros del mundo.»

BIBLIOGRAFÍA DE SCHUMANN

1. Gauthier, André: *Liszt*, Espasa Calpe, Madrid, 1975, pp. 45-46.
2. Liszt, F., carta a Lamennais, correspondencia de Liszt, Ed. Granet, París, 1934.
3. Gauthier, loc. cit. p. 31.
4. Schumann, Robert: *Gesammelte Schriften über Musik und Musiker*, 1854.
5. Gardner, Howar: *The Arts and Human Developement*, Ed. Wiley-Interscience, Nueva York, 1973, p. 339.
6. Alf, Julius: «Dusseldorf 1851, El Peregrinaje de la Rosa de Schumann», introducción en el folleto que acompaña la edición discográfica de esa obra, Odeon-Emi, 1975.
7. Gallois, Jean: *Schumann*, Espasa-Calpe, Madrid, 1975, p. 62.
8. Storr, Anthony: *The Dynamics of Creatin*, Pelican Books, 1976, pp. 112-113.

9. Alf, loc. cit. p. 2.
10. Alf, loc. cit. p. 3.
11. Meyer, Alfred, y Salter, Eliot: *Contribution to a Pathography of the Musicians: Robert Schumann*, Confinia Psychiatrica, 2, pp. 65-94, 1959.
12. Weinstock, Herbert: *Rossini*, Ed. Oxford Univ. Press, Londres, 1968, p. 269.

EL CREPÚSCULO DE VAN GOGH

Vincent van Gogh (1853-1890), genio innovador de la pintura, que inicia con él un nuevo capítulo. Gran parte de su obra se realizó entre crisis de enajenación mental. Es uno de los pocos grandes pintores cuya biografía resulta tan interesante como sus cuadros, no por las aventuras, pues casi carece de ellas, sino por la rica vida interior que supo volcar en las 821 cartas que se conservan, la mayoría dirigidas a su hermano Theo. El cariño y abnegación de este hermano entrañable, ilimitado en su generosidad hacia el pintor genial, extraño y desvalido, es un monumento a la bondad humana, tan hermosa como cualquiera de los cuadros de Vincent.

Por la originalidad absoluta de su modo de hacer, se pensó en la enfermedad mental como trampolín para saltar hacia ese «mundo nuevo y distinto», en una reencarnación del mito de la fecundidad del genio por la locura. Lógicamente, su «caso» fascinó a los psiquiatras. Sobre nadie se ha escrito tanto intentando perfilar un diagnóstico retrospectivo. Si tuviésemos duda sobre la limitación de nuestra ciencia, bastaría Van Gogh para demostrarla.

En un reciente trabajo de revisión de estudios psiquiátricos sobre Vincent van Gogh,[1] su autor clasifica los diagnósticos porcentualmente; tanta es la discordancia de criterios. Siendo, sin duda, Van Gogh un enfermo mental grave, muy grave, resultó tan independiente en el terreno de la patología como en el del Arte.

La víspera de Nochebuena no parece el momento más acertado para llevar regalos a un prostíbulo. Por ello, en la de 1888 debió sorprender a la portera que «ese pintor tan raro que vive en la casa amarilla» trajese un pequeño obsequio para la Srta..., cuya reacción no fue sólo de sorpresa al encontrarse dentro del envoltorio ensangrentado un fragmento de la oreja izquierda de Vincent, que con ese propósito se acababa de seccionar.

La antevíspera acudió con Paul Gauguin, como frecuentemente hacían, a este burdel de Arlés, el de «Madame Chose»,[2] y Vincent ofreció a una de las pupilas pintarle su retrato, lo que ella rechazó bromeando y le dijo a Van Gogh que mucho mejor aguinaldo sería una de sus orejas, de la que daba tironcillos juguetones, haciendo reír a los dos amigos... por el momento.

En aparente incongruencia con su abnegación, digna de un santo, que mostró en ciertas fases de su vida, tuvo frecuente relación con rameras. Ya había intentado casarse con una, y luego con otra de edad, casada, embarazada, alcohólica y picada de viruelas, que conoció en un comedor de caridad, y a la que tuvo que renunciar contagiado ya por ella de una enfermedad venérea.[3] También como «santo» resulta original; pero no estoy nada seguro de que no lo haya sido. De un modo extravagante, llevando hasta el absurdo la aplicación práctica de la virtud, pero alcanzando ésta dimensiones heroicas, al menos en ciertas etapas de su desconcertante biografía.

El trato con ramerillas tenía en su etapa de pintor cierta explicación profesional. En la correspondencia de ese año[4] insiste en su empeño de superar la ejecución de paisajes y naturalezas muertas y pasar al retrato. Tiene serias dificultades para encontrar modelos. No puede pagar profesionales (que, además, no había en Arlés) y los resignados voluntarios le dejan descontento. Del cartero Rulin, «tan revolucionario como el viejo Tanguy, no sé si podré pintar el retrato como lo siento...;[5] para pintar el cuadro me haría falta un modelo inteligente...» Con las mujeres es aún más difícil: «... Temo que no tendré de modelo a una mujer muy hermosa que me lo había prometido, después —parece— ha ganado algunos centavos yendo de juerga y tiene algo mejor que hacer.[6] Era extraordinaria: la mirada como la de Delacroix, y su aspecto extraño y primitivo... es irritante esta continua contrariedad con los modelos... si pintara lamido como Bouguereau, la gente no tendría vergüenza en dejarse pintar: yo creo que esto me ha hecho perder modelos, porque les parece que está mal hecho, que mis cuadros no son más que lienzos saturados de pintura. Lógicamente, las buenas prostitutas temen que se burlen de su retrato y desacreditarse.» Aquí tenemos una observación interesante: los retratos de Vincent parecían «feos» y, por tanto, afeadas las modelos; no sólo a gentes incultas sino a otras aparentemente abiertas a las avanzadas del arte, que durante mucho tiempo arrinconaron, conservando los retratos y cuadros que les regaló Van Gogh sólo por inercia o razones sentimentales.

Los panegiristas de Vincent tienden a culpabilizar a Paul Gauguin del ambiente perdulario por el que ambos circulan en el noctámbulo deambular por Arlés, pero Gauguin llegará en octubre, y esta carta a Theo es de agosto; y anterior, del 5 de mayo, es otra en que explica a su hermano que no puede imaginarse al pintor ideal del futuro: «... Viviendo en pequeños restaurantes, trabajando con dentadura postiza y frecuentando, como yo, burdeles para reclutas.»[7]

Su amigo Signac, que tuvo relación con Van Gogh antes y después de la estancia de Gauguin, nos describe el tipo de vida que llevaba Vincent, y que al igual que G. Kraus[8] pienso que es determinante en el desencadenamiento de la enfermedad de Van Gogh: «Apenas comía, y lo que bebía era siempre demasiado... Regresando tras una jornada completa bajo el sol, en una atmósfera tórrida, y no teniendo un auténtico hogar, lo sustituía con las terrazas de los cafés. Los ajenjos y los cognacs se sucedían ininterrumpidamente. Apenas probaba bocado. ¿Cómo iba a resistir? Era la dulzura en persona. Era entusiasta y bueno.»[9]

No tenía, pues, mucho que estropear Gauguin en cuanto a estilo de vida. Incluso ensayó cocinar, con más ilusión que eficacia. Hemos de reconocer que, pese a su entusiasmo y al enorme cariño con que recibía a Paul, las rarezas de Vincent creaban las mayores dificultades, ante las que el propio Theo (y éste sí que es santo) vaciló cuando tuvo que convivir con su hermano.

En la correspondencia, Vincent trata de ocultar la intensidad de los roces con el invitado al que tanto acució a venir. Por ello contamos sólo con el relato de Gauguin; sospechoso, pues lo escribe después de la tragedia y tiene matiz de autojustificación:[10] describe que a su llegada encontró la casa «en completo desorden, tirados los tubos de pintura que nunca cerraba... pese a este revoltijo todo brillaba cálidamente en sus cuadros y en sus palabras...» Hace luego consideraciones sobre «la insondable contradicción entre sus opiniones estéticas y el modo de llevarlas a la práctica». «¿Cuánto tiempo estuvimos juntos? No lo sé; pese a su brevedad, todo me pareció eterno.» Fue, en realidad, desde el 20 de octubre hasta el 24 de diciembre de 1888, momento de explosión de la enfermedad, de la que ya iban apareciendo síntomas premonitorios: «Durante la última fase de mi estancia, Vincent se volvió excesivamente brusco y vociferante, luego silencioso. Varias noches sorprendí a Vincent, cuando se había levantado y venía hacia mi cama. ¿A qué puedo atribuir el despertarme en este momento? Invariablemente bastaba que le dijese secamente "¿Qué pasa, Vincent?", y regresaba a su lecho sin decir palabra, y caía profundamente dormido.»

Nos cuenta entonces, y de esto no hay duda, pues también lo relata Vincent en carta a su hermano, que al observar el retrato que Gauguin le hizo mientras pintaba girasoles, quedó pensativo y exclamó: «... Soy yo, desde luego, pero yo volviéndome loco.»

«Esa misma tarde fuimos a un café donde pedí ajenjo. Repentinamente arrojó el vaso a mi cabeza. Esquivé el golpe, le sujeté firmemente por los brazos y abandoné el café. Minutos después Vincent se metió en cama y se durmió a los pocos segundos; no despertó hasta el día siguiente. Al levantarse me dijo tranquilamente: "Querido Gauguin, tengo un vago recuerdo de haberte ofendido anoche." Contesté: Te perdono de todo corazón, pero si la escena se repite y el golpe me alcanza, puedo perder el control de mí mismo y estrangularte. Así que permite que escriba a tu hermano y anuncie mi regreso.»

«¡Dios mío, qué día! Al atardecer, tras un parvo refrigerio, salí a dar una vuelta. Había casi cruzado la plaza de Víctor Hugo cuando escuché tras de mí el sonido familiar de unos pasos, rápidos pero irregulares. Me volví justo en el momento en que Vincent se abalanzaba, con una navaja de afeitar abierta en la mano. La expresión de mi mirada debió ser terrible, pues paró, y bajando la cabeza corrió en dirección a la casa... Alquilé una habitación en el hotel más próximo y pasé allí la noche, donde, lógicamente tenso, tardé en dormirme. Me desperté a las siete y media... encontré un grupo de gente a la puerta de la casa, con varios guardias y el comisario.» «Resulta que Van Gogh, al regresar a casa, inmediatamente se cortó la oreja. Debió tardar bastante en controlar la hemorragia, pues al día siguiente hallamos varias toallas ensangrentadas por el suelo de las dos habitaciones inferiores. Al encontrarse mejor, con una boina vasca bien calada marchó a una casa en la que se puede lograr un encuentro casual, y le dio a la portera la oreja, cuidadosamente lavada y metida en un sobre. "Aquí hay, dijo, un recuerdo mío." Regresó a la casa, se metió en la cama y se durmió... Yacía en el lecho, enteramente cubierto por las mantas, encogido como un rosco; parecía sin vida. Suave, muy suavemente, toqué su cuerpo, le noté con vida... En voz muy baja le dije al comisario: Por favor, despierte con cuidado a este hombre, y si pregunta por mí dígale que me he marchado a París; el verme puede resultarle fatal...» Gauguin desaparece para no volver a ver a Vincent. Éste se ocupará en cambio de escribirle en cuanto recupera la razón. La policía le lleva al hospital de Arlés.

Tres semanas después Vincent escribe a Theo reflexionando sobre la conducta de Gauguin: «Encuentro muy extraño que me reclame un cuadro de girasoles...; me quejo un poco del extraño fenómeno de que Gauguin no haya querido volver a hablarme, eclipsándose por completo... Su debilidad consiste en que con una coz y una huida de bestia trastorna todo lo que arregló.»

La oferta a Gabi —así se llamaba la destinataria de la oreja— ha dado lugar a las más descabelladas interpretaciones.

Desde una alusión a la institución de la Eucaristía,[11] hasta el corte y ofrenda de la oreja del toro en el ruedo. Los intelectuales, cuando se ponen a disparatar, no tienen límite, y la bobadita del simbolismo taurino se la tomaron varios de ellos muy en serio, sucediéndose los artículos en que se rebatían detalles. La polémica fue tan ruidosa que casi todos los libros que tratan de Van Gogh repiten, sin una valoración crítica, esta disparatada interpretación. Tan recientemente como en 1951[12] J. Oliver refuta al sobrino de Vincent, el ingeniero V. W. van Gogh: «Permítame que puntualice un error en el que parece usted haber incurrido: No es el matador el que corta la oreja del toro; el procedimiento es mucho más complejo, las cosas suceden así.» A continuación hace un relato bastante exacto y concluye: «Estoy completamente convencido de que Van Gogh quedó profundamente impresionado con esta práctica.» No comprendo de dónde obtienen tal convicción; no encontré en los escritos de Vincent nada que haga suponerlo. Sigue Oliver: «Así pues, los dos actos (cortar la oreja y ofrecérsela luego a una dama) no son incoherentes en absoluto; constituyen la secuencia normal, para todo el que está familiarizado con la costumbre. Van Gogh cortó la oreja, su propia oreja, como si él fuese al mismo tiempo el toro vencido y el triunfante matador. Una confusión en la mente de una persona entre el vencido y el vencedor. Esto nos ocurre con frecuencia a todos. Puede perfectamente ser lo que le pasó a Vincent la misma noche en que fue provocado a sobreexcitación por Gauguin, y, sin embargo, rehusó ser dominado por él. Personalmente yo veo en ello un colapso seguido de valiente y magnífica exaltación, que termina en una descarga de tensión y apaciguamiento, que se comprueba en el retrato con la oreja vendada. Los psiquiatras lo ven de modo distinto. Los novelistas también. Esto se debe al hecho de que ambos grupos ignoran las circunstancias, cuyo conocimiento pudiese haber hecho su juicio más certero.» En nombre de mis colegas tengo que agradecer al señor Oliver esta esclarecedora interpretación, que puede sacarnos de la obcecación a la que sólo conduce la ignorancia de los ritos taurinos. Lo increíble es que este insensato documento ha sido considerado suficientemente valioso como para incluirlo entre los pocos seleccionados para completar la edición de las cartas de Vincent van Gogh.

La policía lleva a Vincent al hospital de Arlés, donde sorprendentemente permanece muy pocos días. El 2 de enero (1889) escribe a Theo: «Me quedaré unos días aquí en el hospital, después espero volver muy tranquilamente a mi casa», y el Dr. Félix Rey, que le atiende, escribe también al preocupado hermano: «Me satisface anunciarle que mis predicciones se han realizado y que aquella sobreexcitación sólo ha sido pasajera.» Al optimismo injustificado del Dr. Rey se debe que el día 7 ya esté en su casa, donde pinta los dos autorretratos con la oreja vendada.

Durante su penosa enfermedad, Vincent mantiene buena relación con los distintos médicos. Regala un retrato al Dr. Rey. Queda sin dinero el día 10 y no le llega la carta de Theo con fondos hasta el 17, por lo que pasa una semana de hambre canina, que le preocupa que pueda repercutir en su salud, pues ya siempre le rondará el fantasma de su «locura» y la posibilidad de recaer. Pregunta a Rey tras este forzado ayuno si «en parecidas circunstancias ha visto muchos locos tranquilos y capaces de trabajar».[13] Sigue obsesionado con Gauguin: «Supongamos que yo estaba todo lo perturbado que dicen, ¿por qué entonces no se ocupó mejor de mí?» Comienza entonces un rasgo que ya observamos siempre en Vincent, la tendencia a mitigar su angustia ante la locura atribuyéndola también a otros, considerándola un fenómeno especialmente común entre los artistas; incluso encontrará bastante chiflados a sus médicos, particularmente al Dr. Gachet. En esa misma carta dice a Theo: «Si Gauguin fuera a París para que le viera un médico especialista, te juro... no sé muy bien qué resultaría.»

Lógicamente en Arlés no se habla de otra cosa, y cunde el temor a Vincent. Ha de interrumpir el retrato de la mujer de su fiel amigo el cartero Roulin: «Porque temo que ella no querrá posar mientras siga ausente su marido.» Vincent está penosamente consciente del recelo que inspira: «Aunque todo el mundo tenga miedo de mí, con el tiempo eso puede desaparecer.»[14]

Por desgracia, no desaparece, ni siquiera de su misma conciencia: «... Dejadme continuar tranquilamente mi trabajo; si es el de un loco, tanto peor.» «Las intolerables alucinaciones han cesado, a fuerza de tomar bromuro de potasio.» «O encerradme en una cabañuela de locos, no me opongo si es conveniente, o dejadme trabajar con todas mis fuerzas.» «Todo el mundo tendrá un día neurosis, histeria, baile de San Vito u otra cosa.»[15] «En verdad, todavía tengo signos de la sobreexcitación precedente, pero eso no tiene nada de raro; en esta buena región tarasconesa todo el mundo está un poco tocado.»[16] En los días en que escribe estas frases está haciendo obras maestras.

Trabaja, como en todos los intervalos en que su enfermedad lo permite: «Como un verdadero poseso, experimento más que nunca un sordo furor de trabajo, y creo que ello contribuirá a curarme. Quizá me ocurra algo parecido a lo que refiere Delacroix; he encontrado la pintura cuando ya no tengo dientes ni aliento; en el sentido de que mi triste enfermedad me hace trabajar con un furor sordo, muy lentamente, pero de la mañana a la noche, sin parar...»[29]

Está legítimamente orgulloso de los girasoles: «Sabes que Jeannin posee la peonía, que Quost tiene la malvarrosa; pero yo poseo un poco el girasol.»

En febrero empeora de nuevo; tiene ideas delirantes de ser envenenado; entra inesperadamente en una casa cuya dueña se desmaya del susto: «Tengo momentos en que vivo arrebatado por el entusiasmo, o la profecía, o la locura...» «Todo el mundo sufre aquí, sea de fiebre sea de alucinación o de locura, se entienden como personas de una misma familia.» «Los vecinos son de una bondad particular conmigo... ayer fui otra vez a ver a la muchacha de la casa donde me metí en mi extravío; se me dijo que cosas como ésta, aquí en esta tierra no tienen nada de asombroso. La chica se había asustado y se desmayó; pero después se ha tranquilizado. Por otra parte, se habla bien de ella.»[17] El nueve de febrero le ingresan de nuevo en el hospital, y el Dr. Félix Rey, inexperto y siempre optimista escribe a Theo: «Vincent bastante mejor, esperando curarle lo retenemos aquí, no se preocupe de momento.»[18] Vincent procura también tranquilizar a su angustiado hermano: «Aquí, para empezar, están todos locos, y con eso por lo menos no me encuentro solo... Además, en el hospicio ahora me conocen, y si esto se repitiera no se divulgaría; en el hospicio ya sabrían qué hacer. No deseo en ningún momento que me atiendan otros médicos»,[19] «Hay tantos pintores tocados que me consolaré.»[20]

Tras el incidente de la muchacha desmayada y otros que desconocemos, pese a las palabras tranquilizadoras que los vecinos dicen a Vincent para consolarle y que él ingenuamente acepta, la población teme al pintor solitario, que de nuevo, dado de alta, regresa a la «casa amarilla», y una comisión de vecinos lleva un escrito, pidiendo del alcalde la reclusión de Vincent, al que la policía conduce de nuevo al hospital y clausura su casa. Esta vez Vincent se rebela desesperado, pues se encontraba en plena fiebre de trabajo creador. Para colmo, su protector, el Dr. Rey, está ausente: «Te escribo en plena posesión de mi espíritu y no como un loco; como el hermano que tú conoces... Personas de aquí han dirigido al alcalde (creo que se llama Tardieu) una nota, había más de 80 firmas, señalándome como un hombre indigno de vivir en libertad o algo por el estilo... ya llevo aquí muchos días bajo llaves, cerrojos y guardianes en el manicomio... Si yo no retuviera mi indignación, me juzgarían inmediatamente como un loco furioso. Esperemos pacientemente. Por eso te induzco por la presente a que dejes hacer sin mezclarte.»[21] «La humildad me conviene después de tantos ataques repetidos... No te oculto que preferiría morir a causar y padecer tantos sufrimientos... Nosotros, artistas en la sociedad actual, no somos más que cántaros quebrados... No trates de liberarme, esto se arreglará solo; sobre todo advierte a Signac que no se mezcle; meterá la mano en un avispero... Estas emociones podrían convertir un derrumbamiento mental pasajero en una enfermedad crónica...»

Sin embargo, Signac se entromete, por fortuna para Vincent, a quien tranquiliza mucho su visita, y le regala el bodegón de los dos arenques sobre un papel (hoy en París, propiedad de los herederos de Signac), con el curioso efecto de «haber exasperado a los gendarmes de Arlés, porque aquí a los arenques ahumados les llaman gendarmes... Esto basta para que veas con qué se embrolla la gente y lo idiotas que son.»[22] Vincent hace milagros para no quejarse en las cartas a su hermano, y busca con afán cuantos recursos puedan fortalecer su espíritu en este empeño de resignación. Sin duda por ello le impresiona encontrar en la lectura de un periódico local el precioso epitafio de una tumba muy antigua recién descubierta: «Thebé, hija de Thelhui, sacerdotisa de Osiris, que nunca se quejó de nada.»[23] Pero en estos días esboza un atentado contra el Dr. Rey mientras éste se afeita, con una navaja barbera, con parecido desarrollo al incidente con Gauguin.

Signac consigue que al fin le dejen salir, en su compañía, habitando ambos la «casa amarilla», pero por pocos días. Signac se asusta al verle intentar beber la botella de aguarrás y le aconseja que regrese al hospital. Vincent trabaja en el asilo frenéticamente, con absoluta lucidez. Las orientaciones estéticas de Van Gogh nunca se ven afectadas por la enfermedad, siguen una línea que se estructuró antes de ella y que prosigue su desarrollo lógico. La psicosis le interrumpe de vez en cuando, nunca le desvía. Un sector de la mente de Vincent está enfermo, no su pintura, contra lo que pensaron los primeros estudios psiquiátricos importantes sobre Vincent,[24, 25, 26] desorientados por la originalidad, por la genialidad innovadora, que se interpretó equivocadamente como extravagancia patológica. Carta a carta explica coherentemente cada uno de los cuadros, el porqué y para qué de los matices cromáticos y de dibujo, en exhibición de suprema lucidez estética en los intervalos de las agudizaciones de la enfermedad. Esta característica se mantendrá hasta el fin.

Desde abril insiste en ingresar como pensionista voluntario en el hospital psiquiátrico de Saint-Paul-de-Mausole, en las proximidades de Saint-Remy-de-Provence. Allí, por sobrar habitaciones, además del dormitorio le dejan otra para pintar, y tiene permiso para hacerlo en el campo (acompañado de un enfermero). Acaba de terminar entre otras obras maestras esa suprema maravilla de los *Troncos sobre un paisaje de Arlés* (Neue Pinakotek de Munich), y realiza multitud de paisajes, comenzando en junio los justamente famosos de los cipreses: «Los cipreses... me sorprende que nadie los haya pintado todavía como los veo yo. En cuanto a líneas y proporciones, un ciprés es bello como un obelisco egipcio... y el verde de una calidad tan refinada... es la mancha negra en un paisaje soleado, pero una de las notas negras más interesantes y más difíciles de aprender... Hay que verlos aquí, sobre el azul, mejor dicho en el azul...»[27] La etapa de producción apasionada y sutil se interrumpe bruscamente con una nueva crisis, que a él mismo le aterra de modo especial: «Esta nueva crisis, mi querido hermano, me sorprendió en pleno campo, cuando estaba pintando, un día de viento. Te enviaré el cuadro que he terminado a pesar de todo. Durante muchos días he estado absolutamente extraviado, como en Arlés, o peor, y es de temer que estas crisis se vayan repitiendo. Es terrible...»[28]

Ha pintado más de doscientos cuadros en Arlés. Le quedan pocos meses de vida a Vincent, y en ellos, remontándose del abismo de la enfermedad, en un titánico esfuerzo, será capaz aún de hacer doscientos más. Esta tensión creadora, y una transitoria abstinencia, a su vez retrasan la evolución de la enfermedad.

En diciembre, casi en el aniversario de la primera crisis, padece una nueva en la que intenta comer los colores. Pocos días después, en París, Toulouse-Lautrec tiene el gallardo gesto de desafiar en duelo a un pintor (H. de Groux), que hace unos comentarios despectivos sobre Vincent, quien, ajeno naturalmente a ello, sufre una nueva recaída (enero 1890). Vuelta al trabajo, y asombrosamente siempre en el máximo nivel de logros estéticos, que se interrumpen varias veces por agravaciones súbitas de distinta duración. En una de ellas está pintando los *Almendros en flor*. A mediados de mayo pasa tres días en París, en casa de su hermano, pero, como él dice, «¿de qué me serviría una vida ficticia de artista en París, con la que no viviría engañado más que a medias?... Produciré, aunque sea en el asilo...».

El afán de crear, en un frenesí que parece intuir la brevedad del tiempo que le resta le lleva a Auvers-sur-Oise, con la esperanza de poder pintar y, al mismo tiempo, de ser atendido en caso necesario por un singular médico, el doctor Paul-Ferdinand Gachet.

«Me parece que está tan chiflado como yo», nos dirá Vincent.

Auvers es un lugar sumamente grato, en el que muchos pintores habían encontrado ambiente propicio. Daumier, Corot y luego Cézanne, Guillaumin, Renoir, Monet y Pissarro estuvieron allí, la mayoría fueron amigos de Gachet, y es Pissarro quien lo recomienda a los Van Gogh pensando que por ser el médico pintor aficionado (y excelente grabador) podrá entender y cuidar mejor a Vincent... Gachet tenía entonces sesenta y dos años, poseía una hermosa casa en la cumbre del pueblo, en la que vivía con su hijo y Margarita (la hija de que nos dejará Vincent un precioso retrato); pero también con multitud de perros y gatos, un pavo real, y una cabra llamada *Enriqueta*, con la que solía pasear por el pueblo tocado siempre con la gorra de oficial desde que actuó como médico militar durante el sitio de París. Era viudo y tenía fama de excéntrico.

Gachet simpatiza en seguida con Van Gogh, y le encarga su fabuloso retrato, del que se muestra «fanático» (según Vincent).

Relataré, para la posible curiosidad del lector, la diversa reacción de los médicos por él retratados ante los cuadros que les regaló. El doctor Félix Rey aceptó por mera cortesía el retrato que le regaló, y que tampoco gustaba a su familia. Pasó al desván, y luego se utilizó para mitigar una corriente de aire en la cocina. Un pintor amigo le advirtió en 1900 (once años después) la posible cotización del cuadro. No le creyeron, pero «por si acaso» lo limpiaron y reintegraron al desván. Avisado por el pintor, amigo común de ambos, acudió el espabilado marchante Vollard, quien ofreció 50 francos. El padre del médico encontró indigno aceptar tanto dinero por tal «birria», pero el doctor Rey adoptó una actitud más realista, y pidió al azar 150 francos, lo que con asombro de la familia entera fue aceptado de inmediato.[30] Rey vivió hasta 1952, y en sus últimos años seguía manteniendo tozudamente que Van Gogh era un fraude artístico, y su fama un fenómeno ocasional y pasajero.[31] El retrato está en Moscú (Museo Pushkin).

Los Gachet, mucho más apreciativos por la formación pictórica del médico, del que se conserva el apunte de Vincent en su lecho de muerte, aceptaron de buen grado los retratos. A la muerte de Vincent, Theo les ofreció algunos de los cuadros últimamente pintados por su hermano. El hijo de Gachet los donó al Louvre más tarde, junto a los que el propio Vincent les había regalado. Están en el Museo del Jeu de Paume de París.

El desdén por la obra de Vincent era compartido por el resto del personal hospitalario, no sólo por sus restantes médicos (doctor Urpar, de Arlés, y Peyron[35] director de Saint-Remy, cuyo hijo utilizó los cuadros dejados en el hospital como diana para el tiro del rifle), con la única excepción de sor Epifanía, la superiora de Saint-Remy, que le pidió un cuadro a Vincent para la comunidad, teniendo que rechazarlo luego ante la reacción de las demás monjas. Especialmente amargo resultó para Vincent el incidente de su despedida del doctor Rey, a quien ofreció de regalo un paisaje, pero, temiendo éste la burla de su familia, lo rehusó, y pasando por allí un mozo del hospital le preguntó delante del pintor si él lo quería, contestando el empleado: «¿Qué voy a hacer yo con ese adefesio?», con gran decepción de Vincent, que pensaba que las gentes sencillas e ignorantes entenderían intuitivamente su pintura.

Sin embargo, fue una decisión desafortunada encomendarle a los cuidados de Gachet. El médico le invita a comer un par de veces a la semana, y desde el principio muestra una excepcional facultad de captación en cuanto a los valores de la extraña forma de pintar de Vincent: «Qué difícil es ser sencillo.» «... Cuanto más pienso en ello, más convencido estoy de que Vincent es un gigante...»[32] En cambio, Gachet pasa sólo tres días de la semana en Auvers, por lo que la vigilancia sobre Vincent ya era parcial, y además el médico, no especialista en el tema, minimiza la gravedad de la dolencia, que no califica como Rey y Peyron de epilepsia, sino de haber sido «afectado por la luz del Sur, demasiado intensa para su constitución norteña, y además una cierta intoxicación con el aguarrás, disolvente de las pinturas».

Con tan ingenua interpretación de la enfermedad, alguna de cuyas explosiones tuvieron forma amenazadora, Vincent, que siempre aceptó de muy mala gana la prohibición de beber, vuelve a hacerlo, a lo que le induce la amistad con unos jovenzuelos adinerados, que pasan sus vacaciones en Auvers y simpatizan con Vincent, por ser uno de ellos pintor aficionado. Le invitan a las copas que Vincent no puede costearse, y participa en las francachelas y bromas del grupo. Con el alcohol vuelven en seguida las alteraciones del carácter, premonitorias de una nueva agravación. Uno de los improvisados amigos le describe así: «Van Gogh estaba un poco tocado, alegre un día y sombrío al otro, hablador si tenía unas copas, silencioso en ocasiones durante horas.»[33] Se asocia a las bromas que gasta el grupo, pero un día en que él es la víctima al echarle sal en el café, quedan aterrados por la inesperada violencia de su reacción, en la que amenaza matarlos a todos.

Vincent, que en las cartas a Theo lamenta el que éste «tenga que vivir como un pobre para mantenerme», a continuación en cada misiva pide dinero. «¿Qué otra cosa puedo hacer?» Theo se ha casado, tiene a su hijo enfermo, y él lo está de suma gravedad (morirá seis meses después). En la visita que el 6 de julio hace Vincent al matrimonio, parece que éstos le exponen la imposibilidad de seguir manteniéndolo. Se han perdido los datos de este importante episodio, que debió ser violento, pues Vincent queda con intensos sentimientos de culpabilidad y ansiedad que se calman al recibir una carta conciliadora de su cuñada. Puede haber tenido también algún choque con Gachet, durante los estados de ánimo anómalos desencadenados por la bebida, pues escribe de su médico: «Para empezar, está más enfermo que yo; eso me parece, o por lo menos igual...» [34] El día 14 visita de nuevo a Gachet, y por un motivo tan fútil como que éste no ha puesto aún marco a un cuadro de Guillamin que Vincent apreciaba, se acerca amenazadoramente al médico y mete la mano en el bolsillo de la chaqueta (en la que luego se supo que llevaba el revólver con que se suicidó). Igual que en las abortadas agresiones a Gauguin y al Dr. Rey, la mirada de asombrada reprobación de Gachet le pone en retirada, cabizbajo.

Sorprende la irresponsabilidad de todos. ¿Cómo haber olvidado que acababa de pasar un año en hospitales psiquiátricos en los que fue siempre diagnosticado de epiléptico peligroso? ¿Qué hacía en su bolsillo ese revólver? ¿Quién se lo dio? Hay distintas versiones; parece que fue su posadero Ravoux, a quien se lo pidió para «espantar los cuervos que tanto le molestaban pintando en el campo» (sin duda los del famoso *Paisaje de un trigal con cuervos*).

El 27 de julio de 1890, Vincent sale de la posada tras el almuerzo. Por las calles desiertas se cruza con un campesino que le oye decir: «Es imposible, es imposible.» En el patio vacío de una granja se dispara un tiro al corazón, que, desviado por la costilla, se aloja en el tórax.

Debió de deambular varias horas herido, pues no regresa a la posada hasta el anochecer. Los Ravoux le ven llegar lívido, sujetándose el costado, y que sin responder a sus preguntas sube a su habitación. Le sigue Ravoux, a quien Vincent, encogido en la cama, le muestra silenciosamente un orificio sangrante en el pecho.

Se avisa al médico del pueblo y a Gachet. No pueden hacer nada. Le recomiendan reposo. Vincent, al parecer sin grandes dolores, permanece sentado en la cama fumando.

Así recibe a su hermano al día siguiente: «No sufras, lo hice porque era lo mejor para todos», y al policía que acude a investigar: «Es asunto mío.» Muere a los 37 años, en el amanecer del día 29... y de toda una era de la pintura.

CONSIDERACIONES PSIQUIÁTRICAS SOBRE VAN GOGH

(*Cuyo estudio sólo aconsejo al lector especialmente interesado*)

Los médicos que le atendieron en los dos hospitales donde estuvo internado le diagnosticaron epilepsia. Gachet frivolizó el origen de la dolencia, «efecto... del sol del Sur sobre una naturaleza norteña... intoxicación con trementina...». Los muchos psiquiatras que posteriormente han tratado de analizar la enfermedad de Vincent y la relación con la obra han tenido las más dispares opiniones, que han ido evolucionando lógicamente con las modas diagnósticas, e interpretativas (también en ciencia hay modas). Son muchísimos los trabajos y no es éste el lugar adecuado para analizarlos con rigor técnico. Resumiré brevemente los principales.

El primero cronológicamente de los «importantes»[36] se debe a Karl Jaspers, entonces psiquiatra de gran prestigio y que luego, como filósofo, tuvo renombre universal. Bajo la influencia de la concepción de la esquizofrenia, cuyo nombre y teoría acababa de difundir Ernst Bleuler, Jaspers diagnostica de esquizofrénico a Van Gogh. Piensa Jaspers que tanto en la obra pictórica como en el estilo literario de sus cartas existen varias etapas diferenciales que se coordinan con la evolución de la enfermedad. La esquizofrenia empezaría a manifestarse gradualmente desde finales de 1887, y con toda claridad desde el verano del 88, en que «se percibe en cada una de las obras de arte. Desde 1889 presenta en algunos dibujos empobrecimiento e inseguridad... efectos monótonos... los cuadros tienen un efecto inadecuado, aparecen detalles incluidos al azar... representan energía sin contenido, o duda y terror sin expresión adecuada. No aparece ya ninguna nueva formulación conceptuada... La enfermedad le libera algunas inhibiciones, y el inconsciente empieza a jugar un papel preponderante...». Se plantea Jaspers el diagnóstico diferencial con una parálisis general progresiva (PGP), que naturalmente desecha por no existir demenciación (en el sentido de idiotizamiento), quedándose con el diagnóstico de esquizofrenia.

Hans Prinzhorn[37] publica al año siguiente (1923) su famoso libro sobre la pintura de los enfermos mentales, que ha sido durante muchos años el texto básico sobre el tema. Analiza el caso Van Gogh, y coincide (es la moda) en el diagnóstico de la esquizofrenia, y añade la noción de que es precisamente la enfermedad la que capacita a Vincent para alcanzar planos antes inaccesibles para él: «En su enfermedad recibe la infusión de potencia productiva», y da como una característica la «espontánea inflamación de la pincelada», que ha quedado como figura literaria, tantas veces repetida.

Al año siguiente Westwrman-Holstijn[38] lanza una nueva interpretación (que luego recogerá Kraus): Vincent, que no era inicialmente un artista nato, sino vocacionalmente inclinado a «dar testimonio», encuentra en la enfermedad la inducción a expresar con el arte, y a manifestar en él el amor que había fracasado en comunicar como evangelista.

Supone una gran osadía para un psiquiatra entonces desconocido, como Walter Riese,[39] atreverse a polemizar el diagnóstico de autoridades tan notables como Jaspers y Prinzhorn. Lo hace con una excepcional claridad de ideas. Aunque muchos de los síntomas y de la personalidad de Van Gogh tienen catadura esquizofreniforme, recuerda los diagnósticos originales de epilepsia, y el carácter accesional de los episodios patológicos. Hace un análisis del estilo, muy meritorio en su tiempo. Destaca la preocupación de Van Gogh por reducir a formas geométricas, opuestas a la naturaleza en su tratamiento de la forma a los objetos. «De los objetos reales extrae su símbolo, o, mejor aún, su concepto. Aparte de los colores, las líneas son siempre las mismas, rectas, curvas, puntos, círculos, óvalos, etc., por ello un ciprés puede ser igualmente una llama, un paisaje montañoso semejante a las olas del mar... Eso no es una forma de expresión esquizofrénica.» «Lo que busca Van Gogh es una simplicidad uniforme, reproducir lo simple, lo absoluto, lo verdadero.» «Todo esto aparece antes de la enfermedd, que no aporta ningún cambio de estilo; sólo se percibe el desarrollo lógico de consideraciones artísticas... Por supuesto, con las crisis de angustia patológica aparecen rasgos de ansiedad en ciertos cuadros, pero esto no es conveniente confundirlo con un estado psicótico...» «Si un artista como Van Gogh se afana tras una expresión absoluta del arte, con todo el poder de su mente y el máximo esfuerzo de la imaginación en búsqueda de formas artísticas antinaturales e inexploradas, puede, por supuesto, colocarse en estados de tensión emocional extrema, y en una situación espiritual inhabitual. Sin embargo, catalogar esto como las excitaciones de un loco supone incurrir en analogías tristemente mal interpretadas...» «El artista admite que durante sus crisis ni podía ni intentó trabajar, pero en los intervalos, en plena claridad de conciencia, buscó y descubrió su propio estilo.»

En 1928 los franceses Doiteau y Leroy hacen un importante estudio clínico-biográfico, investigando los antecedentes del comportamiento psicopatológico de Vincent desde la infancia, cuyo conocimiento les debemos en parte, así como la investigación de las taras vinculadas a su árbol genealógico.[40]

Françoise Minkowska, que con su marido había publicado trabajos muy importantes sobre la epilepsia, especialmente de los rasgos psicológicos a ella asociados, trae nuevamente a este terreno el diagnóstico de Van Gogh,[41] dentro de las «formas psíquicas de la epilepsia», pero añadiendo una serie de consideraciones de valoración estética y estilística poco afortunadas, haciendo, por ejemplo, deducciones injustificadas de las variantes de expresión plástica de los retratos de Père Tanguy y del Dr. Gachet. Del perfil de las mangas del último afirma que «se siente uno arrastrado por una fuerza irresistible, como le ocurrió al propio artista».

Considera, al contrario que Riese, que «la vida, obra y psicosis de Van Gogh forman una unidad indivisible». En este importante estudio se prueba una vez más que ornamentos literarios inadecuados pueden estropear, sin añadir nada, una obra científica, pues las consideraciones de F. Minkowska son muy agudas, pero quedan inexorablemente deterioradas con su intento de dogmatización estética.

El caso contrario ocurre con Sven Hendenberg, quien con menos altura en el terreno clínico (1937), hace, sin embargo, unas deducciones estilísticas muy acertadas, diferenciando la expresión plástica esquizofrénica de la de Van Gogh:[42] «Para Jaspers, todo está desintegrado en elementos parciales, de ahí la manifestación esquizofrénica en el arte. Pero para que esto fuese cierto, la enfermedad tendría que haber estado muy avanzada y con síntomas de deterioro. En el arte esquizofrénico encontramos siempre rigidez, angularidad e inercia, con impresión de irrealidad. El sentido del ritmo está ausente... El esquizofrénico, por su aislamiento, no tiene nada que ofrecer a los otros... En Van Gogh no hallamos nada de esta pobreza, de tal rigidez, ni de la típica inmovilidad. Por el contrario, es pintor de movimiento... todo lo que pinta está plasmado con gran sentido del ritmo... Uno de sus últimos retratos, el del Dr. Gachet,* es un trabajo de pujante y armónica belleza. El artista se nos muestra aquí muy poco

* El mismo que utiliza Minkowska para probar un deterioro estilístico.

antes de su muerte, como un gran pintor de incomparable maestría... el desarrollo de su técnica tiene evolución lógica...»

Gerard Kraus[43] es un psiquiatra que pasa a la notoriedad precisamente por un estudio sensacional de la vida y patología de Van Gogh, cuya obra conoce directamente en mucha mayor medida que todos los que anteriormente intentaron su patografía. Hoy esto es fácil, por estar exhibida en Holanda el grueso de la obra, y por la movilidad actual; pero en 1941 supuso una aportación muy importante la asociación de conocimientos psiquiátricos rigurosos con una preparación artística no habitual, y la familiarización directa con la obra de Vincent, de cuya irradiación sentimental no dan nunca justa medida las reproducciones gráficas, pues depende de matices de color que siempre se pierden en las fotografías, aun en las de hoy, mucho más en las de entonces.

Refuta Kraus a Bader.[44] «No se encuentran representaciones patológicas, no hay vestigio de alucinaciones ni de otras vivencias patológicas...» Kraus hace una crítica certera de la tendencia de muchos biógrafos a novelar la vida de Vincent y mitificar sus características morales. Coincide con Riese y Hendenberg en que «la influencia de la enfermedad en el valor cultural de su obra es nula. Quizá solamente en el *Trigal con cuervos*, que, en mi opinión, ha sido muy sobreestimado».

Durante años se creyó equivocadamente que era su último cuadro, y este error indujo a fantasear en su interpretación a casi todos los comentaristas, clínicos o artísticos.

«Quizá en él se encuentre cierta depreciación como consecuencia de la enfermedad...» «Es cierto que su obra muestra altos y bajos en la productividad, y el sello de la enfermedad en la selección de temas y en algunos detalles técnicos, pero la belleza se preserva intacta hasta el final...» «El arte de Vincent tiene incluso las cualidades de lo saludable, de modo especial como consecuencia de su sinceridad, espontaneidad y ardua colaboración.»

La matización diagnóstica de Kraus no es tan precisa como la que aplica a delimitar arte y enfermedad. Obsesionado con refutar los diagnósticos previos, afirma: «Considero el diagnóstico de epilepsia una absurdidad, no hay crisis convulsivas ni demencia. Este último argumento puede también aplicarse contra la demencia paralítica... Tampoco puedo aceptar la opinión de Rise, quien habla de estados crepusculares como los descritos por Kleist, pues, pese a los casos recogidos por Sillger y Leonhard, coincido con otros en enjuiciar esos estados como muy vaga delimitación hasta el presente, por lo que declino admitir su existencia independiente... Tampoco corresponde a las psicosis episódicas descritas por Esser, ni a otras psicosis degenerativas.» Hace una refutación convincente del viejo diagnóstico de Jaspers como esquizofrenia y: «... tampoco encuentro sentido en postular una combinación de epilepsia y esquizofrenia, que para algunos es la clave diagnóstica, aunque Van Gogh presente síntomas esquizoides y epileptoides... Tampoco hay similitud en los casos de esquizofrenia asociados con enturbiamiento de la conciencia como los descritos por Medow.»

El fallo de Kraus es que en su afán demoledor de todo diagnóstico previo, deja el suyo en una gran vaguedad: «Una forma de psicopatía a la que no puedo dar nombre específico... es posible que sobre esta base psicopática se haya desarrollado algún proceso psicótico... Hay también elementos reactivos... Como resumen: ataques psicógenos sobre una base psicopática.»

A partir de la fecha del trabajo de Kraus, se realizan muy notables avances en la delimitación de la epilepsia gracias a la electroencefalografía, y uno de sus propulsores más destacados, H. Gastaud, resucita las formas psíquicas de epilepsia y los estados crepusculares como plausible interpretación de algunos aspectos de la enfermedad de Vincent, que tipifica dentro de las epilepsias psicomotoras debidas a una lesión del lóbulo temporal. Forma subclínica desde el punto de vista comicial.

En 1961, refuerza este retorno al diagnóstico original de epilepsia, C. Escoffier-Lambiotte: «Van Gogh padecía crisis psicomotoras, de las que tenía luego amnesia, y que provocaban alucinaciones (como cuando golpeó a un enfermero), o una súbita agresividad con pérdida del control consciente (como cuando tiró el vaso a la cara de Gauguin antes de cortarse la oreja, y cuando amenazó al Dr. Rey, también con una navaja de afeitar), o en fantasías nocturnas expresadas en movimientos incontrolados que recuerdan el sonambulismo epiléptico... padeció indiscutiblemente episodios confusionales de los dos tipos descritos por Farlet, y de los que dieron testimonio Emile Bernard, Signac y Coquiot, además de Gauguin, en los que Vincent mostraba gran agitación, con gritos, insultos, amenazas y muestras de padecer alucinaciones... Entre los ataques aparecían crisis de terror o angustia, para los cuales trataba de prepararse... Creemos que procede de una lesión congénita, provocada durante el parto, que fue muy laborioso... Se percibe una asimetría craneal en sus retratos, que habla a favor de esta hipótesis...» «No se deben olvidar las crisis de inestabilidad mental previas a la última enfermedad, como cuando pasó de su hiper-religiosidad mórbida de la estancia en Borinage, reemplazándola por una suerte de socialismo agnóstico, no menos incoherente, que le llevó de exceso a exceso...»

En los últimos años, lógicamente, se ha dado un énfasis creciente a la interpretación psicógena. Por ejemplo, Gilberte Aigrisse, que acentúa el anterior enfoque de Pierre Marois, y encuentra relación de cada ataque con las crisis de los dos hermanos. Culmina tras la última y tempestuosa entrevista en París, días antes del suicidio: «Parece que Vincent se sentía impulsado al autocastigo cada vez que una contrariedad le provocaba impulsos homicidas. Notaba declinar su habilidad pictórica y sabía que en cualquier momento podría sobrevenirle un nuevo ataque. Quizá temiese también que esta agresividad pudiera tornarse contra las dos personas a quienes debía gran parte de su felicidad y de su miseria, Theo y Jo.» (Jo es su cuñada.) «Las crisis van teniendo asociación con los incidentes del matrimonio de su hermano. Logrando con Jo la auténtica vida con la que Vincent soñaba, Theo había traicionado a su hermano; pero la traición era natural, como era antinatural la unión legal de los dos hermanos. Vincent, como culpable, merecía castigo.»

Estas y otras interpretaciones psicodinámicas son eso simplemente: interpretaciones. Su contenido es discutible, y distinto en cada uno de ellas. Lo cierto es que en la carta inacabada que apareció en el bolsillo de Vincent no hay la más remota alusión a un posible suicidio.

¿Qué pensar entonces del diagnóstico correcto para el «caso» Van Gogh? Los nombres técnicos, con toda su ampulosidad, son mucho más frágiles al impacto del tiempo que el lenguaje coloquial. La nomenclatura médica varía con gran rapidez acompañando la constante evolución de las ideas científicas. El diagnóstico que damos hoy será formulado de modo diferente en el futuro. Por ello no me he esforzado desmedidamente en todo este libro en el encuadramiento en la nosología actual de mis simpáticos «locos egregios». El diagnóstico sólo sirve en definitiva para orientar mejor un tratamiento y un pronóstico, y por Vincent nada podemos ya hacer. Los datos orientadores están siempre amañados por la recolección histórica, y más aún cuando va teñida de leyenda, y éste es el caso de Van Gogh. ¿Su diagnóstico? ¿La causa de su enfermedad? Sólo puede entenderse con un enfoque multifactorial. Todos los estudios reseñados tienen fundamento razonable, aunque ninguno posea toda la verdad; nadie la posee. En Vincent, como en todo enfermo, inciden factores genéticos, constitucionales, psicológicos conscientes e inconscientes, y otros que actúan como meros agentes desencadenantes. La carga genética en los dos campos de la esquizofrenia y de la epilepsia es innegable. También el carácter psicopático de Vincent desde la infancia, con muchos rasgos esquizoides. Muy probable la interpretación de epilepsia subclínica, con predisposición a crisis psicomotoras, o estados crepusculares, de los que el alcohol actúa como factor desencadenante. Es lógico que cada estudioso capte mejor y valore más los de su especial interés; por ello la aparente discordancia, que sólo es de grado, entre las opiniones expuestas. Hay un aspecto discutido que sí me parece fundamental, y en él coincido plenamente con Kraus, Riese y Hendenberg: la creación artística de Van Gogh es muy independiente de su enfermedad. Se interrumpe durante las agravaciones; pero la enfermedad, ni la potencia ni la estructura. El esquema creador es previo a la enfermedad; sigue su desarrollo durante ella de modo absolutamente lúcido hasta el final. Carta a carta va explicando cada uno de los cuadros, el porqué y para qué de su composición; nunca aparecen motivaciones patológicas. Comprendo que resulta decepcionante renunciar al mito de la fecundación del genio por la locura, pero la misión de la ciencia es aclarar ideas, no ornamentarlas.

BIBLIOGRAFÍA DE VAN GOGH

1. Victoria, Marcos: *Psicografía de Van Gogh*, Revista Argentina de Neurología, Neurocirugía y Psiquiatría, n.º 57-58, t. XIII, Rosario (Rep. Argentina), 168, p. 76 y ss.
2. Vallejo-Nájera, Antonio: *Locos egregios*, Salvat, Barcelona, 1953, p. 289.
3. Meier-Grehte, *Vincent van Gogh, la novela de un buscador de Dios*, Poseidón, Buenos Aires, 1945.
4. Van Gogh, Vincent: *The Complete Letters of Vincent Van Gogh*, 3 volúmenes. New York, Graphic Society, 1959. Esta obra es fundamental para cualquier estudio sobre Van Gogh. Además de las 821 cartas de Vincent, con reproducción de los dibujos que las ilustran, lleva la respuesta de alguno de sus corresponsales, y un apéndice con documentos del máximo interés. Hay una nueva edición francesa de 1960.
5. Van Gogh, V., carta a Theo de agosto de 1888. Viene reproducida en la parcial traducción al castellano *Cartas a Theo*, Barral, Barcelona, 1975, pp. 243-244.
6. V. G., carta de principios de agosto de 1888, en id., p. 249.
7. V. G., carta de 5 de mayo de 1888.

8. Kraus, Gerard: *Vincent Van Gogh en de Psychiatrie*, Psychiatrische en Neurologische Bladen, n.º 5, sept.-oct. 1941, pp. 985-1034.
9. V. G., en *Complete Letters...*, t. III, p. 608.
10. Gauguin, Paul: *Avant et Après*, París, 1923. La parte referida a Van Gogh apareció por primera vez en: Maurice, Charles: *Paul Gauguin*, Mercure de France 48; 166, oct. 1903.
11. Welsch-Ovcharov, Bogomila: *Van Gogh in Perspective*, Prentice Hall, New Jersey, 1974, p. 48; nota 17.
12. Oliver, J., carta a V. W. Van Gogh, del 4 de agosto de 1951. Está reproducida en *The Complete Letters...*, t. III, p. 601.
13. V. G., carta del 13 de enero de 1889.
14. V. G., carta del 23 de enero de 1889.
15. V. G., carta del 23 de enero de 1889.
16. V. G., carta del 30 de enero de 1889.
17. V. G., carta del 3 de febrero de 1889.
18. V. G., en *Cartas a Theo*, p. 318 (ver —5—).
19. Carta de febrero de 1889.
20. Carta del 22 de febrero de 1889.
21. Carta del 19 de marzo de 1889.
22. Carta del 24 de marzo de 1889.
23. Carta del 24 de marzo de 1889.
24. Prinzhorn, Hans: *Bildnerei der Geisteskranken*, Springer, Berlín, 1923.
25. Jaspers, Karl: *Strindberg und Van Gogh*, Ernst Bircher, Leipzig, 1922.
26. Minkowska, Françoise: *Van Gogh: les Relations entre sa Vie, sa Maladie et son Oeuvre*, L'Evolution Psychiatrique, 3, 1933, pp. 53-76.
27. Carta del 25 de junio de 1889.
28. Carta del 5 de julio de 1889.
29. Carta desde Saint-Remy, septiembre de 1889.
30. Doiteau y Leroi: *Van Gogh et le portrait du Dr. Rey*, Esculape, febrero-marzo de 1939.
31. Cabanne, Pierre: *Van Gogh*, Thames and Hudson, N. Y., 1963, p. 277.
32. Cabanne, loc. cit., p. 250.
33. Doiteau, Vincent: *Deux copaines de Vang Gogh inconnus, les frères Gaston et René Secrétan, Vincent tel qu'ils l'ont vu*, Esculape, marzo de 1957.
34. V. G., carta del 13 de julio de 1890.
35. Cabanne, loc. cit., p. 278 (nota 175).
36. Jaspers, Karl, loc. cit.
37. Prinzhorn, Hans, loc. cit.
38. Westwrman-Holstijn: *Die Psychologische Entwiicklung Vincent Van Gogh*, Imago, 10:4, 1924, p. 399 y ss.
39. Riese, Walter: «Ueber den Stilwandel bei Van Gogh», *Zeitschrift fur die Gesamte Neurologie und Psychiatrie*, n.º 98, 1925.
40. Doiteau, V., y Leroy, E.: *La folie de Vincent Van Gogh*, Esculape, París, 1926.
41. Minkowska, Françoise, loc. cit.

42. Hendenberg, Swen: *Vincent Van Gogh en de Psychiatrie*, Theoria, 3, 1937, pp. 185-205.
43. Kraus, Gerard: «Vincent Van Gogh en de Psychiatrie», *Psychiatrische en Neurologische Bladen*, n.º 5, oct. 1941, pp. 985-1034. Hay un resumen en *The Complete Letters...*, t. III, al final.
44. Bader, A.: *Kunstler tragik: Karl Staufer, Vincent Van Gogh*, Swabe, Basel, 1932.

SANTIAGO RUSIÑOL

Santiago Rusiñol, 1860-1931. Pintor y escritor español, gozó en vida de gran popularidad y prestigio, especialmente como «Pintor de los Jardines de España». Su inclusión en las patografías se debe a haber sido morfinómano en su juventud.

Santiago Rusiñol muere el 13 de junio de 1931 en Aranjuez, a donde regresa en una transitoria mejoría de su última enfermedad, empujado por el afán obsesivo de pintar «sus» jardines por última vez. Había logrado terminar dos cuadros, y trabajó afanosamente en un tercero durante todo el día anterior. Ya entrando en coma esa mañana reclamó incoherentemente el lienzo para seguir pintando. Fueron sus últimas palabras.

A su fallecimiento se monta, espontáneamente, una de las más colosales escenografías mortuorias: los jardineros de Aranjuez hacen guardia junto al cadáver, en torno al cual colocan TODAS las flores de los jardines, que para ese fin han cortado, y abarrotan la habitación del hotel, los pasillos, las escaleras, el salón, etc. «No quedó una de sus flores que no le fuese a despedir.» [1] De los jardineros que hicieron guardia en torno al cadáver, uno de ellos pasó la noche llorando abrazado a los pies, en una extraña estampa de remembranzas medievales, como las estatuas yacentes con un paje a los pies.

Llegan a Aranjuez multitud de coches que le siguen hasta Madrid, donde en las horas que faltan para la salida del tren queda su cuerpo expuesto en el Círculo de Bellas Artes. Ante él pasa una verdadera multitud, que luego le acompañará a la estación, al tren con la locomotora y los furgones adornados con coronas de flores. En cada estación en que para ese expreso noctuno acude gran parte de la población con nuevas coronas de laurel y flores, que van invadiendo los vagones. En Barcelona se lleva el féretro a hombros hasta el Ayuntamiento, donde queda expuesto un día y una noche, y para el entierro cierran los comercios y cuelgan crespones negros en los faroles de la Rambla, por cuyo centro pasa el cortejo fúnebre... Cada español tiene la impresión de que ha muerto un amigo suyo muy entrañable: Santiago Rusiñol. ¿Por qué? Es un fenómeno sociopsicológico sumamente curioso que vamos a intentar analizar.

De la amplitud del duelo nacional, que «comprende desde la que pesca en humilde barca...», da idea cabal la procedencia de los telegramas de pésame. Entre los muchos miles, uno viene precisamente del patrón y tripulantes «de la barca *Santiago Rusiñol*, de Santander, sus devotos admiradores que por él rezan»; otro, procedente de Italia, está firmado por «Alfonso», el rey recientemente destronado que fue su admirador y que le había ofrecido el marquesado de Cau Ferrat (que yo sepa, primer intento, en toda la Historia de España, de dar un título nobiliario a un artista), que Rusiñol logró rechazar sin ofender al monarca, argumentándole que encontraba mucho más honroso el que ya le había dado de «Jardinero Mayor de mis jardines, con derecho a entrar con tu automóvil en ellos, como si fuesen tuyos»... En cuanto a la real deferencia, hemos de remontarnos a Carlos I recogiendo el pincel de Tiziano, y a Felipe IV con Velázquez. ¿Existe un nivel estético similar que justifique este concordante entusiasmo del pueblo y monarcas españoles por Rusiñol?

Evidentemente, en vida fue muy valorado como pintor (aunque no es, por supuesto, ésta la clave de su inmensa popularidad). En el muy relativo índice de valoración que supone el mercado del arte, los precios de sus cuadros siguen siendo elevados, pero es interesante leer lo que de Rusiñol opina J. A. Gaya Nuño en 1972,[2] opinión que me ha sorprendido por su acritud, creo que injusta: Rusiñol: «... un tiempo prerrafaelista y modernista, luego aplicado a la fórmula de pintar con pesada reiteración los jardines de Aranjuez, Granada, etc., es difícil saber cuál de ambas modalidades era menos interesante», «... en sus cuadros como *La morfina, La última receta*, cae de lleno, más que en el modernismo y bohemia de que gustaba de alardear Rusiñol, en los registros de la pintura sentimental, apta para las exposiciones nacionales», «... mucho más afortunado en estas lides (las de su simpatía bohemia) que en su pintura, que ha conocido una rápida desvalorización. No podía ser de otro modo», «... pintor mediocre, con obra incapaz de resistir la crítica de los años sucesivos», «... pocos artistas fueron alabados en su tiempo cual él lo fuera. Pero hay que desconfiar de estos artistas simpáticos, cuyo donaire personal encubre tantas veces la fragilidad de la mercancía. De los en un tiempo celebradísimos jardines de Rusiñol, que muy a duras penas podríamos calificar de impresionistas, no queda hoy sino un recuerdo piadoso. No eran sino entretenimiento de un artista rico».

No suele ser Gaya Nuño escritor reiterativo, por eso extraña la repetición innecesaria de una misma opinión peyorativa. Es posible que el propio Gaya Nuño, intuyendo su palpable carga de hostilidad, se sintiese culpabilizado por ella, pues a mitad del breve ensayo sobre Rusiñol comenta: «Nadie piense que estamos hablando de Rusiñol en tono cerradamente negativo. Por el contrario, le sobraban cualidades, si bien un tanto dispersas y mal dirigidas.» Los elogios compensadores de Gaya se reducen a ensalzar la capacidad de agrupación, en torno a su persona, en los «Quatre Gats» y en «Cau Ferrat», a una serie de artistas de la categoría de Picasso, Casas, Nonell, Opisso y otros menores, cuya valoración se apresura a distanciar de la de Rusiñol, a quien concede que «... acaso fuera en las letras, y aún mejor en sus felices iniciativas culturales, donde se debe valorar lo mejor de su multiforme personalidad».

Nos deja, pues, a Rusiñol en la deslucida situación de ser elogiado como literato por los pintores y como pintor por los literatos, cuya admiración trata Gaya de desvirtuar; aunque reproduce un párrafo de «intención elogiosa» (y claramente la tiene) de Gregorio Martínez Sierra, unos versos entusiastas a la pintura de Rusiñol de Ramón Pérez de Ayala, menciona los de Eduardo Marquina «también a vueltas con los jardines» y califica a Marquina de «poeta menor». Sin embargo, es evidente que la admiración de los grandes escritores de su tiempo hacia Rusiñol no se ciñe a la pintura, de la que no tienen por qué entender, sino también a su extensa producción literaria, especialmente la teatral, pues nada menos que Benavente traduce al castellano su *Llibertat!*, que (tan asombrosa era la popularidad de Rusiñol) ya había sido representada, antes que en catalán, en italiano por la Vitaliani en su país, pues no sólo al nuestro se circunscribe la atracción personal de esta figura singular que atrae a los artistas e intelectuales de media Europa.[3]

Aunque resulta evidente que Gaya Nuño (todos tenemos momentos de mal humor) hace un juicio destemplado y hostil de Rusiñol, lo cierto es que otros críticos actuales más amables, como Carlos Areán[4] y A. M. Campoy, transparentan también su relativo desencanto en la contemplación de la obra pictórica de Rusiñol con ojos contemporáneos.

No voy a tener la petulancia de dar una opinión valorativa sobre la obra pictórica de Rusiñol, para lo que no me encuentro capacitado, y además está en la paradójica lejanía de lo demasiado próximo y recién pasado de moda. Lo que evidentemente resulta inexacto es el encuadramiento de su pintura dentro de «entretenimiento de un artista rico». Rusiñol estaba poseído por la «pasión de pintar», hasta el extremo de que a ella lo supeditaba todo, hasta los deberes con su propia familia, como luego veremos en la descripción de esta desconcertante personalidad. Con egoísmo cortó los lazos que de pintar pudieran apartarle, y ese amor «no utilizado» se vuelca palpablemente en sus lienzos, y la excepcional irradiación afectiva de Rusiñol hace que este cariño se contagie al espectador. Sólo por esto ya tendría un enorme interés su pintura.

El sentido del humor de los españoles se centra en el chiste o la anécdota graciosa; siempre gozaron de gran popularidad los personajes tenidos por «graciosos». Durante siglos se han repetido, entremezclados, dichos mordaces auténticos y falsos de Quevedo, a quien muy pocos han leído desde entonces, pero a quien casi ningún español «culto» ha dejado de citar (con frecuencia erróneamente) alguna vez. En los años 50 le tocó el turno de esta popularidad dudosamente envidiable a Agustín de Foxá, pero en los primeros treinta del siglo es Rusiñol el centro de esta admiración un tanto bobalicona de sus compatriotas. Arranca la «leyenda Rusiñol» de los artículos que él mismo publicó en *La Vanguardia* sobre su viaje en carro por Cataluña en 1889 acompañado de su inseparable Ramón Casas, quien ilustró estos escritos. De este modo Santiago Rusiñol comenzó a prestigiarse como humorista y como «gracioso oficial», reforzando esta imagen con artículos posteriores como *Las fuentes no medicinales de Montjuich*, etc., y con las anécdotas que desde entonces corrían de boca en boca, siendo un tópico en las omnipresentes tertulias españolas de la época. Los duros vendidos a cuatro pesetas, las gamberradas en teatrillos, ferias o fiestas locales, siempre con *happy end*, proporcionado por la actitud paternalista hacia la víctima de los bonachones embromadores, fueron empalmándose con las anécdotas inventadas en la misma línea, creando una verdadera leyenda viviente, aureolada de admiración y simpatía en todos los estratos culturales de la sociedad española de su tiempo.

No fue sólo Rusiñol el núcleo de la vida bohemia y artística, en su versión más simpática, sino que el magnetismo personal de esta singular figura fue capaz de atraer hacia Sitges, a su casa-museo «Cau Ferrat», a músicos, actores y literatos de toda Europa, improvisándose en su casa y jardín ballets, pequeños conciertos, recitales y tertulias, cuyo mismo relato resulta inmensamente atractivo.

Un ejemplo significativo es el de la velada que nos cuenta su hija María en la apasionada biografía que de su padre escribió; en esencia es así: [5] El gran violinista Crickboom, que con su Stradivarius en el equipaje acudió a Sitges, dio a Rusiñol y demás invitados un recital de violín en Cau Ferrat después de la cena, que se prolongó bien adentrada la noche, hasta la hora en que los marineros acudían a tender las redes a la playa. Al pasar éstos junto a la casa, escucharon la música por los ventanales abiertos. Fueron quedando como en éxtasis, y uno tras otro, poco a poco, descalzos para no meter ruido, entraron en el jardín en el que se acurrucaron inmóviles. Cuando Crickboom se percató de aquel inesperado auditorio que le escuchaba maravillado y que renunciaba a ganar su jornal de aquel amanecer por oírle, se dirigió a ellos y les dijo: «Ahora por vosotros y quisiera tocar mejor que nunca.»

La capacidad del pintor para hacer vibrar la cuerda popular, desmintiendo la necia interpretación de algún comentarista actual que le considera «fenómeno burgués para burgueses», se plasma mejor aún en el momento en que pasando el cortejo del homenaje que se le rindió en Sitges junto a los muros de la Cárcel Modelo,[6] «los presos sacaron las manos entre las rejas saludando con los pañuelos a Rusiñol, que les contestó emocionado».

Don Santiago, a quien el poeta Alcover describe «con la sonrisa en los labios y las mejillas pálidas de fiebre de ideal», detestaba la política y la maledicencia (que en España siempre anduvieron entremezcladas). Jamás se le oyó hablar hostilmente de nadie, y obró el prodigio de no dejar enemigos, pero no podía soportar a los «genios tristes... que cuando quieren aprender a sonreír llegan tarde porque son viejos».

Gozó a fondo de la vida e intentó contagiar esta delectación constante en el vivir y en la naturaleza. La anécdota que despertó mi curiosidad por Rusiñol demuestra, mejor que ninguna otra, esta captación lúdica y apasionada de la belleza. Durante su estancia en Cala de San Vicente (Mallorca), subía todos los atardeceres en compañía del pintor Joaquín Mir al promontorio del Castillo del Rey a contemplar la puesta de sol. Quedaban ambos embelesados unos segundos, y luego prorrumpían en frenéticos aplausos y gritos de «autor», «autor», en pintoresca remembranza teatral. Bajaban luego con grandes gestos y comentarios entusiastas, mientras sus barbas al viento daban las últimas pinceladas al paisaje... Pero un día que el crepúsculo, soso y deslucido, no les gustó, silbaron y patearon furiosamente.[7]

Esta personalidad grata y festiva hasta lo deslumbrante, por servidumbre a la condición humana no podía dejar de tener su lado sombrío. Cuando alguno de mis colegas ha efectuado un ensayo patográfico de Rusiñol lo centra siempre encuadrándole en el capítulo de las toxicomanías, pues fue morfinómano. Para mí, su toxicomanía, que luego comentaré más detalladamente, es un accidente secundario sin repercusión marcada en su biografía. En cambio, me sorprende el comportamiento en lo que su hija llama «drama familiar». Este hombre tan simpático, cordial y tan afecto a sus amigos, abandonó a su mujer y a su única hija cuando ésta tenía sólo cuatro meses. La propia hija ha tratado de justificarlo: «Mi madre era muy celosa y le perseguía y vigilaba... Se halló más enjaulado que nunca... Era la pintura lo que él amaba por encima de todas las cosas... y aquel hombre que siempre había huido de todas las complicaciones... un día abrió la jaula y emprendió el vuelo. No paró hasta París.»[8]

Lo cierto es que en un alarde de egoísmo aparentemente incongruente con su afectuosa personalidad, se negó a ver a su hija en los breves viajes que hacía a Barcelona. A las insistencias del tutor de la niña, que clamaba por el padre, respondía: «No, Cuxart. Sería una atadura demasiado fuerte.» Por fin un día, cuando la hija tenía casi cuatro años, se la llevaron al café donde él estaba. La niña se le acercó y le dijo: «Tú te llamas Papá», pues la madre le mostraba todas las noches un retrato de Rusiñol para que no le olvidase. Tras una aparatosa efusión sentimental, Rusiñol ya la visitaba en los viajes a Barcelona. Pero pasó algún año más sin que retornase al hogar, final afortunado (ya jamás se volvió a separar de su esposa e hija, llevando una vida familiar entrañable) que curiosamente se debe a su morfinomanía.[9]

Para sus terribles cólicos, que creía biliares y resultaron luego deberse al riñón, no había entonces otros analgésicos eficaces que los derivados del opio. Así se hizo Rusiñol morfinómano, quedando anulado en plena juventud. En Sitges, inactivo, rodeado de «amigos», que para que recuperara su actividad social durante unas horas y en resumen les divirtiera, le procuraban la droga destructora, parecía Rusiñol un hombre acabado para siempre, y probablemente así hubiese ocurrido si su mujer no hubiese acudido al rescate. El pintor se resiste a aceptar ayuda de una mujer a quien había destrozado la vida abandonándola, pero ella logra convencerle y estudian cuál sería la clínica más adecuada para su curación. Hoy una desintoxicación de la morfina se realiza sin dolor y en pocos días. A finales del pasado siglo suponía un calvario de grandes sufrimientos y peligros. Una clínica de París anunciaba (probablemente con gran optimismo) tener «sólo» un dos por ciento de mortalidad en este proceso. Aquí surge la eterna chispa de humor en Rusiñol, que escribe al director pidiéndole que le avise en cuanto mueran dos enfermos. Allí se curó.[10]

Con el mismo burlón desenfado se enfrentó siempre con los serios quebrantos de su salud: «Don Santiago, está el médico.» «Díganle que no entre, que estoy enfermo.» Durante años acudió con Ramón Casas al balneario de San Hilario, supuestamente a tomar unas aguas que nunca probaron. «Rusiñol, ¿cuánto hay de aquí a San Hilario?» «Cuatro tabernas». Un año, que su padre le hizo acompañar por un empleado para asegurarse de que tomaba las aguas, le sentaron mal por falta de costumbre. Cuando al fin, tras estos «tratamientos», se puso muy grave, hubieron de extirparle un riñón, operación peligrosa a principios de siglo, y con un postoperatorio atroz. Al día siguiente de la intervención, Rusiñol recordó que era carnaval, e insistió con su mujer en que él jamás había dejado de disfrazarse ese día; quería al menos una nariz de cartón. Para no discutir, su esposa le trajo una, que le gustó: «Parezco Cyrano ya en las últimas», y con ella permanecía al día siguiente. Cuando el Dr. Sunyer, un tanto miope, acudió a verle, comentó preocupado a la esposa que le encontraba bien de pulso, temperatura y tensión, «pero no me gusta su cara; tiene la nariz muy hinchada». Cuando ya en sus últimos años, tuvo que suprimir el alcohol, brindaba con las medicinas.

Otro rasgo suyo era el de ir siempre arrugado y cubierto de manchas: «¡Cuánto hay que padecer para ir limpio; no comprendo cómo hay alguien que tenga ese vicio!» Una vez, en Buenos Aires, su empresario teatral le pidió que para una entrevista se cepillara los zapatos: «A los míos les va a sentar mal; no están acostumbrados.» Logró su esposa comprarle un traje blanco, flameante, que durante unas horas amparó angustiada de los descuidos del pintor. «¡Cuidado con la ceniza! ¡No te arrimes! ¡No te manches!» Llegaron a un restaurante, pidió Rusiñol un porrón de vino tinto y se roció el traje. «Ya está manchado, se acabó el problema.» (El «problema», sí, pero cuentan que la escena tardó bastante en concluir.)

En las situaciones embarazosas solía responder con fatalismo bienhumorado. Llevando a un visitante en la tartana, se desbocó el caballo. El pasajero, ocultando su temor, comentó: «Le advierto, Rusiñol, que yo no tengo prisa.» «Yo tampoco, es el caballo el que la tiene.» Debió ser convivencia singular la que tuvo con Unamuno, cuando les invitaron juntos (nunca he comprendido por qué) a visitar el frente italiano en la primera Guerra Mundial. Los oficiales italianos quedaron en seguida familiarizados con la cordialidad de Rusiñol y se atrevieron a preguntarle: «Oiga, ¿el señor Unamuno no se ríe nunca?» «Nunca, se lo prohíbe su cargo.» Horas después, con gran susto suyo, se empeñaron en darle una vuelta por el frente en avión. Al ir a atarle: «No hace falta; les juro que, una vez arriba, no pienso bajar.»

El anecdotario es interminable. Un carácter psicológicamente curioso de sus cuadros de jardines es que éstos casi nunca tienen personajes, siendo él tan gregario. De «silenciosos» se los ha calificado, y en los escritos en que resume sus ideas estéticas sobre cómo deben pintarse y ser los jardines, insiste en su «cerramiento por severos muros vegetales, ocultando de la vista toda vulgar perspectiva», símbolo de su personalidad aparentemente tan abierta y, en realidad, tan cerrada, con tantos mecanismos psicológicos de defensa de su intimidad, «... todo envuelto en un místico aroma de refinado buen gusto, todo mate y andando en vaga neblina ... donde el alma gozará de un absoluto reposo».

En su libro *Folls de la Vida* comenta: «... Ahora que todo se colecciona, yo haría, si pudiera, una colección de recuerdos.» Pocas selecciones de esta índole serían más gratas; pero, bien estudiado Rusiñol, quedan en segundo plano sus ideas estéticas (cuántas veces un artista es importante, «a pesar» de ellas), anécdotas, bromas, etc. Su propia hija intuye que lo más importante «de la obra de mi padre era su propia persona», y para mí, la esencia del atractivo de Rusiñol está en que hizo de la pintura, y de muchas de sus actividades, lo que nunca deben dejar de ser: una forma de amar.

Comentario psiquiátrico

La inclusión de Santiago Rusiñol dentro de los Estudios psiquiátricos de artistas se debe a su toxicomanía juvenil, y, según algunos, a su alcoholismo. Sobre esto, nada hemos comentado en la reseña biográfica, pues en nuestra opinión nunca fue un «alcohólico» grave en el sentido «de dependencia», aunque sí fue gran bebedor toda su vida, como un elemento más de su acritud hedonista de degustador complacido del buen vivir. Evidentemente, como bebedor copioso de alcohol, éste sí le deterioró prematuramente, y en sus últimos años, que no eran tantos —pues muere a los 71—, manifestó un claro embotamiento mental prematuro atribuible a sus hábitos de bebedor, que supo interrumpir, «brindando entonces con las medicinas», como antes he comentado. Su agilidad mental era sólo un recuerdo. Le seguían «llevando» a las tertulias de café, donde algunos jóvenes se agrupaban en torno a su prestigio, pero él permanecía silencioso y ausente. Como en todas las arteriosclerosis acentuadas por etilismo, tenía temporadas de mejoría, en que, más despejado, reemprendía parcialmente su actividad. Es en una de estas fases de recuperación cuando decide regresar a Aranjuez y allí muere. En casi todas las personalidades con deterioro psicoorgánico, los automatismos, los hábitos adquiridos, son lo que mejor se conserva. En el caso de Rusiñol se centraba en la pintura, su dedicación fundamental y a la vez su gran pasión; por ello su calidad no se rebaja ostensiblemente en la última etapa.

En cuanto a su morfinomanía, Rusiñol no era un toxicómano por toxicofilia psíquica, por predisposición a la búsqueda del placer artificial, a la pasividad y a la eliminación de todo esfuerzo. Por el contrario, era una persona entusiasta y capaz de trabajo y sacrificio para logar sus metas. Su caída en la morfinomanía fue accidental, por los dolores de sus cólicos renales, y como en muchos enfermos con administración reiterada, la morfina ya se hace por sí misma una necesidad imperiosa independientemente de los dolores que motivaron su utilización inicial. Llegó a ser un morfinómano grave, quedando prácticamente anulada su actividad creadora. Cuando los médicos tratamos a un toxicómano, el individuo vuelve de momento a su personalidad pretoxicómana al quedar desintoxicado, y entonces nos encontramos ante una de dos situaciones completamente diferentes: el paciente era ya una personalidad inestable (la toxicofilia de que hablamos antes), sin puntos de apoyo para su reestructuración, incapaz de sacar partido a la vida más que pasivamente, de lo que le dan regalado, y entonces suele recaer al poco tiempo. Por el contrario, puede ser una personalidad rica y vigorosa que ha caído accidentalmente en la toxicomanía; no necesita la droga para iluminar artificialmente su vida, se siente liberado al desintoxicarse y no suele recaer. Uno de estos casos fue Santiago Rusiñol. La droga no tuvo más efecto en su obra que el de interrumpirla durante un período, que, de prolongarse, le habría sido fatal.

BIBLIOGRAFÍA DE SANTIAGO RUSIÑOL

1. Rusiñol, María: *Santiago Rusiñol visto por su hija*, Ed. Juventud, Barcelona, 1963, p. 180.
2. Gaya Nuño, Juan Antonio: *La pintura española en el siglo XX*, Ed. Ibérico Europea de Ediciones, S. A., 2.ª ed., Madrid, 1972, pp. 63-65.
3. Enciclopedia Espasa, vol. 52, pp. 963-969.
4. Areán, Carlos: *La Pintura Española de Altamira al siglo XX*, Ed. Giner, Madrid, 1971, pp. 379-381.
5. Rusiñol, María, loc. cit., p. 67.
6. Id. p. 49.

7. Id. p. 109.
8. Id. pp. 42-43.
9. Francés, José: «Santiago Rusiñol» en *La Ilustración Española y Americana*, 30-IV-1913.
10. Vallejo-Nájera, Antonio: *Locos Egregios*, 2.ª ed., Salvat, Barcelona, 1953, p. 247.

NIJINSKY, «EL ÍDOLO ROTO»

Vaslav Nijinsky (1888-1950). Es muy difícil que nuestra generación pueda comprender la importancia del «bailarín». Tampoco los precedentes a él, pues Nijinsky es un caso único e irrepetible. Los demás pueden haber tenido «talento»; sólo él fue un «genio». No es un calificativo caprichoso: se lo adjudicaron Ravel, Stravinsky, Debussy, Richard Strauss, Jean Cocteau, etc. Al iniciarse su decadencia, el primero en percibirla comentó: «Baila todavía soberbiamente, con una técnica perfecta, pero ya como un hombre, no como un dios.» Fue Nijinsky la figura estelar de los últimos años de la Belle Époque, admirado y adulado como muy pocos artistas lo han sido.

El baile es un arte efímero, que se extingue con la última pirueta. Por ello resulta asombrosa la persistencia de la imagen de Nijinsky tras su desaparición, en un increíble fenómeno: gran parte de quienes seguían hablando con veneración del «desaparecido» Nijinsky ignoraban que éste aún vivía. Estuvo muerto en vida desde 1919 hasta su fallecimiento «real» en 1950. En pleno triunfo lo encapsuló una terrible enfermedad, la esquizofrenia, de cuyo primer brote nunca se repuso a pesar de haberle atendido, en sucesión, el equipo de psiquiatras más notable que jamás se haya ocupado de enfermo mental alguno. Sobre este «monstruo sagrado» se consultó a Freud, Jung, Bleuler, «descubridor» de la esquizofrenia, Sackel (autor del primer tratamiento eficaz contra esta enfermedad, que él mismo, ya tarde desafortunadamente, aplicó al bailarín), Wagner von Jauregg (único psiquiatra premio Nobel), los Binswanger, Ferenzi, Kraepelin, Forel, etcétera.

Al enloquecer, Nijinsky escribió un diario en que fue anotando las vivencias iniciales de su esquizofrenia. Años después, su esposa lo encontró en un viejo baúl y lo publicó. Es

el mejor testimonio del desmantelamiento de un genio por la enfermedad mental.

Debió ser alucinante. Extraña sesión de ballet. La situación de los espectadores era similar a la de los de aquel cuento infantil en que unos pícaros visten al rey con telas imaginarias «que sólo no ven los mal nacidos», por lo que la real desnudez se pasea entre los elogios de sus súbditos al rico vestuario inexistente. Esto ocurre hoy con frecuencia en el mundo del arte, en que el fraude es tan fácil; pero en aquella ocasión su protagonista era inocente, estaba enfermo.

Había pasado más de un año desde la última aparición en público de Nijinsky, y los balletómanos, habiendo catado el «manjar de los dioses», lo añoraban. El anuncio de que Vaslav Nijinsky daría un recital para doscientos invitados a beneficio de la Cruz Roja en un hotel de St. Moritz, les hizo acudir expectantes. Allí estaban mirando el escenario donde el coloso, tras decir a la pianista Bertha Gelbar «ya ordenaré en su momento qué debe tocar», espeta a los perplejos asistentes: «Les voy a mostrar cómo vivimos, cómo sufrimos y creamos los artistas.» Sentándose en una silla frente a la audiencia, quedó mirándoles fijamente. Pasaron minutos, y minutos... y media hora. El público, inmóvil, como hipnotizado. Luego cada cual ha dado su versión de esta escena,* pero allí siguieron, como los admiradores del atuendo del rey del cuento, paladeando aquella nueva esquisitez estética, minuto a minuto, sin saber qué pensar, pero no atreviéndose a mostrarlo, no fueran a creer que no entendían al genio. Al fin Romola Nijinsky, a la que al salir de casa, él había dicho: «¡Silencio!, esto es mi matrimonio con Dios», asustada y llorosa, hizo una señal a la pianista para que tocase algo, y Bertha inició las *Sílfides* y luego unos compases de *El espectro de la rosa*, sin que se modificase la actitud estatuaria del bailarín. Acercándose a su esposo, le murmura: «Por favor, comienza, baila las *Sílfides*.» Responde él secamente: «¡Cómo te atreves a importunarme!, no soy una máquina, bailaré cuando sienta que debo hacerlo.» Seguimos el relato de la atribulada esposa: «Nunca me había hablado así Vaslav, y ¡delante de toda esa gente! No pude soportarlo y abandoné el cuarto conteniendo las lágrimas. Me siguieron mi hermana y Asseo (el esposo de la pianista). "¿Qué pasa? ¿Qué le ocurre a Nijinsky?" "No sé. Tengo que llevármelo a casa. ¿Qué creéis que podemos hacer?" Entramos de nuevo. Vaslav está bailando; gloriosamente, pero de modo aterrador. Cogió unas piezas de

* Habiendo diversidad en los relatos, nos hemos atenido al de Romola, la esposa de Nijinsky.

terciopelo blanco y púrpura y desenrollándolas hizo una gran cruz en el suelo. Se colocó en su cabeza, con los brazos extendidos, como una cruz viviente. Dijo: "Ahora voy a bailar la guerra, con sus padecimientos, su destrucción, sus muertes." Era terrible.

»Vaslav seguía bailando, tan brillantemente, con tanta belleza como siempre, pero era diferente... Parecía inundar la estancia con el sufrimiento de la humanidad. Era trágico; sus gestos, todos monumentales, y nos sugestionó de tal modo que casi le vimos flotar sobre cadáveres. El público, sin aliento, horrorizado y al mismo tiempo extrañamente fascinado. Parecían petrificados. Sentíamos a Vaslav como a una criatura sobrepoderosa llena de fuerza dominadora, como un tigre arrancado de la jungla, que nos podía destruir a todos. Y estaba bailando y bailando, girando en el espacio, arrastrando al auditorio con él a la guerra, a la destrucción, enfrentándoles con el sufrimiento y el horror, luchando con sus músculos de acero, su agilidad, su velocidad de relámpago, su carácter etéreo, intentando escapar del fin inevitable. Era la danza de la vida contra la muerte.»

Ésta es la versión de Romola, no imparcial precisamente, pero la valoración del impacto emocional y de la excelsa condición estética de la parte danzada de la sesión es unánime en todos los relatos de los espectadores. También coincide con el carácter de extrema capacidad de irradiación sentimental que siempre había tipificado a Nijinsky. Es el 19 de enero de 1919. Nijinsky, que morirá a los 62 años, y entonces tiene 31, ha bailado por última vez.

Romola pregunta por el «mejor» psiquiatra y le recomiendan a Ernst Bleuler, que trabaja en Zurich. Primero lo visita ella. Una entrevista de dos horas (¡pobre Bleuler!) en que aturdiría al médico con su verborrea desfiguradora de la realidad; el profesor la tranquiliza. Al día siguiente, tras una entrevista de sólo diez minutos con Nijinsky, Bleuler tiene que decir a Romola: «Hija mía, debe usted ser valiente. Hay que separar inmediatamente a la niña (Kyra, la hija adorada, y entonces única de Nijinsky), y le conviene tramitar el divorcio. Por desgracia, no puedo hacer nada. Su marido es un alienado incurable. Lamento ser tan brutal, pero tengo que salvarla a usted y a la niña. Dos vidas. Por él no podemos hacer nada.» Romola, aturdida por el golpe, va en busca de Vaslav. Éste, que aguarda en la sala de espera, la recibe con una melancólica sonrisa. «Fremmka,* me traes la sentencia de muerte, ¿no es cierto?»

* Nombre familiar con que, en la intimidad, llama a su esposa.

Romola decidió no divorciarse ni llevar a Nijinsky al hospital, contra el consejo de su madre, pero ésta actúa independientemente, y mientras lleva de paseo a Romola, «... Nijinsky estaba en la cama esperando el desayuno. Llegó la ambulancia de la policía, mientras los bomberos rodeaban el hotel Baur en Ville para impedir que Vaslav saltase por la ventana... Los siguió dócilmente al hospital, donde quedó en la sala común con otros treinta pacientes. De la impresión tuvo el primer ataque catatónico. El prof. Bleuler deploró este incidente lamentable que agravó su enfermedad, la cual, de otro modo, podía haber quedado estacionaria».

Mientras Nijinsky se difumina en las tinieblas de la locura, Romola, agigantada por un amor que, nacido en el deslumbramiento, se enriqueció con todos los ornamentos de cariño, ternura, abnegación y entrega que lo subliman, será durante treinta años el ángel tutelar del ídolo roto. Con riesgo de su propia vida, pues Vaslav se ha convertido en un ser extraño, ajeno, «enajenado», mudo (no hablará apenas durante veinte años), violento y también peligroso.

Con la visita a Bleuler ha comenzado un triste y desesperado peregrinar a todos los psiquiatras famosos. Primero los de Suiza: Forel («No se puede hacer nada»), Jung («No hay esperanza en el estado actual de la ciencia»). Luego en Viena: Sigmund Freud («El psicoanálisis no es eficaz en los casos de esquizofrenia»), Wagner-Jauregg («Mientras un esquizofrénico tiene períodos de agitación, queda esperanza de que evolucione hacia una mejoría»).

La posible mejora no aparece. Nijinsky se niega a comer, no habla, tiene alucinaciones. Tras seis meses en Kreuzlingen con Binswanger, y contra el consejo de todos los médicos, Romola decide «hacer el experimento» de traerlo a casa, para lo cual tiene que organizar un costosísimo equipo de enfermeros de día y de noche. Arropada con ellos, amplía sus «experimentos», como traerle a su madre y a su hermana (Nijinsky no hace ningún gesto de haberlas conocido), y llevarle hasta París, a presenciar la danza frenética de unos cosacos («permaneció indiferente y silencioso»). Consiguió que le visitase Diaghilev, el trampolín desde el cual Vaslav había saltado desde el anonimato a la inmortalidad, su mentor y amante a quien no había visto desde que seis años antes se apartaran con odio en Barcelona. Diaghilev, recibido con una mirada vacía, le dijo: «Tienes que volver a bailar para los ballets rusos y para mí.» Nijinsky interrumpió un silencio de varios meses: «No puedo, porque estoy loco.»

Romola, agotadas las lumbreras médicas, no cejó en su empeño. Recurrió a notabilidades de prestigio más dudoso, como Coué, y después a la primera «joven promesa» de que cualquiera le hablaba, en una patética superposición de la esperanza sobre la experiencia. Finalmente a curanderos, y a la búsqueda del milagro. «Le llevé a Lourdes; pasamos allí varios días. Mojé su frente en el manantial, y recé, esperando y esperando, pero no se curó. Quizá mi fe no fue lo suficientemente intensa.»

Tras Lourdes, las otras religiones y supersticiones. Ensaya la Christian Science y los «sanadores por la fe», y hasta el último charlatán milagrero. Todo en vano.

Paralelamente, sigue Romola sus «experimentos». No concibe que el dios de la danza pueda permanecer impávido ante el choque psicológico de presenciar lo que fue razón y pasión de su vida. Le lleva al teatro a contemplar a su hermana y preferida bailarina Bronislava Nijinska, que bailaba con Anton Dolin en unos decorados de Juan Gris y Braque, tras un telón de Picasso (así fue el ballet ruso de esos años), todos antiguos amigos de Vaslav. Éste permaneció aislado tras su indiferencia patológica.

Mientras tanto, Diaghilev les visita esporádicamente acompañado del amante de turno, jóvenes promesas que luego resplandecerán en el mundo del ballet. Desechado Massine, fueron pasando por el mismo ritual Dolin, Lifar y Balanchine. Es impresionante la veneración con que estos jóvenes, alguno de los cuales nunca había visto bailar a Nijinsky y al que conocieron como un triste cadáver viviente, tratan y luego protegen al gigante vencido. Dolin organizará, muerto Diaghilev, varios festivales con el fin de reunir dinero para Nijinsky. Lifar, en la primera entrevista, besa la mano de Nijinsky, que sigue impávido mordiéndose las uñas hasta sangrar y moviendo estereotipadamente las muñecas, y bailará diez años más tarde para iniciar la colecta con que reunir fondos para el tratamiento de Vaslav. Dolin, al acabar la Segunda Guerra Mundial, hace enormes esfuerzos para remitir fondos desde los Estados Unidos a los Nijinsky, desamparados en Viena. Ambos portarán su féretro, y Lifar, en una conmovedora lealtad hacia alguien de quien jamás recibió una respuesta coherente, lealtad que llevará hasta más allá de la muerte, se ocupará en 1953 del traslado del cadáver al cementerio de Monmartre, donde él se propone reposar algún día.

Gracias a esta generosa ayuda, pueden los Nijinsky sobrevivir, pues los fondos propios se agotaron hace mucho tiempo. Romola, que tiene otras grandes virtudes, no se distingue por la de la adaptación a la realidad. Cuando se casó con Nijinsky, éste ocupaba cinco habitaciones en el hotel más caro de cada ciudad. Ningún país podía suministrar su vestuario completo, cuyo encargo se repartía entre los artífices más exquisitos (y, por supuesto, más caros) de distintas naciones. Gastaba muchos miles al mes sólo en perfumes. Al casarse, Romola rebasa de tal modo el nivel de vida del bailarín que éste tiene que advertirle: «Te has casado con un artista, no con un príncipe, pero si lo que deseas son esas cosas (joyas, etc.), te las proporcionaré.» Tarda mucho en comprender que la situación es ya otra y para siempre. Lo hemos visto con el complejo equipo viajero de enfermeros que organiza para poder sacar a Nijinsky del hospital.

Pese a sus ensayos de obtener la curación por medios no convencionales, sigue alerta a las posibilidades que estos últimos pueden brindarle. Es impresionante comprobar cómo Romola capta dónde puede existir el menor atisbo de esperanza. Se entera en 1927 de que en Viena, en la clínica de Poeztl, se vislumbra la posibilidad de un nuevo tratamiento para la esquizofrenia. Así es, y más tarde sacará del pozo de la locura a cientos de miles de enfermos previamente incurables. Poeztl ha de informarle de que aún no está perfeccionado. Sólo diez años más tarde, cuando Nijinsky lleva veinte enfermo, se le puede aplicar. En 1932, ayudada por Lincoln Kirstein (que en 1975 ha publicado un nuevo libro sobre Vaslav), redacta la historia de su esposo, y en 1936 publica también el diario que Nijinsky escribió al iniciarse su esquizofrenia y que tuvo una gran difusión. En ese año se entera de que un joven médico austriaco, Sackel, ha desarrollado la técnica de comas insulínicos, que todavía hoy se conoce con su nombre y que está curando esquizofrénicos. En su «gran estilo», Romola convoca en Kreuzlingen a Sackel con otras tres notoriedades médicas. Incluso acude, ya retirado, el viejo Bleuler para esa sesión memorable, en la que Romola ha de vencer la resistencia de los inspectores médicos que el Gobierno suizo ha nombrado para Nijinsky, y que se oponen al empleo de un tratamiento nuevo, aún no suficientemente probado y muy peligroso. También es contraria la opinión de muchos amigos de Nijinsky, que temen una mejoría parcial que pueda sacarle del «limbo» en que se encuentra y que la conciencia de su lamentable estado pueda ser aún más desoladora que el actual idiotizamiento. El Dr. Sackel y Romola vencen al fin, y la notoriedad del enfermo, que mejora claramente por primera vez en veinte años, se transmite al tratamiento que le ha aliviado, acelerando la difusión de la primera terapéutica eficaz para la esquizofrenia.

Romola insiste en no ingresar a Nijinsky en el hospital donde Sackel trabaja y que éste se traslade a Kreuzlingen para instaurar en este sanatorio su técnica en beneficio del bailarín. Este nuevo alarde de «gran estilo» precisa una base económica a que los derechos de autor de los dos libros no pueden atender. Es conmovedora la solidaridad del mundo del ballet. Anton Dolin organiza la gala en beneficio de Nijinsky, en la que colaboran Serge Lifar, la entonces jovencísima Margot Fonteyn, y otros muchos que hoy nos son desconocidos, pero que eran estrellas. Desde Budapest vuela la gran Karsavina, la antigua pareja de Vaslav, que ha hecho el viaje sólo para decir unas palabras al final del acto, que fueron para Dolin «lo más hermoso de toda la jornada». Recaudaron 2.500 libras, suma entonces enorme, con la que se inicia la «Nijinsky Foundation», que durante muchos años recogerá fondos para las necesidades del artista inválido, al que la Segunda Guerra Mundial aísla de sus benefactores de Londres. Romola contagia su deliroide convicción de la importancia del esposo, como una especie de reliquia viviente, y logra permanecer en la trágica Viena de la inmediata posguerra, sin fondos, nada menos que en el carísimo hotel Sacher, primero requisado por los rusos y luego por los ingleses, como únicos huéspedes civiles. De regreso a Inglaterra, sede de sus más leales adictos, reciben la hospitalidad de Alexander Korda y luego de otros admiradores. Nijinsky habla parcamente y con variable coherencia, pero está tranquilo, pasea y acude con su esposa a ciertos espectáculos. Casi el único fracaso de Romola en doblegar a todos a sus desmedidas exigencias ocurre durante la agonía de Vaslav en Londres, en 1950, cuando, no satisfecha con ningún médico de la isla, pretende hacer venir de Zurich a su antiguo internista, el Prof. Rohr, que había salido de vacaciones de Semana Santa con rumbo desconocido. «Teniendo la mayor confianza en él, traté de conseguir de las emisoras suizas que radiasen una llamada pidiendo al Prof. Rohr que volase inmediatamente hacia Londres. Mi demanda no fue atendida.»

Romola, que se afana en acumular auxilios ya inservibles, impide la aproximación de un sacerdote que pretende confortar a Nijinsky («para que éste no se entere de que está muriendo»). Con el estertor agónico, murmura, como tantos agonizantes: «Mamasha» («Mamá»). «Mandé a las enfermeras que le pusiesen una inyección, oxígeno... algo... quedaron inmóviles... mientras cerraba sus ojos, pensé: He tenido el privilegio, entre tantos millones de mujeres, de compartir su vida, de servirle. Dios me lo dio. Él me lo ha quitado.» Así se extingue Vaslav Nijinsky, «en los brazos de la mujer que había sido por treinta y siete años su esposa, y durante 30 su sustento, su enfermera y segunda madre» (R. Buckle).

Paradójicamente, esta unión ejemplar selló el declive de Nijinsky, que había entrado en la inmortalidad terrena del brazo de su amante «anormal», Diaghilev. Un amor fructífero del que tenemos también que hablar.

Sergei Pavlovitch Diaghilev. Otra fascinante biografía. Ni Vaslav Nijinsky, ni el ballet ruso, ni Picasso, Stravinsky, Debussy, Juan Gris, Miró, Sert, Braque, Ravel... ni la Belle Époque, hubieran sido lo que fueron sin él. Descubridor y Pigmalión de talentos, les impulsaba a crear, haciendo de catalizador para la transfiguración del talento en genio.

Diaghilev era homosexual, y ello ha tenido una enorme importancia en la potenciación del «gay movement» en este siglo. Hoy se preguntan muchos si es posible la existencia de una estrella masculina del ballet clásico que no sea homosexual. Es un artificio de la época y sus circunstancias, debido en gran parte a Diaghilev. Ya hemos esbozado cómo los «grandes» pasaron al estrellato desde su cama... iniciando una cadena cuyos eslabones siguen engarzándose. No tiene por qué seguir siendo así, pues no lo había sido. Teófilo Gautier, en una época, la romántica, en que las bailarinas eran reinas del escenario, y los musculados bailarines mero soporte de ellas, lamenta la ruda virilidad de los bailarines, que rompe la feminidad etérea del mundo de hadas de las bailarinas.

Así seguían las cosas a principios de siglo en todos los escenarios de Europa, menos en los de Rusia. La sociedad decadente de San Petersburgo brillaba en torno al ballet imperial del zar. Los grandes de Rusia habían decidido que podían permitírselo «todo», y siempre que esto ocurre, aumenta la bisexualidad. En cuanto destacaba una bailarina, aparecía poco después ésta en escena con joyas que no tenía en la función anterior, y si un bailarín llamaba la atención, salía poco después del teatro envuelto en un abrigo de pieles. El protector era a veces el mismo para uno y para otra. Era la costumbre; por eso a nadie extrañó que al despuntar Nijinsky, aún adolescente... nos lo va a contar él mismo en su *Diario*: «... Un día conocí a un príncipe ruso, que me presentó a un conde polaco... El conde me compró un piano. Yo no le amaba; yo amaba al príncipe, no al conde... El príncipe Lvov me presentó también a Diaghilev, quien me invitó a seguirle al hotel Europa, donde vivía. Me desagradó Diaghilev al principio por su tono de voz impositivo, pero traté de buscar fortuna. La encontré. Le permití de inmediato hacer el amor conmigo. Temblaba como una hoja. Le detesté, pero fingí otra cosa, pues sabía que, de lo contrario, mi madre y yo nos moriríamos de hambre...»

El disgregado relato de Nijinsky contiene una serie de inexactitudes, entre ellas el triste destino reservado a su madre, si no claudicaba; pues ya tenía un puesto remunerado en el ballet imperial. Nos sirve, sin embargo, para comprobar en líneas generales cómo se desarrollaban estas relaciones, más o menos frecuentes, pero no aún el prototipo. La mejor demostración es que la máxima estrella del ballet imperial durante ese período, Michel Fokine, con su gallarda virilidad, encendía los corazones de todas las bailarinas, y de las que no lo eran. Las alumnas del ballet arriesgaban castigos para ir a espiarle mientras ejercitaba en la barra, y una de ellas, Karsavina, la pareja de Nijinsky en tantos futuros triunfos, se enamoró perdidamente de Fokine, con quien se unió en matrimonio feliz. Éste era el patrón habitual. Los padres de Nijinsky fueron también bailarines, y su separación se debió a los constantes devaneos del padre; siempre con mujeres... Pero desde ahora, la selección, el filtro por el que habían de pasar todos los bailarines que de la remota Rusia iban a bailar en el resto de Europa, era Diaghilev.

Desde el principio, desde que tuvo la idea de mostrar a París y al mundo los ballets rusos, Diaghilev insistía en la sorpresa que esos auditorios, habituados a valorar únicamente a las bailarinas, se iban a llevar al conocer a «nuestros bailarines masculinos».

Sorpresa y escándalo, pues a los espectadores parisinos no se les había ocurrido la idea de «admirar la gracia y belleza de los bailarines», y Diaghilev, enamorado ya de Nijinsky y empeñado en centrar la publicidad en él, le presentaba en «Armide» con un ostentoso e innecesario collar de perlas y brillantes (que inmediatamente imitó Cartier. Nijinsky iba ya a influir en las modas femeninas: las mujeres llegaron a maquillarse los ojos alargándolos para recordar los de Vaslav). Es curioso que Nijinsky, tan silencioso y discreto fuera del escenario, fuese propenso a provocar el escándalo en él. El gesto final de su coreografía e interpretación de *La Siesta de un Fauno* tuvo un carácter tan ostentosamente lascivo, que la tolerante censura de entonces le pidió modificarlo. Fue despedido del ballet imperial de San Petersburgo por actuar ante la corte sin el sujetador reglamentario que los bailarines utilizan bajo el leotardo. En la vida social presentaba una imagen desvaída, siempre en silencio, pegado a Diaghilev, con quien sistemáticamente era invitado. La duquesa de D., que le conoció en Madrid, dice: «Era un genio en el escenario; en cuanto bajaba de él se convertía en un sacristán, con el que no había modo de mantener conversación en ningún idioma.»

La despedida de Diaghilev fue tan espectacular como el encuentro. He notado que su relato produce asombrado regocijo a mis amigos catalanes. A los demás españoles no nos hace tanta gracia, por estar menos familiarizados con la proverbial seriedad del «árbitro» de esta última reyerta verbal de los antiguos amantes: D. Francisco Cambó. Nijinsky se negó a ir con la compañía a la última gira de América del Sur, y tras discutir con Diaghilev sobre ese extremo, el 30 de junio de 1917 pretendió tomar el tren en Barcelona hacia Madrid. Al ir a subir, dos policías le tocaron el hombro: «¿Es usted el señor Nijinsky?» «Sí.» «Venga con nosotros, está arrestado.» «¿Por qué?» «A petición del señor Diaghilev, por incumplimiento de contrato.»

Sergei Pavlovitch, al no tener contrato, había hecho una sucia jugada a Vaslav, aprovechando un telegrama de éste y que España era el único país del mundo donde un telegrama vinculaba legalmente. Llamados por teléfono los amigos de Madrid del bailarín, lograron la liberación de éste en un par de horas, y le proporcionaron como abogado al más famoso de Barcelona, el señor Cambó, en cuya presencia se desarrolló la última tempestuosa entrevista.

Cambó llamó después indignado a quien le había encargado el caso: «Por favor, ¡qué clase de gente me ha enviado usted!» El motivo de su enfado era que Diaghilev (que logró obligar a Nijinsky al viaje), quiso justificar ante Cambó el empleo del golpe bajo a Nijinsky diciendo: «... además es un chiflado imposible; fíjese usted que se empeña en levantarse a media noche, paseando descalzo por el suelo de mármol, y luego se me mete en la cama con los pies helados...». Esto aún hoy chocaría como argumento en una discrepancia legalista, pero en la Barcelona del año 17... Dicen que Cambó tardó mucho en poder hablar del asunto sin irritarse.

El deslucido papel de Nijinsky en sociedad no se debe ni remotamente a cortedad intelectual, sino a timidez y desdén por todo lo que no perteneciese a su núcleo de intereses. No se trataba de un «talento parcial», como esos calculadores mágicos de barraca de feria que suelen resultar incomprensiblemente retrasados mentales. Vaslav era un superdotado absoluto. Cuando en las etapas premonitorias de su enajenación mental varió el campo de intereses, inventó todo un complejo sistema de anotación de la coreografía, un limpiaparabrisas eficaz, un lápiz que no era necesario afilar, y realizó, sin entrenamiento, multitud de dibujos de gran interés. Tenía ciertamente dificultad de comunicación interpersonal en el plano verbal. Cuando trataba de explicar a los miembros de la compañía de ballet su nueva coreografía, no le entendían hasta que ejecutaba los movimientos ante ellos. Entonces se transfiguraba. Poseía una capacidad ilimitada de expresión mímica; con gestos podía hacer comprender y sentir cualquier cosa. En ello se basa uno de los secretos de su increíble fuerza de irradiación emocional desde el escenario.

En cambio, quedaba cortado cuando había de responder con palabras. Son divertidos dos incidentes con la descarada Isadora Duncan, que no perdía ocasión de «epatar a los filisteos». En el primer encuentro, siendo Vaslav jovencísimo, captó Isadora el fenómeno que tenía ante ella, y le propuso «tener juntos un hijo» que pudiese heredar las cualidades de dos colosos de la danza. Quedó Vaslav tan cortado como cuando doce años después, ya casado y con una hija, coincidieron de nuevo en un banquete en Nueva York, y la incorregible Isadora le comentó: «¿Recuerda cuando le propuse hacer un hijo? Veo que ya ha comprobado usted que eso no es tan desagradable.»

Sí, ya lo había comprobado, con pasmo de todo el mundo del espectáculo, pues no se concebía que, tras vivir públicamente con Diaghilev, pudiese contraer matrimonio satisfactorio. El más asombrado fue el propio Diaghilev, que en la tempestuosa vivencia del amor y los celos, tan frecuente en los homosexuales, persiguió con saña a Nijinsky, secundado por toda la élite «gay» de la que era pontífice indiscutido. Y una de las más perplejas inicialmente fue Romola, que en la noche de bodas vio que Nijinsky, tras brindar con champagne y besarle la mano, se retiró, solo, a una de las cinco habitaciones que ocupaban en el hotel. Debió salir pronto de dudas, pues quedó en seguida embarazada. Tuvieron una segunda hija que nació a los pocos meses de enloquecer Vaslav, y durante los siete años de actividad artística casado, jamás volvió a mostrar la menor inclinación homosexual. En la última gira por Argentina y Brasil, nos lo describen fuera del escenario «sin ningún rastro de afeminamiento».

Que la homosexualidad es un patrón inducido de comportamiento, y no siempre una predestinación, nos lo vuelve a demostrar el siguiente amante de Diaghilev. Es curioso comprobar cómo hombres que se divorcian buscan para casarse a mujeres con exactamente las mismas características que les hicieron insoportable la convivencia con la primera. Similarmente, mientras anegaba en champagne su furia y desolación por el abandono de Nijinsky, Sergei Pavlovitch le encontró pronto sustituto adecuado en Leonide Massine, al que despidió furibundo años después por haberse enamorado de una bailarina inglesa, Vera Sabina..., para repetir la historia con Anton Dolin, a quien expulsó de la compañía por preferir amistades de su edad..., le corresponde el turno a Lifar...

Como todos los genios, Nijinsky iba por delante de su generación y fue incomprendido por la mayoría. Estaba haciendo ballet abstracto años antes de que a ningún pintor se le ocurriese iniciar ese camino. ¿Cómo fue entonces tan popular y admirado? Por dos factores casuales, que no suelen brindarse a los genios: Primero, por estar al lado de Diaghilev, que supo entender y explicar a otros lo que Nijinsky hacía, y segundo, porque le acompañaban cualidades secundarias que deslumbraron y arrebataron a las multitudes obtusas. Vaslav era «también» un prodigio desde el punto de vista muscular. Su potencia atlética parece que tampoco se ha igualado. Esto es lo que enloquecía a las masas. «El hombre pájaro», «cruza en dos saltos el escenario», «sube más alto y hace más entrecruzamientos de pies que ningún otro» ... La exhibición de este matiz circense en *El espectro de la rosa* fue lo que proporcionó multitud de admiradores bobalicones, con gran irritación suya. Protestaba airado: «No soy un saltador, soy un bailarín», pero el imperativo comercial obligaba en cada gira a incluir constantemente *El espectro de la rosa*.

¿Por qué era Nijinsky superior a todos? Es imposible que lo podamos sentir. La fotografía estaba en la era del magnesio, no utilizable en acción, y todas las que nos quedan de Nijinsky son de pose en el estudio. Aunque tienen enorme interés, son sólo una imagen congelada. El cine no podía aún captarle y además creo que no hubiese sido eficaz. Debía de haber algo, de la índole del magnetismo animal o fuerza semejante, que Nijinsky sabía irradiar. Independientemente de su genialidad como coreógrafo. Cuando fue expulsado de la compañía, los propios intérpretes reconocieron no haber conseguido jamás igualar su versión de *La Consagración de la Primavera*. Le juzgaron único. Es imposible que tantos espectadores discriminativos se hayan equivocado.

Considero inútil reproducir las frases de los críticos y comentaristas. Son literatura y la emoción de presenciar a Nijinsky en acción era, al parecer, inefable, inadecuada para comunicarse en palabras. Me atengo a un espectador para mí de la máxima confianza: mi padre. Siempre me extrañó que este viejo castellano, típico exponente de la austeridad de su raza, tuviese entre las antiguas postales de sopranos wagnerianas obesas de su Bayreuth juvenil, una gran foto de Nijinsky, precisamente del *Espectro*. Qué hacía entre sus recuerdos preferidos aquel individuo ostentosamente afeminado, no me atrevía a preguntárselo de niño, y luego lo olvidé. Surgió en una de nuestras últimas conversaciones, ante el naciente fenómeno de Nureiev. Recuerdo perfectamente sus comentarios durante el entreacto, al preguntarle la equiparación con Nijinsky: «Mira, hay toda la diferencia que va del gran intérprete al creador.» Pero bueno, ¿cómo era Nijinsky?: «No sé describirlo, me siento como el viejo marino que trata de explicar a un niño ciego cómo es el mar.»

BIBLIOGRAFÍA DE NIJINSKY

Nijinsky, Vaslav: *Journal de Nijinsky*, Gallimard, 3.ª ed., París, 1953. Este libro es insustituible, ya que ningún otro lo reproduce íntegramente. Es el diario que escribió al iniciarse su psicosis, y que, escondido en un baúl, encontró y publicó su esposa años después.

Nijinsky, Romola: *Nijinsky by His Wife*, Simon and Schuster, N. Y., 1947 (la 1.ª ed. es de 1932); difícil de encontrar. Los pasajes fundamentales están reproducidos en el de Buckle.

Buckle, Richard: *Nijinsky*, Avon Books, N. Y., 1975, 482 pp. Desde el punto de vista biográfico, es el más completo. Resume y rectifica todos los anteriores, e integra la historia de los ballets rusos durante la época de Nijinsky.

Kirstein, Lincoln: *Nijinsky Dancing*, A. Knopf, N. Y., 1975. El interés de este libro está en la reproducción a gran tamaño de todas las fotos importantes de Nijinsky, que se conservan en la *Colección de danza*, de la librería del «Museum of the Performing Arts» de Nueva York.

ADOLFO HITLER

Adolfo Hitler (1889-1945), nacido en Austria. Canciller de Alemania en 1933, dictador desde 1934 hasta 1945. Jefe absoluto del nazismo. Führer. Dueño en un tiempo de casi toda Europa, no existe persona de nuestro siglo que haya sido más intensamente amado y odiado con más vehemencia (ambas cosas con justificado motivo) por mayor número de personas. Su figura excepcional sigue siendo en gran parte un enigma. El motivo de incluirlo en este libro radica en la supuesta paranoia, cuyas ideas delirantes de grandeza y hostilidad le llevaron a casi poseer el mundo y luego a casi destruirlo.

Tenía Hitler hondamente arraigada la convicción de su propia singularidad histórica; tanto que, al hacer comparaciones con «otro», nunca recurría a un contemporáneo: se remontaba a Napoleón y, es irónico, a Jesucristo.

Lógicamente, al conquistar París, uno de sus primeros actos fue la visita a la tumba del «colega francés», que le atraía como un imán, y, a la vez, teniendo Hitler un certero instinto publicitario, podía usarlo como puente psicológico hacia los derrotados. Es curiosísimo analizar su irritada desilusión al comprobar que para ver el sepulcro de Napoleón había que mirar hacia abajo. De vivir el arquitecto, habría sido inmediatamente destituido. ¡Meter a Napoleón en un agujero! Para Hitler, aquello era una imperdonable necedad psicológica..., y se le escaparon algunos comentarios sobre los planes para su propio mausoleo: «nunca haré una estupidez semejante. Sé cómo mantener la ligazón con mi pueblo aun después de mi muerte» y, por supuesto, decidió ser colocado en lo alto para que, al contemplarle, las gentes tuvieran que mirar hacia arriba (en lo que, una vez más, se transparenta su extraña identificación inconsciente con Jesucristo).[1]

Sintió profundo desdén hacia sus principales rivales. Consideraba el comportamiento de Roosevelt «propio de un judío fullero», «... tiene una mente enferma»... «... y los rasgos negroides de su mujer muestran que también ella es de media casta». Sobre Churchill: «... Es un cerdo indisciplinado, borracho ocho horas de cada veinticuatro.» Únicamente a Stalin consideraba rival digno de tenerse en cuenta en cuanto a su talla personal.

Hitler tuvo varios proyectos, más o menos elaborados, sobre su mausoleo. El primero, y más sensato, fue el de ser enterrado junto a las víctimas del *putsch*, primeros «mártires» del nazismo. Nos cuenta Speer que desechó esta idea, pensando ser enterrado en Linz, su ciudad natal, en la que pensaba hacer el grandioso «Centro de las Artes», pues Hitler, al igual que Nerón, nunca dejó de pensar en sí mismo como una especie de artista que sacrificó el ejercicio de su talento estético en aras del deber.

Las órdenes concretas que dio a Speer sobre su mausoleo muestran una vez más la absoluta disparidad de estructura mental y de concepción de la vida y de la muerte entre Hitler y Francisco Franco. En la planificación de la basílica del Valle de los Caídos, sus técnicos informaron a Franco con júbilo no tener ningún problema en que la cúpula sobrepasase en diámetro a la de San Pedro del Vaticano. Mandó a los arquitectos —según confidencia de uno de ellos a mi padre— que tuviese medio metro menos de diámetro que la de Miguel Ángel, «por respeto a la primera iglesia de la Cristiandad». Hitler ordenó que la aguja cimera de su mausoleo sobrepasase por lo menos un metro la altura de la aguja de la catedral de Viena.[2]

Para su nunca lograda visita triunfal a la Inglaterra vencida tenía otro proyecto: cuando le preguntaron qué es lo primero que haría al llegar, contestó tajantemente que visitaría el sitio en que Enrique VIII había hecho decapitar a sus esposas.[3] Este anhelo frustrado nos es tan revelador sobre el subconsciente de Hitler como su mudo diálogo con Napoleón, y en dos direcciones: la primera, su relación con las «esposas» (veremos en seguida que, entre las escasas amantes de Hitler, dos se suicidaron y las demás intentaron hacerlo, o «fueron suicidadas»), y la segunda, su interés específico por las cabezas, especialmente las cortadas. Éste parece haber sido tema preferente de muchas de sus fantasías[4] y le añade especial significado su conocida atracción por la cabeza de Medusa pintada por Von Stuck, cuyos ojos, de mirada fascinadora que convertía a los hombres en piedra, dijo Hitler que le recordaban los de su madre (y la proyección de la relación afectiva con su madre a otras situaciones que la simbolizan —Alemania, por ejemplo— subyace como permanente motor del psiquismo de Hitler).

Convicción mesiánica de Hitler. Turbulencia de la relación amorosa y sexual. Dos aspectos del psiquismo del Führer que estudiaremos.

Por supuesto, la divinización de la imagen del Führer se llevó a cabo de modo deliberado por la máquina propagandística nazi para enmascarar la persecución religiosa y, al tiempo, canalizar el fervor «sacro» hacia el Partido. Por ejemplo, se colocó en Berlín un enorme retrato de Hitler, rodeado, como una aureola, por copias de una pintura de Cristo,[5] y en el mitin de Nuremberg de 1937 el gigantesco cartel de Hitler llevaba la inscripción: «En el principio era el Verbo...»[6] Se hizo por entonces frecuente la fórmula de saludo «Heil Hitler nuestro Salvador», que el propio Führer acogía con singular agrado, pues, según alguno de sus allegados, «de los muchos alemanes convencidos por la propaganda del carácter mesiánico del Führer, uno de los más convencidos era el propio Hitler». Sus seguidores recalcaron todo lo posible la idea: «La palabra de Hitler es la Ley de Dios, los decretos y leyes que promueve poseen autoridad e inspiración divina»,[7] y el ministro de Asuntos Eclesiásticos, Hans Kerrl, tuvo la desfachatez de declarar:[8] «... Ha surgido una nueva interpretación sobre lo que Cristo y el Cristianismo ordenan, es la de Adolfo Hitler. Adolfo Hitler es el verdadero Espíritu Santo.»

El propio Hitler comenzó a manifestar claramente en público lo que hasta entonces sólo en privado y veladamente había dejado entrever: su convicción de ser el «Elegido». La intuición mesiánica de un principio fue adquiriendo carácter de convicción, y al final rasgos de delirio mesiánico que fue haciéndose patente en sus discursos: «... Soy la Voz que clama en el desierto», dijo en uno de ellos, personificándose en la frase del Evangelio de San Mateo. «... Llevo los mandatos de la Providencia.» «... Ningún poder sobre la Tierra logrará derribar ya al Reich, pues la Divina Providencia me ha encomendado su guía...» Comienza ya entonces el Führer (apelativo de «El Conductor», con que se designaba a sí mismo y que parece se le ocurrió a Rudolf Hess durante la prisión de ambos tras el *putsch* de 1923) a mencionar públicamente la «voz interior» que le inspira e ilumina, y de la que hablaremos seguidamente, pues de ella parte la evidencia de una patología mental en Hitler.[9]

La identificación inconsciente de Hitler con Jesucristo era con el triunfante, que arrastraba en pos de sí a las multitudes, no por supuesto con el mártir de la crucifixión, que Hitler veía como un fracaso. El ser portador de los designios de la Providencia significaba en la mente del Führer lograr por encima de todo el triunfo de su patria, Alemania. Para dar una versión plausible a la inesperada incongruencia de la hostilidad a la religión, y a la vez el empleo de la Providencia como justificación de sus actos, se recurrió a la acuñación de un término y un concepto: «Gotglaubig», «creyente en la Divinidad», sin vinculación concreta a un credo determinado. La máquina propagandística nazi se apresuró a la difusión de este ambiguo esquema ideológico que devolvía aparente coherencia a lo que había dejado de tenerla.

Se habla de la «locura» de Hitler sin poderla concretar. Los diagnósticos son, por ello, tan diversos: paranoia, personalidad anómala limítrofe con la esquizofrenia, psicopatía, histeria, neurosis, etc. Para mí se trata no de un paranoico sino de un psicópata paranoide, con anomalías neuróticas, especialmente en el plano sexual y comportamiento histérico ocasional. Vamos a tratar de clarificar todo este galimatías técnico.

La histeria es una curiosa anomalía del comportamiento humano. Consiste en esencia en que, al enfrentarse con una situación insostenible para la propia fortaleza de espíritu (y por ello depende tanto de la intensidad del trauma como del temple personal), ciertas personas tienden a refugiarse inconscientemente en una aparente enfermedad orgánica para «salir del paso». Convierten tensiones psíquicas internas en síntomas físicos; por ello se llama también «neurosis de conversión». La clave está en que el proceso sea inconsciente e independiente de la voluntad del sujeto, pues en caso contrario no se trata de histeria sino de simulación. Por ejemplo, el niño que para no ir al colegio finge tener vómitos es un simulador; el niño que cada vez que va a sufrir un examen «tiene» vómitos, aunque él desee ir al colegio, está iniciando una reacción histérica. Lo mismo ocurre en el frente con los soldados: una parálisis o ceguera puede simularse para no entrar en combate (simulador), pero puede también aparecer independientemente de la voluntad del sujeto, estamos entonces ante una reacción histérica, y eso fue exactamente lo que ocurrió en el famoso episodio de Hitler al final de la Primera Guerra Mundial. El joven Hitler tuvo durante años el más extraño comportamiento: vagó por Viena durante algunos años del modo como ahora lo hacen algunos hippies (lo que entonces eran aún mucho más anómalo); vivió a costa de su madre, pese a la apurada situación de ésta, y a su muerte vegetó inactivo, vendiendo ocasionalmente alguna acuarela y no pintándolas cuando se las encargaban; dormía en centros de asistencia de mendicantes mezclado en un grupo de los que en España se denominan «vagos y maleantes», entre los que se producían episodios de abierta homosexualidad, lo que explica que en los archivos policiales de Viena figurase como «pervertido», sin que (pese a lo que sus enemigos afirmen) exista la menor evidencia concreta de que lo fuese en realidad.

La absurdidad de este comportamiento se ha interpretado psicoanalíticamente como consecuencia de su masoquismo y necesidad inconsciente de autocastigo: «precisaba verse cubierto de miseria, complaciéndose en ello». No varió claramente la situación al marchar a Munich, pero sí al enrolarse en el ejército el año 1914. Cambió por completo; colaboró con entusiasmo y verdadero arrebato patriótico, y obtuvo una importante condecoración (a propuesta de uno de sus superiores, que era judío, como judíos eran los marchantes de Viena que le ayudaron comprándole acuarelas, y judío era el médico de su familia, tan bondadoso con ellos). De sucio se convirtió en limpio; de holgazán pasó a cumplidor, excediéndose en el celo en una actitud servil hacia sus oficiales, ofreciéndoles toda clase de atenciones innecesarias, como lavarles la ropa, etc. En el frente manifiesta las dos primeras apariciones de patología mental: la alucinación de la «voz interior» y la ceguera y mutismo histéricos.

La primera la describió el propio Hitler repetidamente:[10] «Estaba comiendo en una trinchera con varios camaradas. Repentinamente una voz pareció decirme: Levántate y marcha de aquí. Era tan clara e insistente que obedecí de modo automático, como si fuese una orden militar: agarré el plato con la comida y me fui a otro lugar de la trinchera. Inmediatamente cayó una granada sobre el grupo en el que yo había estado. Murieron todos sus componentes.» Hasta aquí la autodescripción del fenómeno. Su interpretación no es tan clara. ¿Se trata de una verdadera alucinación auditiva, con corporeidad y carácter de fonema imperativo, como se presenta en algunos psicóticos y él la describe? No lo creemos. Se hubiera acompañado de otros síntomas, y la evolución clínica de Hitler habría sido distinta. Probablemente se trató de una intuición o presentimiento o un cambio casual de un sitio en la trinchera, y luego, tras el enorme impacto emocional de lo sucedido, se deformaría la evocación, convirtiéndose en lo que se llama «ilusión mnésica», que consiste en recordar las cosas distintas de como fueron, pero con la convicción absoluta de que ocurrieron así. El hecho en sí no tiene gran valor patológico; en realidad, a todos nos puede ocurrir en situaciones tan dramáticas como la reseñada, pero en el caso de Adolfo Hitler es el punto de arranque de su complejo mesiánico de «Elegido por el Destino», que le libera de la muerte para que pueda cumplir una misión trascendente.

Los estudios psicoanalíticos enlazan su actitud deliroide de predestinación e inmortalidad con su grave complejo de Edipo; el haber nacido tras dos hermanos muertos y fallecer dos de los que le siguieron, la atención obsesiva que a su salud prestó su madre, etc. Existe algún dato que parece confirmar que la idea estaba ya enclavada en su subconsciente en la adolescencia, pues en una Navidad de la época de Viena sorprendió a todos al afirmarles que «algún día oirían grandes cosas de él y del papel que iba a representar», en flagrante contradicción con la penosa situación a que nos hemos referido.

La inminente derrota alemana en el año 1918 supuso un gran trauma psicológico para Hitler, que en aquellos días fue víctima de una leve intoxicación en un ataque con gas mostaza, tras el cual fue hospitalizado varias semanas por sufrir ceguera total y pérdida del lenguaje. Los médicos no encontraron ninguna lesión que las justificase, no correspondiendo además a los síntomas de este tipo de intoxicación. El diagnóstico fue de ceguera y mutismo histéricos, y el caso fue tan claro, que durante años se utilizó su historia clínica por uno de los médicos que le asistieron [11] para ilustrar las clases en la Facultad. Durante las terribles semanas de hospitalización, en permanente noche preñada de amargura, sufrimiento y desolación, surgió «la visión» o iluminación espiritual en la que se sintió llamado a salvar a Alemania. Siempre le quedó esta convicción, y en numerosos discursos de la época triunfal aludiría al Destino como inspirador de sus actos y a la «voz interior».

Sobradamente conocido es el hecho de que, al curarse y terminar la contienda, inició los primeros pasos de su carrera política y destino histórico con una carga pasional que indica que sobre las motivaciones racionales conscientes actúan pulsiones internas de vigor excepcional. Pese al episodio descrito, no está justificado calificar a Hitler de «histérico». Tener una crisis o ataque histérico no es «ser un histérico», lo que sólo ocurre cuando las crisis de este tipo se reiteran y forman un patrón de comportamiento habitual en el individuo. La crisis histérica no es más que una forma de respuesta excepcional, y todos podemos tenerla en circunstancias excepcionales, como a Hitler le ocurrió. No se le conoce ningún otro episodio equivalente. Las tan comentadas «rabietas histéricas en que se tiraba al suelo y mordía la alfombra» parecen ser una calumnia de Rausching [12] y de Shirer [13] (éste insiste en que hacia 1938 algunos de sus colaboradores le pusieron por este motivo el mote de «Teppichfresser» —«El comealfombras»—). Efectivamente, el Führer se permitía explosiones de ira, cuya frecuencia e intensidad fueron creciendo con la tensión y frustraciones de los últimos años, con la característica de aparecer repentinamente y disolverse poco después del mismo modo, continuando la conversación como si nada hubiese ocurrido, y siendo tan llamativo el pase de una facies roja de ira y ojos incendiarios a la expresión de serenidad, que muchos de sus allegados sacaron la conclusión de que en parte teatralizaba estas rabietas para intimidarlos. Muchas personas rodeadas largo tiempo por la adulación se desahogan con estas expansiones pueriles de «niño mal educado», sin que ello suponga un carácter patológico.

«Cuando habla la voz interior, entonces sé que ha llegado el momento de actuar.» Las alusiones a su «voz interior», a las equivalencias de la inspiración que le salvó la vida en las trincheras, se hacen más frecuentes en sus discursos y conversaciones: llevará a Alemania a la cumbre de su engrandecimiento si «sigo fielmente los dictados de la voz interior que me guió y protegió en el pasado».[14] La dependencia de esta «inspiración» llegó a hacerse preocupante, pues en situaciones críticas tendía a esperarla. En ocasiones marchaba repentinamente de Berlín sin decir una palabra, retirándose a su refugio de Obersalzberg, en Berchtesgaden, paseando solitario por el bosque, o esperando pasivamente en su casita de la cumbre, la famosa Kehlsteinhaus, días o, a veces, semanas, para desesperación de sus colaboradores, sin adoptar una resolución importante hasta el último momento, pues no había llegado la inspiración: «... Hasta que no llegue a la convicción absoluta de que *ésta* es la solución, no actúo. Aunque el partido en pleno me empuje a ello, ocurra lo que ocurra. Pero cuando habla la voz...»[15]

Las ideas deliroides de predestinación y mesianismo abarcan tanto la empresa de engrandecimiento de Alemania como la de destrucción de los judíos, y tienen psicodinamia común que arranca de la anómala constelación afectiva familiar, con odio al padre, amor apasionado hacia su madre, complejo de Edipo, necesidad de autocastigo y masoquismo-sadismo y anormalidad en sus pulsaciones de amor y odio.

Sin el odio patológico, delirante, hacia los judíos, la historia de Hitler y del mundo habría sido distinta, sin duda mejor. Mucho se ha escrito sobre su génesis psicológica. Ya hemos mencionado los claros elementos masoquistas de Hitler. La necesidad de sufrir va siempre unida a la de hacer daño; por eso, en todo masoquista hay rasgos sádicos. Hitler proyecta sus sentimientos de culpa y de necesidad de autocastigo a un sector de su persona, precisamente al que inconscientemente odia, rechaza y le asusta: el que procede del padre odiado y temido, hijo ilegítimo de un judío.

¿Era Hitler, como se dijo, cuarterón de judío? La mezcla de historia y leyendas en torno a este problema ha creado una novela, verdadero folletón en el que es imposible discernir los hechos de las fantasías. En su versión más llamativa se desarrolla así: la abuela paterna de Hitler, Maria Anna Schicklgruber, trabajaba de criada en Viena en casa de uno de los barones Rothschild, donde quedó embarazada de soltera. Los dueños y resto del servicio eran todos judíos, sin conocérsele a Anna otras relaciones. Cinco años después casó ésta con un ayudante de molinero (Johan G. Hiedler), quien no reconoció como hijo a Alois (padre de Adolfo Hitler) hasta 35 años después, cuando éste tenía 40 años. Así pues, Alois permaneció hasta esa edad como ilegítimo y usó como apellido el de soltera de su madre, y al ser reconocido, varió el de Hiedler del supuesto padre por el de Hitler. En el pueblo se rumoreaba que el motivo de no reconocer la legitimidad del hijo era no impedir una probable herencia. ¿Qué herencia, y de quién podía recibirla el hijo de un ayudante de molinero? Lógicamente del auténtico padre, uno de los judíos que con Anna habitaban la casa del barón Rothschild, o (curiosa pirueta del destino) del mismo «señorito de la casa», con lo que Adolfo Hitler sería nieto del barón Rothschild. Es cómico ver cómo W. C. Langer y sus colaboradores,[16] tan agudos en el resto de su análisis de la figura de Hitler, siendo todos ellos psicoanalistas judíos emigrados a América por la persecución nazi, no resisten esta interpretación novelesca, argumentando que si no de dónde iba a salir a una familia de campesinos medio tarados mentales un vástago del talento de Hitler. De todos modos parece poco probable que una criada lerda y cuarentona atrajese al barón; así pues, aunque la sangre siga siendo judía, habría que rebajar el color azul tan ingenuamente atribuido. De que Hitler estuvo obsesionado con este problema no cabe duda, por las investigaciones que ordenó reiteradamente a la Gestapo, en los años 1935, 38, 41, 42, 43 y 44, y la que previamente pidió a su abogado personal Hans Frank,[17] quien le informó que el embarazo de su abuela no había surgido en la casa de los Rothschild, sino en la de otra familia judía de Granz. Según Tyssen y Koehler,[18] también el canciller Dollfuss prestó gran atención a este asunto y guardó personalmente los documentos probatorios, cuyo intento de captura por parte de Hitler contribuyó al asesinato de Dollfus, que los había escondido, sin que fuesen hallados ni cuando su asesinato, ni en la invasión de Austria.

La real genealogía judía de Hitler (que sigue siendo un misterio) no es importante, pero sí lo es el que él creyese en esta posibilidad, cuya elaboración intrapsíquica fue tan operante en su antisemitismo, en el que proyecta su masoquismo-sadismo con agresión al pueblo judío como representante de su padre y de la faceta que de éste más le repelía por la indoctrinación antisemítica que de joven recibió: el ser judío.

En el carácter irracional, deliroide, del antisemitismo está la expresión más clara de la faceta paranoide de su personalidad. Para tragedia de la Humanidad, la capacidad de convicción de Hitler era tan grande que pudo contagiar, por el mecanismo de «las psicosis inducidas», este esquema de pensamiento fanático-patológico, y de ponerlo en acción sobre millones de víctimas. No llegó a estructurarse en una verdadera paranoia, sino en un desarrollo paranoide, en el que fueron decisivos los acontecimientos de su vida y la psicodinamia engarzada en la profunda estructura neurótica de su personalidad.

El componente masoquista de Hitler no sólo le alteró los mecanismos de expresión amor-odio en el plano colectivo (que es lo que históricamente interesa), sino, por supuesto, en su vida íntima, que ha dado lugar a tantas elucubraciones, debido a que Hitler fue siempre extremadamente discreto, en parte porque con su gran instinto propagandístico comprendió que una aureola de misterio en torno a su persona era muy conveniente para montar sobre ellas las invenciones de la propaganda, y, en parte, porque se vio obligado a ello al tener en verdad «algo que ocultar». ¿Qué era lo que el Führer tenía que ocultar? La versión oficial de un Hitler, célibe, casto, sin «otra novia que el Pueblo Alemán», por cuyo amor había renunciado a todo lazo sentimental terreno para mejor servir a la Patria, la creyó firmemente gran parte de sus conciudadanos, pero naturalmente no todos, y comenzaron a circular suposiciones: «Una herida de guerra le dejó incapaz para relaciones sexuales»; «es impotente»; «es homosexual»; «tiene una lesión de nacimiento»; «es un pervertido, le gustan los niños»; «es un anormal y tiene relaciones incestuosas con su sobrina»...

Las investigaciones en los archivos secretos, que fueron posibles por la derrota alemana, y los cientos de publicaciones con memorias más o menos auténticas de quienes le conocieron, han arrojado una relativa luz sobre este sector de su personalidad: ninguna lesión de guerra le mutiló sexualmente. La autopsia realizada por los rusos en mayo del 45 demostró que tenía una malformación congénita con ausencia total del testículo izquierdo, pero esta anomalía no significa por sí misma ninguna merma de la función sexual. Su impotencia lo era sólo para un acto sexual «normal», pero no para las variantes de que hablaremos.

La pedofilia o inclinación sexual hacia los niños, de que se acusó a Hitler, es una calumnia; no existe el menor indicio objetivo. Hitler aparece con niños en numerosas fotografías, pues es una imagen que tanto él como sus asesores propagandísticos gustaban de proyectar. En realidad, Hitler era «niñero»; le agradaba estar un rato con los hijos de sus amigos y sabía tratarlos afectuosamente. Nada más.

De homosexualidad tampoco existe la menor prueba, y los rumores arrancan de su celibato, de rasgos feminoides en sus ademanes y de la frecuencia de homosexuales entre los miembros y mandos del partido, especialmente hasta la purga del 34. Baldur von Schirach, Roehm, Foerster: todos ellos importantes figuras de su entorno, eran homosexuales notorios, y se dice que lo eran prácticamente todos los componentes de su escolta personal. Pese al empeño con que se ha buscado, no existe una sola prueba de que Hitler haya tenido actividades de este tipo. Es llamativo que durante su juventud, Viena, Munich, guerra 14-18 y primeras etapas posteriores, no se le conociese tampoco ninguna relación heterosexual, ni mostrase el menor interés en mujer alguna, por lo que se le enjuiciaba como asexual. La relación con Eva Braun, especialmente con el carácter que adquirió desde 1939 hasta el momento de su muerte, aleja toda duda de una orientación homosexual de su libido.

No es Eva Braun, sin embargo, la primera mujer que aparece en el anecdotario erótico de Hitler. Éste está curiosamente asociado a su fotógrafo personal Hoffmann, a cuyas orgías caseras acude, y acaba por tener una relación con su hija Henny, primero de los amoríos conocidos de Hitler, pero que interrumpe cuando Henny alardea de ello. Nada se sabe de la naturaleza de esa relación: Henny era ligera de cascos, con fama de ramerilla *amateur* y poco después se casó con Baldur von Schirach, cuya patente homosexualidad ya hemos comentado. Es también Hoffmann quien más tarde, en el 32, le presentará a una ayudante: Eva Braun.

La más escabrosa de todas las historias amatorias del Führer es la que le une a su sobrina Geli Raubel, hija de su hermanastra Angela, que se presentó para cuidar de la casa en el año 24. Pero poco después marchó a Berchtesgaden. Hitler y Geli quedaron juntos en la casa e iniciaron una estrecha relación que comenzó a molestar a algunos miembros destacados del Partido, especialmente a Georg Strasser, pues veían en su presencia conjunta y constantes atenciones de Hitler en público «una mala propaganda», que culminó al morir Geli, en 1930, en el piso de Hitler en Munich de un disparo de la pistola de éste. El escándalo fue tremendo y estuvo a punto de cortar la carrera de Hitler, pues aunque el dictamen fue de suicidio, se rumoreó que Hitler la había matado o hecho matar. Lo cierto es que Hitler estuvo tan profundamente deprimido durante varios meses, que sus adeptos se turnaron en guardia permanente junto a él para impedir su suicidio. Durante dos años, Hitler no tuvo relación femenina alguna. Aunque Ludecke,[19] resumiendo la opinión de los íntimos de Hitler por esa época, afirma que «la condición real del afecto de Hitler por su sobrina es aún un misterio para nosotros», fueron filtrándose versiones, cuya procedencia no está clara, pero que han tomado carta de naturaleza en las biografías de Hitler. Así, se le atribuye a Geli la afirmación «me hacía poner en cuclillas sobre su cabeza y orinar»,[20] y la misma acusación de extremo masoquismo y coprofilia la hace dos años después el director de cine Zeissler,[21] como supuesta confidencia de la actriz René Müller, quien, como Leni Riefenstahl y Unity Mitford, fue invitada alguna vez a la Cancillería, permaneciendo a solas con Hitler, sin que nadie supiese lo que ocurría tras las cerradas puertas. La Mitford hizo un intento de suicidio (como lo haría por dos veces Eva Braun).

De Leni Riefenstahl y Unity Mitford se han publicado libros en 1976. Leni, la más atractiva e inteligente entre las mujeres próximas a Hitler, y única que vive, editó un nuevo libro de Antropología, de la serie que viene haciendo sobre tribus africanas. Sobre Unity apareció uno de «Memorias».

René Müller se mató al arrojarse por la ventana de un hotel de Berlín poco después de pernoctar en la Cancillería. Según Zeissler, antes le relató lo siguiente: «... Cuando estábamos solos pareció que íbamos a tener relaciones; nos habíamos desvestido cuando Hitler se echó al suelo pidiendo que le pegase, yo no sabía que hacer, pero él insistió y comenzó a proferir acusaciones e insultos y a humillarse de modo abyecto. La escena me resultó intolerable; pero, ante sus exigencias, comencé a golpearle, con lo que se excitó visiblemente, pidiendo más y más, a la vez que se insultaba diciendo que era indigno de estar en el mismo cuarto que yo. Seguí pegándole y se fue excitando más y más...»

Ésta es la única descripción conocida y procede de un individuo poco fiable, pero se ha generalizado como si fuese la pauta comprobada de sus relaciones con las demás. ¿Qué hay de cierto en esta historia y en la supuesta relación coprofílica con Geli? Es imposible saberlo con certeza. Lo que sí parece evidente, pues lo relatan Hansfstaengl, Strasser, Rausching y otros, es que cuando estaba con una chica atractiva en ambiente íntimo tendía a humillarse sentándose en el suelo, diciendo que no merecía estar en el sofá con ella ni besarle la mano y que le pedía fuese amable con él y otras ridiculeces semejantes que disgustaban profundamente a los testigos, amigos que le querían y admiraban y no comprendían este inesperado comportamiento.

La deducción lógica es que Hitler tenía realmente tendencias masoquistas, que le humillaban y repugnaban profundamente, por lo que evitó en lo posible toda expansión sentimental o sexual, que sabía le llevaría a estas situaciones degradantes. Sus claudicaciones fueron tan escasas, discretas y de comprobación incierta, que le queda «el derecho de la duda». Es éste, en todo caso, un aspecto singularmente triste y atormentado de la vida de Hitler, que parece haber encontrado apoyo permanente y tranquilizador en Eva Braun, quien llegó a quererle lo suficiente como para volar a morir con él, cuando todos los que más le debían le estaban abandonando.

Queda el tema de los suicidios e intentos de suicidio de la mayoría de sus pocas amantes. ¿Las «suicidaron»? No parece probable, pues en ese caso los intentos no se hubiesen frustrado y menos en Eva Braun, que lo hizo dos veces, al principio de sus relaciones. ¿Geli? En la parentela de Hitler abundan los rasgos psicopatológicos, especialmente las depresiones; el propio Hitler manifiesta oscilaciones ciclotímicas del estado de ánimo, en que se alternan fases de hiperactividad con otras de bloqueo y depresión (como hemos comentado, cuando quedaba en espera «de la voz interior»). Geli Raubel pudo haber tenido una fase depresiva, en que la tendencia al suicidio estaría lógicamente acentuada por los sentimientos de culpa y vergüenza de la relación incestuosa y anómala. Es muy probable el suicidio. Además, Hitler no tenía en esa época suficiente influencia como para manipular la justicia en el enmascaramiento de un asesinato. ¿René Müller? De haberla asesinado, la Gestapo hubiese elegido un sistema más discreto y seguro que la defenestración. Es muy probable el suicidio, y en cuanto a su motivación se ha especulado sobre el insoportable choque psíquico del derrumbamiento del héroe idolatrado. No me parece probable como causa única, pues en ese caso se habría suicidado en las horas siguientes, en plena crisis emocional, no unos días después. Posiblemente se sumó la pesadumbre por la imprudente confidencia a Zeissler, y temer que de la indiscreción de éste derivasen las más graves represalias, y el manchar para siempre la imagen de un Hitler que en aquel tiempo era contemplado por las masas alemanas, y por ella misma, con arrobado embeleso. La suma de esta constelación de elementos sí puede ser inductora al suicidio en un estado de ánimo predispuesto.

Pensemos que aún hoy, treinta años después de la muerte de Hitler y de la difusión constante durante ellos de los aspectos negativos de su figura, muchos de los antiguos seguidores, con sus vidas quebradas por la hecatombe nazi, siguen admirándole. Es increíble, pero se han publicado ya más de 2.800 libros que hablan sobre él. En el último (por ahora, septiembre 1975), su autor J. Toland,[22] refiere las entrevistas hechas en los años setenta a muchos de los antiguos S.S. que ha podido ir localizando dispersos por el mundo: «*todos* dicen que es el ser humano más grande que jamás ha existido». Las cuatro reimpresiones que en 15 días se han hecho de este libro; las interminables colas en que he tenido que esperar este verano el turno para subir a la «Kehlsteinhaus», la casita de Hitler en la cumbre que domina Berchtesgaden, único residuo de las posesiones personales del Führer, cuyas avalanchas turísticas comienzan a tener un sospechoso colorido de peregrinaciones, todo ello son dos manifestaciones más de un singular e incomprensible fenómeno: la nueva «Hitlermanía» o «Hitler-nostalgia» que se está dando en gentes que racionalmente detestan la figura y obra del dictador, pero que de modo incongruente con sus ideas quedan prendidos en una extraña fascinación por su persona.

En la capacidad de fascinación de personas y multitudes está la clave del ascenso y significado histórico de Hitler. Resulta aleccionador meditar cómo era realmente Hitler y cómo le imaginaban millones de sus contemporáneos: físicamente era de baja estatura, canijo, caderas anchas, músculos fláccidos, moreno cetrino, dientes careados, pecho hundido (por lo que le guateaban los uniformes), rasgos feminoides, voz agria y mal impostada y un aire general entre débil y ridículo. Sin embargo, logró que se le viese como el símbolo deslumbrante de su mito de raza de superhombres, dioses rubios del Norte, poderosos, atléticos, viriles, y que este esquema se personificase en él... que jamás hubiese pasado el examen físico para formar parte de su propia guardia. La potencia para conseguir esta transfiguración, que logró en gran parte, pues, a base de una genial interpretación teatral permanente, logró esculpir esa imagen heroica sobre el endeble material de su cuerpo. Toda la fuerza necesaria para tan colosal transfiguración arranca del volcán interior de su psiquismo.

También en la descripción de la personalidad y conducta de Adolfo Hitler se encuentran los rasgos más opuestos y, al parecer, irreconciliables: «Hombre de acero», «Voluntad indomable», «Fortaleza suprema», «Inabatible por la adversidad», «Trabaja frenéticamente dieciocho horas diarias», «No escatima ningún sacrificio», «Austero», «Asceta», «Casto», «Única novia el Pueblo Alemán», «Paciencia infinita», «Bondad y compasión sin límites, se preocupa por lograr un modo de cocinar langostas sin hacerlas sufrir», «Erudición pasmosa», «Valor temerario», «Talento universal, es el mejor arquitecto, el estratega más clarividente, hábil diplomático, estadista... de todos los tiempos», etc. Para sus críticos, al contrario: «Endeble ante la adversidad, la crítica o, simplemente, situaciones embarazosas», «Indeciso», «Falto de temple, con pérdida infantil del control en rabietas pueriles», «Períodos de indolencia y abandono irresponsable de sus deberes», «Paranoico con ideas deliroides de conocimientos superiores», «Impaciente», «Torpe», «Vanidoso», «Egocéntrico», «Monólogos interminables que son la pesadilla de sus interlocutores», y... todas las calumnias y reales miserias que de su vida íntima hemos relatado. Cuanto más se le estudia, se llega a la conclusión de que estas cualidades contradictorias, virtudes y defectos eran casi todas una realidad «a ratos», y ponían en función al héroe o al monstruo, al coloso o al pobre hombre.

El trampolín que permitió a Hitler dar el salto del anonimato al primer plano de la historia fue, sin duda, su condición de orador sin par. Para quienes escucharon los discursos de Hitler, incluso para quienes lo hicimos sólo por radio, entendiéndolos a medias, y recién salidos de la infancia, fue ésta una experiencia inolvidable y no repetida. Sin embargo, en un frío análisis posterior volvemos a encontrar la misma sorpresa ambivalente: «El mejor orador alemán de todos los tiempos» era «un orador mediocre», «con voz desagradable, tendiendo a quebrarse y al falsete», «en mezcla de alemán ampuloso y dialecto austríaco», «los discursos eran plúmbeos, interminables, repetitivos», «con latiguillos de arenga cuartelera». Y, sin embargo, logró electrizar a la audiencia como nadie lo ha hecho. También casi todos los comentaristas coinciden en que, al contrario que Mussolini, que arrancaba como un toro bravo saliendo del toril, sacudiendo al auditorio con la vibrante entonación de la primera palabra, Hitler comenzaba titubeante, inseguro, hasta que al cabo de unos minutos empezaba a sentir la unión con el auditorio, transportándolo luego a una exaltación que, captada por él, elevaba al orador y auditorio a un frenesí mutuamente inducido, en el que ya podía convencer a los espectadores de cualquier cosa y empujarlos a lo que quisiera.

A lo que «quiso empujarlos» se decidió parcialmente por su distorsión enfermiza de la realidad. La sospecha de que el Führer amado e infalible era un enfermo mental no surgió hasta la guerra y sólo entre sus más directos colaboradores. Por diversos motivos, la mayoría de ellos decidieron no darse por enterados.

Por supuesto, hubo quienes mucho antes intuyeron o afirmaron su «locura», pero no pudieron argumentarla de modo convincente: la acusación de «locura» suele lanzarse con demasiada frivolidad contra todo fanático o apasionado.

Fueron los militares quienes se percataron con más claridad de la progresiva distorsión de la realidad en la mente de Hitler y de cómo éste se iba haciendo inmodificable por la argumentación lógica. La creciente dificultad de la situación y el paralelo aumento de tensión emocional ampliaron progresivamente la brecha entre la inteligencia excepcional del Führer y su capacidad de adaptarla adecuadamente a la cambiante situación. El carácter de inmodificable del pensamiento paranoide de Hitler, y el ser éste compartido por sus seguidores fanáticos no dejó a los militares otra alternativa que el famoso atentado. Nunca una sola muerte hubiese podido salvar tantas vidas. No lo quiso así el destino.

En la visión deliroide que de su propio papel en la Historia tenía el Führer, lo que debía hacer estaba muy claro: si no puede inmortalizarse como el Gran Redentor, lo hará como el Gran Destructor. Cuando lo único que ya podía destruir era a sí mismo y a los suyos, surge pujante en este gran actor el anhelo de una máxima teatralidad, un *Crepúsculo de los dioses* wagneriano-apocalíptico. La imagen de Sansón derrumbando las columnas del templo que le aplastaría junto a todos sus enemigos simboliza su deseo de crear un holocausto colectivo para él y todo el Ejército ruso invasor con el «arma secreta», la bomba atómica que no llegó a poseer. Se comporta hasta el último momento como si esta esperanza irreal fuese posible. En los últimos tiempos, a la distorsión paranoide de las ideas, se suma el embotamiento mental provocado por las medicaciones contradictorias, sedantes y estimulantes, que le administraba su médico, el Dr. Morell, coaccionado por el propio Hitler, quien le «exigía» que corrigiese su insomnio y pesadillas, cansancio y somnolencia, tendencia a engordar, temblor parkinsoniano de su mano y hemicuerpo izquierdo, que disimulaba sujetando una mano con la otra (por lo que aparece siempre así en las últimas fotos, o con las piernas cruzadas cuando está sentado); añadiendo el influjo perturbador de otras medicaciones innecesarias, como gran cantidad de píldoras contra el meteorismo intestinal, que tomaba por la fobia neurótica que tenía a su flatulencia.

La figura del Führer encorvada, con el envaramiento temblón de los parkinsonianos, encogida bajo el peso del cataclismo que carga sobre sus hombros, recorta una lastimosa silueta en el crepúsculo al entrar por última vez en el refugio de la Cancillería. Su estrella, ya tan menguada, quiso incluso que el anhelado apocalipsis final tuviese sórdidas dimensiones. El 30 de abril de 1945 Hitler envenena a *Wolf*, su perro favorito. Entra con Eva Braun en la habitación donde ha decidido morir. Por encima de todo desea evitar caer en las manos de los rusos y sufrir un final degradante como el de Mussolini, que le obsesiona. No deben encontrar ni las cenizas. El veneno que las S.S. prepararon no le da seguridad absoluta. Sus manos de parkinsoniano tiemblan demasiado para usar él mismo la pistola, que está sobre la mesa, junto a un jarrón con rosas y las cápsulas de ácido prúsico. Ingiere éstas a las tres y media. El veneno hace su efecto, derriba la mesa por las contorsiones, que Eva acorta disparándole un tiro en la sien. Ella ingiere también el veneno. El disparo alerta a los ayudantes, que entran a recoger los cuerpos. Nadie se había ocupado de preparar un lugar adecuado para la pira funeraria, que se improvisa en el suelo. Pero la porosidad de éste absorbe gran parte de la gasolina. La combustión es incompleta, y mientras caen granadas rusas en derredor, un puñado de hombres desolados ocultan apresuradamente los chamuscados restos malolientes bajo unos escombros. Allí los descubrirán los rusos, que, hecha la identificación por la dentadura, obtienen de la autopsia como único dato de relativo interés la póstuma humillación de confirmar la malformación congénita de su virilidad.

BIBLIOGRAFÍA DE ADOLFO HITLER

1. Trevor-Roper, H. R.: *Hitlers Secret Conversations, 1941-1944*, New York, 1953, pp. 442-476.
2. Huss, Pierre, J.: *The Foe We Face*, Ed. Doubleday, New York, 1942.
3. Waite, Robert G. L., en «Afterwords», del libro de Walter Lan-

ger *The Mind of Adolf Hitler*, Signet Book, N. Y., 1973, p. 222.
4. Waite, loc. cit. p. 222.
5. High, Stanley: *The Man Who Leads Germany*, Literary Digest, 116, 1933,[5] p. 43.
6. Langer, Walter C.: *The Mind of Adolf Hitler*, Ed. A. Signet Book, New American Library, N. Y., 1973, p. 64.
7. Reveille, Thomas: *The Spoil of Europe*, N. Y., Norton, 1941.
8. Kerrl, Hans, citado por Emile D. Lorrimer en *What Hitler Whants*, Penguin Books, Londres, 1939, p. 6.
9. Wiegland: *Hitler Foresees his End*, Cosmopolitan, abril, 1939, p. 28.
10. Langer, loc. cit., p. 42
11. Langer, loc. cit., p. 161.
12. Rausching, Hermann: *Gespraeche mit Hitler*, Europ Verlag, N. Y., 1940, p. 80.
13. Shirer, William L.: *Berlin Diary*, Knopf, N. Y., 1940, p. 137.
14. Bloch, E.: *My Patient Hitler*, en el artículo de J. D. Ratcliffe en Collier, 15 marzo 1941.
15. Rausching, Hermann: *The Voice of Destruction*, Europa Verlag, 1940, pp. 181-182.
16. Frank, Hans: *Im Angesicht des Galgen, Deutung Hitlers und seiner. Zeit auf grundeigener Erlebnisse und Erkentnisse*, Munich, 1953, pp. 320-321.
17. Langer, loc. cit., p. 108.
18. Langer, loc. cit., p. 107.
19. Ludecke, Kurt George W.: *I New Hitler*, Schibner, N. Y., 1937, página 419.
20. Langer, loc. cit., p. 172.
21. Cit. por Langer, p. 175.
22. Toland, John: *Adolf Hitler*, Doubleday, 1976.

LA PSICOSIS DE RUDOLF HESS

Pese al lugar tan destacado que Rudolf Hess ocupó en la jerarquía nazi, como lugarteniente y segundo sucesor del Führer, hubiera quedado como figura secundaria del Tercer Reich, debido a su sencillez, falta de ambición personal y colorido neutro entre tanto figurón llamativo, si no fuese por su intento, entre heroico y demencial, de conseguir con su intervención personal la paz con Inglaterra, para lo cual emprendió su famoso vuelo a Escocia en 1941.

Rudolf Hess lleva más de 36 años de prisión y para justificar su envío a la cárcel, en lugar de a un hospital psiquiátrico, donde por sus aparentes trastornos mentales debería haber sido ingresado, hubo de afirmarse que estaba en condiciones mentales de atender con lucidez al juicio de Nuremberg y defenderse de modo adecuado.

La polémica en torno a este punto crucial sigue. La propia absurdidad de la empresa pacificadora estaba teñida psicopatológicamente. La enfermedad mental de Hess se recrudeció desde los primeros días en Inglaterra. Posteriormente, se comportó como tantos enfermos mentales que no considerándose tales, creyendo en su cordura, deciden simular una enfermedad mental. Se trata, pues, de un «loco que, no creyéndose loco, finge estar loco». Los peritajes psiquiátricos de Nuremberg se centraron exclusivamente en desmontar la falsa amnesia y demás síntomas simulados, dejando de lado el núcleo de la psicosis original.

Desde hace más de diez años, Rudolf Hess es el único prisionero del inmenso penal de Spandau, que perpetúa como enigma histórico lo que fue en su momento falacia o error clínico. El que junto a síntomas psicóticos, Hess continúe escribiendo cartas de aparente lucidez mantiene las dudas sobre la evolución mental y su estado actual, en este anciano de 84 años, perturbado, digno y contumaz.

Es el 20 de diciembre de 1950. En la prisión de Spandau, Albert Speer escribe en su diario:[1] «Violentas polémicas sobre Hess desde hace días. Él se lamenta, como siempre, de las dolencias que le impiden levantarse. Últimamente, los guardianes —cumpliendo instrucciones de sus superiores, según parece— levantan la colchoneta con el enflaquecido Hess y hacen rodar por el suelo, sin contemplaciones, al quejoso sufriente. Y allí le dejan tendido. Cuando vitupero a un guardián por ese brutal procedimiento, se me responde: ¿Acaso no está prohibido poner las manos sobre un prisionero? Y sigue una mueca burlona.»

Han pasado 27 años más y Hess continúa en condiciones similares, con la agravante de estar, durante los últimos diez, en soledad absoluta. Al despedirse de la prisión en 1966, Albert Speer, hombre bondadoso y superdotado intelectualmente (pero que nunca supo comprender ni apreciar la mente esquizoide de Hess), se dirige a los directores que protocolariamente han tenido que acompañarle a la puerta.[2] «Procuren no hacer demasiado difícil la vida a Hess.» Las escasas noticias que de Spandau se van filtrando no son demasiado tranquilizadoras en este sentido.

En una de las cartas a su esposa,[3] desde Spandau, cuando la nieve recién caída da belleza radiante incluso a la prisión, dice: «... ¡Cómo solía gozar con la nieve inmaculada!, pero ahora no me impresiona lo más mínimo ... Puede que yo no quiera verla, porque no quiero que nada hermoso me impresione ... La corteza de mi espíritu se hace cada vez más gruesa. Sólo quien ha perdido la libertad sabe lo que la libertad significa» (febrero 1948).

Bien ha necesitado engrosar la «corteza» de su espíritu para poder resistir, pues Hess, fracasados sus intentos de suicidio, ha decidido resistir con entereza y dignidad, en circunstancias de las que vamos a dar alguna otra muestra:

14-oct.-1946. Desde su celda del segundo piso se escucha el lóbrego martilleo de la erección de los patíbulos, en el que van a ser ajusticiados once de sus antiguos compañeros en el gobierno de Alemania, que aguardan la muerte en el piso inferior, desde el cual, en el silencio lúgubre del amanecer del día 1, se oye el sucesivo vocear de nombres:[4] ¡Ribbentrop!, ¡Keitel!..., chirridos de puertas y ruido de pasos, una y otra vez... ¡Streicher! Esta vez se percibe el rumor de una sorda refriega. En el silencio sobrecogido del segundo piso, en que todos interrumpen hasta la respiración, resuena el grito de Hess: ¡Bravo Streicher!

Al siguiente día, según relata Speer: «... los supervivientes hemos sido trasladados a la planta baja. Allí se nos ordena limpiar las celdas de los ejecutados. Todavía hay platos en las mesas, restos de la última y parca comida del ajusticiado... Papeles dispersos, mantas revueltas. Sólo la celda de Jodl ofrece un aspecto pulcro, las mantas están dobladas perfectamente... Por la tarde, Schirach, Hess y yo (Speer) recibimos escobas y bayetas. Se nos ordena seguir a un soldado, quien nos conduce hasta el escenario de las ejecuciones, donde debemos barrer y fregar el piso. El teniente observa atentamente para tomar nota de nuestras reacciones. Hess se cuadra ante una mancha oscura en el suelo, que parece un gran charco de sangre, y levanta el brazo para hacer el saludo del Partido».[5]

Años de confinamiento con prohibición de cambiar una palabra entre ellos. La media ahora de paseo en el patio se hace en fila, a diez pasos de distancia uno de otro, con las manos atrás y en silencio absoluto. Con el tiempo, en Spandau se relajan algunas de las restricciones, pero siempre dependiendo del capricho intemperante de los guardianes. Las negativas de Hess a encuadrarse en el ritmo general de la prisión, tan frecuentes, son de variado origen: por considerar que su dignidad y honor no deben doblegarse, por pensar que la gravedad de sus dolencias (reales o imaginarias, pero que él siente como auténticas) le impiden ceder, o por simple tozudez irracional, derivada de su esquizofrenia.

La reacción de los carceleros es variable, y también la de sus compañeros de prisión. Como ejemplo, tenemos lo ocurrido el 17 de julio de 1956.[6] Hess habitualmente se niega al trabajo obligatorio en el jardín, alegando su mala salud. El médico americano decidió que se le podía obligar a «trabajar media hora diaria en el huerto, vigilado por un guardián», y del temple de éste (y del humor de Hess) solía depender el que hubiese o no incidentes. En el trimestre anterior, ya había sido castigado dos veces con medidas más duras aún de las habituales por el brutal guardián inglés Cuthill, «to cool him off», con una personal interpretación del viejo adagio español de que el loco, por la pena, es cuerdo. Ese día, nos relata Speer, «Hess estaba sentado (hoy) en su taburete, agarrotado, a la sombra del nogal, gimiendo de una forma que daba lástima. Es evidente que vuelve a encontrarse peor»... «Letham ha ordenado hoy que Hess habría de trabajar en seguida, o sería encerrado en la celda de castigo. Necesitó como cinco minutos para recorrer los cien metros existentes hasta el campo de maíz, deteniéndose, convulso, cada dos pasos, encorvado. Luego empezó a cavar entre gemidos y lamentaciones. Y, apoyado en el azadón, hacía largas pausas, mientras se quejaba ininterrumpidamente.

Transcurridos diez minutos, se sentó en el suelo, dobló una pierna y puso encima de ella la cabeza. ¡Tiene que seguir trabajando! ¡Vamos, de pie! —le ordenó un guardián—. Pero Hess denegó con la cabeza, lloriqueando. Tengo un ataque cardíaco, castígueme. ¡Máteme si quiere! Lo rodeaban tres guardianes, que no hacían caso de sus lamentos. Nosotros nos manteníamos aparte. Hace tiempo que estamos acostumbrados a tales incidentes y los pasamos por alto. Por fin, después de un cuarto de hora, Hess obedeció las indicaciones de los guardianes, se levantó fatigosamente y reanudó su trabajo, desfiguradas las facciones. Cuando hubo transcurrido la media hora, se dirigió, vacilando, hacia el taburete y se sentó como si se derrumbara, poniendo de nuevo la cabeza sobre las rodillas. Me rogó que fuera a buscarle la chaqueta y así lo hice.»

En otras ocasiones «le dejan por imposible», o lo duermen con una inyección (que a veces es de agua destilada, que, por sugestión, le produce el mismo efecto hipnótico, como ocurre con tantos enfermos).

La habitual insubordinación de Hess, ocasionalmente altiva, con más frecuencia quejumbrosa y siempre con claro tinte patológico, acumula sanciones de los carceleros y la hostilidad casi general de sus compañeros de prisión, mientras los tuvo, especialmente de los dos almirantes, Dönitz y Reder.

Contrastando con el encono de su entorno inmediato, en el mundo exterior van surgiendo manifestaciones de interés y apoyo en favor del «Solitario de Spandau». La más extravagante y llamativa es la última:[7] El 25 de septiembre de 1976 son detenidos ante la prisión de Spandau, un hombre de 61 años y su hijo de 32 (identificados únicamente como Olaf y Carl H.), que llegaron a la puerta con dos latas de gasolina y el propósito (voceado, al parecer, con antelación suficiente para que pudieran impedírselo) de quemarse vivos en ese lugar como protesta por el encarcelamiento de Hess.

Lo cierto es que a partir de Nuremberg hubo una corriente de opinión que consideró injusta la sentencia de Hess desde dos planos diferentes: *a*) Fue el único dirigente nazi que hizo un intento serio y arriesgado por terminar la guerra. *b*) Es un enfermo mental, y su sentencia debería ser cumplida, de aceptarse su justicia, en un hospital psiquiátrico penitenciario. no en el penal, junto a sus compañeros de condena, para quienes el comportamiento enfermizo del lugarteniente del Führer añadió constantes tribulaciones, entre ellas el no dejarles dormir noches enteras, con sus ayes y gemidos.

Es en Inglaterra donde han surgido en mayor número e

intensidad los sentimientos de culpa, que tuvieron máxima expresión colectiva cuando en 1969 (ya con 75 años, y durante tres el único huésped de Spandau), la gravedad de su estado obligó a trasladarle por unos meses al hospital militar británico de Berlín. Se recogieron y publicaron decenas de miles de firmas pidiendo que Hess no fuese devuelto a Spandau, «esa muestra de la esquizofrenia política de nuestro tiempo»,[8] pero la intransigencia rusa y la cobarde complicidad de las otras tres potencias responsables (convencidas de que ésa sería desde todos los ángulos la mejor solución) hicieron imposible incluso esta tardía clemencia.

Independientemente de los argumentos de tipo legal que su defensor, el Dr. Seidl, airea periódicamente desde 1947, y que lograron, entre otras cosas, la constitución en Alemania, en 1967, de un comité llamado «Libertad para Rudolf Hess», y que desde entonces lucha inútilmente por ella, han ido surgiendo testimonios de arrepentimiento en quienes fueron artífices legales de su condena. Tanto Winston Churchill como su fiscal inglés en Nuremberg recomendaron su liberación.[9] El argumento del fiscal inglés, sir Hartley Shawcross, hoy lord Shawcross, no tiene desperdicio: «... Cuando se le impuso cadena perpetua fue para dar un escarmiento, pero suponiendo que luego se aminoraría...» Igual que dicho fiscal, el presidente del Tribunal Militar Internacional, entonces lord Justice Lawrence (hoy «ascendido» a lord Oaksey, entre otros méritos, por la condena de Hess), afirma:[10] «... En repetidas ocasiones expresé mi opinión de que Rudolf Hess ha sufrido bastante, y debe ser liberado...» A todos los intentos de amnistía, los rusos han contestado con veto. Por ello, Hess agoniza lentamente, muy lentamente, en Spandau.

Otro aspecto crucial para enjuiciar la prisión de Hess es el de su salud mental. ¿Estaba en posesión plena de sus facultades mentales cuando realizó el viaje a Escocia? Supuestamente, a Hess se le realizó «una intensa investigación psiquiátrica internacional, quizá la más espectacular en la historia de la Medicina»,[11] en realidad, una de las más mediatizadas, y con más turbias claudicaciones que se han conocido. El Dr. Epstein[12] cree haber demostrado que el Dr. Rees[13] «fue presionado por Winston Churchill para falsear los resultados de su estudio clínico de Hess, que, a su juicio, padecía entonces una esquizofrenia y estaba perturbado». El motivo de la ocultación de la locura de Hess era el deseo de Churchill de no tenerlo que repatriar, para así poderlo juzgar al término de la contienda como criminal de guerra. La versión «humanitaria» que de esta falacia han querido dar los defensores de Churchill, alegando que no quiso repatriarlo para evitar que Hitler lo ejecutase, es ridícula. Hitler no era precisamente tonto, y con su sentido de la propaganda se hubiese aferrado siempre a la versión de la locura de Hess, como inductora del viaje a Escocia, y de que Hess actuó como un perturbado pero con lealtad, intentando servirle fielmente, incluso en contra de sus órdenes... Y cosa curiosa, hubiese estado en lo cierto.

En Nuremberg se decidió que estaba en condiciones de ser juzgado, negándose a las peticiones de posponer el caso hasta un nuevo dictamen médico:[14] «pues basta con el informe del psicólogo de la prisión. El que Hess actúa de modo anormal, sufre pérdida de memoria y ha padecido un deterioro mental durante el proceso puede ser cierto. Pero no hay nada que demuestre que no sea capaz de valorar la naturaleza de los cargos contra él, o que sea incapaz de defenderse» (!).

Todavía en 1948 se realiza un nuevo falseamiento del estudio clínico de Hess, esta vez por el psiquiatra americano Dr. Maurice Walsh,[15] quien recibe orden de modificar su informe psiquiátrico a la comisión de las cuatro potencias en Berlín. Es su jefe, el coronel Chamberlain, quien lo ordena «para no contradecir o poner en situación embarazosa a los soviéticos, que insistían en la salud mental de Hess, y en que éste cumpliese su cadena perpetua». ¡?! (El diagnóstico del Dr. Maurice N. Walsh fue en principio el de *esquizofrenia*.)

Por supuesto, mi interés por Rudolf Hess se centra en su discutido diagnóstico psiquiátrico. Con los antecedentes que acabamos de resumir, es obvio que el enigma no nos lo van a aclarar los dictámenes oficiales. Intentaremos hacerlo a través de los síntomas de que existe testimonio probado. Antes es interesante exponer la opinión que el propio Hess tiene sobre la colección de expertos que le examinaron. Al terminar la guerra se encontró J. R. Rees con la incómoda situación de que para publicar el libro que con el título de *El caso de Rudolf Hess* (*The Case of Rudolf Hess*, Heinemann, Londres, 1947) había escrito, por una serie de legalismos y normas, debía contar con el permiso del «enfermo», y encargó a uno de los médicos que más afable contacto había tenido con Hess, el Dr. Gilbert, su obtención. La carta en que Hess accede «con mucho gusto» a la publicación es de antología: «... Me alegra su publicación. No porque, como ustedes dicen, el público vaya a estar con ello mejor informado. Acepto porque este libro podrá utilizarse algún día como prueba suplementaria del hecho de que por algún procedimiento, aún desconocido, las personas pueden ser reducidas a un estado que recuerda al de la hipnosis con efectos residuales («sugesción posthipnótica»), en el que las personas así sometidas hacen todo lo que se les sugiera, independientemente de su voluntad, presumiblemente sin tener conciencia de ello. Mi caso demostrará que incluso hombres honorables, médicos y expertos, pueden ser inducidos a cometer los más graves crímenes y al mismo tiempo emitir sus dictámenes en contradicción con la verdad, para enmascarar esos delitos. La única condición que impongo para la propuesta publicación es que esta carta se incluya en ella, completa y sin modificación.»

La sublime insensatez

Maquiavelo llamó «sublime perfidia» a una maniobra de César Borgia. De «sublime insensatez» podemos calificar la empresa central de la vida de Rudolf Hess, cuyo vuelo hacia los libros de Historia se realizó en el avión que le llevara a Escocia, paralizando al mundo en un gesto de incrédulo asombro. Como tantos actos humanos que alcanzan los estratos de la sublimidad, fue a la vez una proeza, una heroicidad, y... un tremendo disparate.

Para su análisis, vamos a fraccionar el relato en varios apartados: *a*) Los hechos escuetos. *b*) El vuelo visto por los ingleses. *c*) El vuelo visto por los alemanes. *d*) El vuelo visto por los italianos. *e*) El vuelo visto por Rudolf Hess. (Consideraciones psiquiátricas.)

Los hechos escuetos

El sábado 10 de mayo de 1941, en guerra con Inglaterra, Rudolf Hess, Stellvertreter des Führers, Ministro del III Reich, tercero en la sucesión de Hitler, llega al aeródromo de la fábrica de aviones Messerschmitt, en Augsburg, cerca de Munich. Solicita el avión, aún secreto, ME 110, en el que ya ha realizado algunos vuelos clandestinos (el Führer le había prohibido volar), supuestamente de entrenamiento. A instancia suya, el aparato empleado es siempre el mismo y se le han hecho tres modificaciones importantes: la cabina adaptada a un solo pasajero, depósitos de combustible suplementarios para incremento de la autonomía de vuelo y un equipo especial de radio.

Momentos antes del despegue, da a su ayudante Pintsch un sobre lacrado, con instrucciones tajantes de esperar un determinado número de horas, y, si no ha regresado, dirigirse a Berchtesgaden y entregarlo personalmente a Hitler.

Hacia las 5,45 de la tarde el Messerschmitt ME 110 ha despegado, con Hess vestido de uniforme de capitán de la Luftwaffe (recién estrenado y que nunca llegó a pagar) —triste destino el de los sastres—). Dos horas más tarde el jefe del aeropuerto está profundamente preocupado, pues una espesa neblina va invadiendo el campo y dificultará el aterrizaje. Pero Hess no se propone aterrizar allí ni en ningún sitio. Se dirige hacia Escocia. No puede pedir orientación por radio, para no ser detectado e interceptado por su propia aviación. Sólo tiene como guía una emisora meteorológica de Noruega. El viaje, en esas condiciones y con tal aparato, es una hazaña de navegación y de vuelo, de la que siempre estará orgulloso.

Cinco horas y 900 millas después está exactamente sobre su destino, Dungavel, la mansión campestre del duque de Hamilton, del que pretende ser huésped. Tiene serias dificultades al intentar arrojarse en paracaídas, no logrando salir de la cabina hasta segundos antes de estrellarse el avión, que en esa incontrolada maniobra, se aleja unos 30 kilómetros de Dungavel, que no llegará a visitar. En el salto se golpea y lesiona el tobillo izquierdo contra la cola del avión. Al caer en tierra, pierde el conocimiento.

El vuelo visto por los ingleses

Al acercarse al litoral inglés, lo ve un Spitfire, que se lanza inútilmente en su persecución. El ME 110 es más rápido y se mimetiza en la luz incierta del ocaso nórdico, volando a ras de los árboles y casas, «marcándoles el perfil». Detectado por el Cuerpo de Observación, se comunica precisamente al duque de Hamilton, comandante de este sector aéreo, la increíble noticia de que un «ME vuela en solitario sobre un territorio del que no podrá regresar por falta de autonomía de vuelo». Envía una escuadrilla en su persecución e informan que se ha estrellado. Mientras, la radio anuncia la presencia de un avión «hostil y que puede estar en dificultades». A las 10,45, un labriego, David McLean, nota temblar la casita en que vive con su madre y hermana con el rugido de unos motores que rozan el tejado. Asomándose a la ventana, ve descender un paracaídas. Mientras se viste apresuradamente, grita a las mujeres —ya acostadas— que sale a capturar a un piloto alemán. Llega junto al aviador, mientras éste, recuperado del desmayo, lucha con el paracaídas. «¿Es usted alemán?» «Sí, soy el capitán Alfred Horn, quiero ir a Dungavel, tengo un mensaje para lord Hamilton.» «¿Está usted armado?» «No, solo y sin armas; ayúdeme a doblar el paracaídas.»

Llega otro campesino, al que McLean envía a una estación de radar próxima en busca de ayuda. Junto al piloto, que cojea visiblemente, se dirige a la casita, donde se va a desarrollar esta deliciosa escena que parece sacada de una mala comedia de tipos y costumbres: dos mujeres, que cubren el camisón con una bata guateada, contemplan la entrada de su hijo y hermano con el aviador. La anciana pregunta: «¿Es usted alemán?» «Sí, señora», responde, mientras inclina la cabeza y da un sonoro taconazo (con un tobillo lesionado, ¡estos alemanes!) El dolor en la pierna hace agacharse al piloto, al que se ofrece el mejor sillón de la casa, que es aceptado ceremoniosamente. Al fin las inglesas hacen lo que todas las inglesas cuando no saben qué hacer; preparan una taza de té. Todos parecen satisfechos: ellas mostrando su educación, McLean por haber capturado, él solo, un alemán y éste por haber llegado vivo.

Entran dos técnicos militarizados de la estación de radar; tras ellos dos policías rurales, uno de los cuales, empuñando un viejo revólver, grita: ¡Arriba las manos! La orden es obedecida por todos, menos por el alemán, que sonriente comienza su recital: «Soy el capitán Horn... y quiero ver al duque de Hamilton», cantinela que va a repetir en los interrogatorios de esa noche en que es trasladado a dos cuarteles distintos, pues ha decidido no identificarse hasta su deseada entrevista con lord Hamilton.[16]

Por la típica imprevisibilidad de los azares humanos, uno de los momentos de mayor peligro en esta arriesgada misión autoimpuesta, ocurre entonces y por ser sábado: al aproximarse al primer cuartelillo toma el mando del grupo un oficial, que ha estado celebrando con generosas libaciones el descanso sabatino, y que sin duda ha tomado apresuradamente un par de copas de más al recibir la noticia de que le traen un «importante prisionero». La brillantez del uniforme, las espectaculares botas bordeadas de piel, y la notable prestancia física de Hess (el menos presumido, y, con diferencia, el más agraciado físicamente de todos los líderes nazis), han ido impresionando a sus captores, todos hombrecillos de última fila, incluido quien ahora pretende dirigir las operaciones, que apoya un revólver en la espalda de Hess, con el dedo en el gatillo. «Al oír sus constantes eructos y tropezones», escribía Hess a su esposa, «comprendí que sólo el dedo de Dios se interponía entre el suyo temblón, apoyado en el gatillo, y el disparo.» Les recibe un oficial, que da paso al prisionero, pero el borracho decide impedir su entrada, por lo que cambia la situación del revólver, apoyando ahora el cañón sobre el estómago del cautivo, que tiene la serenidad de, no interviniendo en la discusión de los dos oficiales, rogarles que apresuren la decisión por el dolor de su pierna (el hematoma llega ya por encima de la rodilla).

Una vez dentro, y aceptada la botella de leche que ofrece un amable soldado, sorprende a todos echándose en una rara postura de yoga, no incorporándose hasta que llegan a interrogarle unos oficiales de la RAF. «Soy... Horn.... quiero... Hamilton.» Los interrogadores, que le registran, quedan sorprendidos por el extraño equipaje: una cámara Leica, fotos suyas, solo y con un niño, tarjetas de visita de dos profesores alemanes llamados Karl y Albrecht Haushofer, y un montón de medicamentos, entre ellos, un curioso elixir, procedente de un convento budista del Tibet. No trae documentación.

Se le traslada a la enfermería de otro cuartel, pero el prisionero está mucho más interesado, que en la atención a su dolorida pierna, en el deseo, que expresa con la impaciencia creciente, de ver a Hamilton. Se le aclara que está bajo arresto. «No podía entonces sospechar por cuanto tiempo.»

Uno de los oficiales de la RAF le comenta: «Cómo se parece usted a Rudolf Hess.» «Ya lo sé, me han confundido varias veces y no tiene ninguna gracia.» El oficial, lógicamente, lo encuentra gracioso, pero «Horn» se impacienta aún más, pues de ninguna de las maneras desea ser identificado antes de la entrevista con el duque.

Mientras tanto, Hamilton ha sido informado de la insistencia del prisionero en verle, de la extraña catadura y equipaje de éste, y de que el avión tenía todas las ametralladoras taponadas con grasa, por lo que sin duda no tenía intenciones ofensivas. Se despierta su curiosidad, y el domingo por la mañana llega, a las 11, al cuartel de Maryhill.

El prisionero pide quedarse a solas con él, y conseguido esto, dice: «Probablemente me vio usted en los Juegos Olímpicos de Berlín, en 1936; no sé si me reconoce, pero soy Rudolf Hess.» Hace un resumen del motivo de su vuelo a Escocia; en esquema, convencer, por la presencia de un ministro del Reich, al Gobierno inglés de la absurda crueldad de continuar la guerra, y llegar a un rápido acuerdo. Para ello le pide que gestione inmediatamente entrevistas con los jefes de su partido, el mayor número posible de miembros del Gobierno, y la comunicación al Rey de su mensaje con el simultáneo ruego de que le sea concedida inmunidad, ya que ha venido desarmado, voluntariamente y en misión de paz. Para apoyar su identificación, alude a las tarjetas que porta de los

Haushofer, comunes amigos que ya han escrito dos cartas al duque (que sólo recibió una).

Puede imaginarse el asombro de Hamilton, para quien, jefe de un sector aéreo en tiempo de guerra, no le es fácil abandonar su puesto de mando sin dar explicaciones, que a la vez, comprende, sólo deben ser comunicadas al más alto nivel. Consigue telefonear al secretario del Primer ministro, y recibe orden de volar a Oxford y presentarse en una mansión próxima: Ditchley Park, donde solo entonces se entera de que allí pasa secretamente los fines de semana Winston Churchill. Éste le recibe al terminar la cena, y no cree en principio que el aviador sea Hess, por lo que interrumpe la conversación para ver la película, que, como de costumbre, han preparado para ese anochecer dominical *(Los hermanos Marx en el Oeste).* Al final, insiste Hamilton en que a él le ha parecido ser Rudolf Hess, Churchill ordena que la identificación se realice sin posibilidad de error y no se encuentren con un loco, un farsante, o las dos cosas al mismo tiempo, que les deje en el más completo de los ridículos.

A la mañana siguiente (lunes 11), el Consejo de Ministros discute el asunto. Deciden enviar a sir Ivone Kirpatrick (luego embajador y escritor,[17] que por haber sido primer secretario de la embajada inglesa de Berlín, conocía a Hess y puede hacer la identificación junto con Hamilton).

Llegar rápidamente a Escocia no era tan fácil, y cuando se ha reunido con Hamilton a las 9,30, reciben una llamada de Anthony Eden, apremiándoles la visita a Hess, pues la radio alemana acaba de dar la noticia de su desaparición (suponiéndole muerto, pues no conciben que, en caso contrario, los ingleses aún no hayan dicho una sola palabra).

Se reúnen con Hess pasada la media noche, y tras el mutuo reconocimiento de Kirpatrick y Hess, éste inicia su perorata de casi tres horas de duración, durante las cuales les interrumpe una nueva llamada del ministro de Asuntos Exteriores, pues tanto Eden como los demás han comprendido la urgencia de la identificación para saber a qué atenerse y se le informa de que efectivamente se trata de Hess.

Daremos la esencia del relato de Hess (que será siempre el mismo, pues no tiene por qué variarlo en todas las entrevistas) en el apartado de la visión que el propio Hess tiene de su empresa, pero cuando lo termina esa madrugada son ya las cuatro (del martes día 13); y al lograr Kirpatrick contacto telefónico con el ministerio a las 8, junto al resumen de la conversación, cuenta que ya la prensa y público, conociendo la nota del Primer ministro radiada la noche anterior a las 11,30 sobre la posible presencia de Hess, piden explicaciones. Kirpatrick recibe la singular respuesta de que el gabinete inglés no sabe qué hacer, y que mientras lo averigua, entretenga a la prensa con informes banales sobre cómo va vestido Hess, lo que come, etc., con el resultado de que la noticia (errónea) de que aquella mañana desayunó pollo y vino blanco desató entre los ingleses (sometidos a duro racionamiento) tal oleada de ira, que oscureció aspectos mucho más importantes del viaje, y obligó, por desgracia para Hess, a dictar normas severas sobre su futuro régimen de vida.

Hitler, los alemanes, y la «locura» de Hess

Retrocediendo al sábado 10 de mayo de 1941, se siente una especial compasión por el pobre Kàrlheiz Pintsch, el fiel ayudante de Hess, que ve perderse el Messerschmitt en el horizonte, mientras sostiene en la mano el sobre lacrado que debe entregar personalmente a Hitler, siguiendo un esquema minuciosamente preparado por Hess, que le hace llegar a Berchtesgaden a las siete de la mañana del domingo 11.

No es nada fácil conseguir una entrevista inmediata y no programada con Hitler, pero logra que Bormann le haga un hueco entre las muy importantes de ese día, y a las 11 está en el despacho del Führer, quien rompe los lacres y se cala las gafas para leer.

Lo que no le gusta, y para que no tenga que utilizarlas, todo el papeleo de Hitler se mecanografía previamente en una máquina especial —la «Führermaschine»— con un tipo de letra mayor que puede leer sin gafas.

Se ensombrece el rostro del dictador. «¿Dónde está Hess?» «Ayer tarde, mein Führer, salió de Augsburg hacia Escocia para entrevistarse con el duque de Hamilton.» En esta fase de la guerra esa decisión parece especialmente desafortunada, comenta Hitler, mientras con el timbre hace entrar a un ayudante. «¿Dónde están Göering y Ribbentrop?... Localíceles y que vengan inmediatamente.»

Hitler parece haber olvidado a Pintsch, y relee la carta, una y otra vez, musitando su contenido, en el que Hess respetuosamente expone las razones de su decisión, los motivos de suprema lealtad que le impulsan a intentar por un medio desesperado la paz con Inglaterra, que sabe cuán fervientemente desea Hitler, y que termina así: «... si este proyecto —que reconozco sólo tiene una remota posibilidad de éxito— termina en fracaso, éste no tiene por qué alcanzar a Alemania ni a su Führer: siempre os será posible eludir toda responsabilidad; *decid simplemente que me he vuelto loco...*»

En ese momento entra Eva Braun y anuncia que la comida espera. Sale Hitler y se le unen quienes aguardan en la antesala: el ministro de Armamentos, Todt, Martin Bormann y otros, y al grupo se suma el aturdido y olvidado Pintsch, y se sienta con ellos a la mesa. Durante la comida comprende que delató su conocimiento del plan (y consiguiente deslealtad), al mencionar que el avión partía para Escocia, y casi no puede probar bocado. Lástima, pues es la última comida aceptable que se le va a ofrecer en mucho tiempo. Al terminarla, Hitler, que se debe haber hecho la misma reflexión, despide a los demás, hace una señal a Bormann, y, como en las películas de romanos, entran dos oficiales que se llevan a Pintsch detenido. Así estará por espacio de tres años, pasados los cuales le sueltan para enviarlo al frente del Este, donde es pronto capturado por los rusos, comenzando otro largo y aún más penoso cautiverio.

Al atardecer ya han llegado Göbels, Ribbentrop, Keitel y Jodl, y van apareciendo los gauleiters, a todos los cuales ha hecho convocar en el Berghoff. Hitler está destrozado. Hess es probablemente la persona en quien tenía más confianza y por quien sintió más profundo y duradero afecto. Alterna irritación con apesadumbrada perplejidad. «No puede ser, tiene que haberse vuelto loco» «... y pensar que mandó comunicármelo cuando ya estaba en Inglaterra» «... Por cierto, ¿habrá llegado?» «Göering, ¿es posible el viaje con ese tipo de avión? «... Muy poco probable, mein Führer...»

La supervivencia y arribada de Hess es la primera incógnita que tienen que despejar, pues complica más aún el informe al pueblo alemán y a Mussolini, que puede pensar que le están traicionando. Los ingleses siguen en silencio absoluto. Aguardan así veinticuatro horas más, en las que lanzan una frenética investigación de todos los que pudieran saber algo: la esposa, Ilse Hess (que tanto va a sufrir desde ese momento), los dos Haushofer, etc... Göering, que se siente parcialmente culpable (a fin de cuentas se fue en uno de *sus* aviones), llama furioso a Messerschmitt, cuyo relato de la entrevista que tuvieron el lunes 12 es realmente aleccionador sobre la lógica reacción de los alemanes: «Göering entra congestionado y señalándome con el bastón me grita: "Por lo visto, cualquiera puede llegar y marcharse con una de sus máquinas." Le contesté que Hess no era "cualquiera", sino el Stellvertreter. "Tenía usted que haberse dado cuenta de que ese hombre está loco." Le repliqué secamente: "¿Cómo puede usted suponer que voy a tomar por loco a alguien tan alto en la jerarquía de nuestro Estado? Si ése es el caso, usted, señor Reichmarschall, tenía que haber logrado su dimisión." Göering soltó una carcajada. "Messerschmitt, es usted imposible. Bueno, ya me las arreglaré para sacarle de este lío."»

Ninguno de los implicados sufrió tanto las consecuencias como Pintsch, excepto Ilse Hess, a la que en su desventura sólo Himmler trató de ayudar, mientras el miserable Bormann, que todo lo debía realmente a Hess, se portó como corresponde a su probada bellaquería.

A Ribbentrop le preocupaba que sus aliados se enteren antes por los ingleses. Al fin, Hitler manda radiar desde Munich, a las 10 de la noche del lunes: «Se anuncia oficialmente por el Partido Nacional Socialista que el miembro Rudolf Hess, enfermo desde hace años, y a quien por ello se le prohibió volar..., ha emprendido un vuelo desde Augsburg, del que no ha regresado. Dejó una carta que, por su anormalidad, da muestras desgraciadamente de trastorno mental, temiéndose que sea víctima de alucinaciones... Es posible que el miembro del Partido Hess haya saltado del avión, o sufrido un accidente.»

Hora y media después, como hemos visto, Churchill anuncia por radio la llegada de un piloto que afirma ser Rudolf Hess, y que existe la posibilidad de que sea ésta su identidad.

Al parecer, olvidan que la idea de su locura como coartada del fracaso del viaje la ha dado explícitamente el propio Hess. En la reunión con todos los gauleiters, el 13 por la tarde, a los que se dirige después de la lectura de la carta de Hess realizada por Bormann, el Führer, en un estado de depresión como nunca le vieron antes, se refiere al viaje como testimonio evidente de perturbación mental, aprovechada por algunos astrólogos en los que su mente enfermiza confía. De este comentario surgirá el extraño y cruel episodio de la purga de los astrólogos.

Desde el 14, Göbbels lanza la campaña propagandística, que hace «oficial» para los alemanes la locura de Hess. Por el primer comunicado de ese día, se entera Ilse de que su marido aún vive.

Hitler nunca se repuso del trauma de la ausencia de Hess. Jamás lo interpretó como traición, sino como lo que fue, un acto demencial, pero de generoso autosacrificio. Treinta y cinco años después Hess sigue dando pruebas de lealtad inquebrantada, e inquebrantable, a su Führer.

El viaje visto por los italianos

Las primeras reacciones de Ciano y Mussolini muestran la frivolidad y aguda intuición del primero y la esporádica naivedad del segundo. Ciano, en su diario del 12 de mayo: « Un extraño comunicado alemán anuncia la muerte de Hess en un accidente aéreo. Dudo mucho que sea cierto. Incluso que esté muerto. Todo huele a misterioso.» El olfato de Mussolini no es tan sutil, cuando al día siguiente llega inesperadamente Von Ribbentrop para dar la versión alemana: «Hess, enfermo somática y mentalmente, y víctima de alucinaciones e ideas delirantes, pacifistas, marchó a Inglaterra a intentar una solución negociada. No es un traidor, por lo que no hay que temer que haga declaraciones o confidencias que nos perjudiquen.» Mussolini tampoco le cree, y da a los suyos confidencialmente una curiosa interpretación: «... Creo que Hess iba camino de Irlanda, para dirigir allí un levantamiento contra Inglaterra.»[18]

Ambos consideran una calamidad para Alemania lo acaecido. Para Ciano es «la primera victoria importante inglesa». Para Mussolini, «un gran golpe contra Alemania». En esto coinciden con Göbbels, que juzgó el episodio «peor que la pérdida de una división». Ambos en el fondo se alegran; son italianos. Mussolini, resentido del trato que está recibiendo, espera que este golpe baje los humos a los alemanes. Ciano, con un sentido del humor tan dominante en su personalidad, no resiste el presenciar con gozo la desolación de los enviados teutones en esta espectacular tragicomedia.

El vuelo visto por Rudolf Hess (Consideraciones psiquiátricas)

Para «entender» a Rudolf Hess, nos parece imprescindible que el lector tenga al menos superficial conocimiento de una enfermedad mental llamada «desarrollo paranoide». Surge paulatinamente (se «desarrolla», por eso se llama así) en personalidades predispuestas (el fanático es un típico ejemplo de personalidad predispuesta, y Hess era fanático), tiene una clara relación con las ideas e ideales del sujeto, y consiste en un progresivo despegamiento de la realidad, por hipervaloración de ciertos hechos que se distorsionan por su carga afectiva subyacente, y el enfermo que puede ser muy inteligente suele hacer una argumentación tan hábil de sus ideas irreales, que puede convencer a otras personas (por eso tantos fanáticos patológicos tienen seguidores). La clave está en que las ideas falsas, patológicas, se mantienen con absoluta convicción inmodificable por la argumentación lógica o la evidencia contraria. Además, como el sujeto conserva la total normalidad del resto de su psiquismo, puede dar simultáneamente un rendimiento profesional brillante, y apariencia de normalidad absoluta mientras no se toca el tema de sus ideas delirantes (es como si tuviese enfermas un grupo de ideas y todas las demás normales), y para colmo de dificultad diagnóstica, el sujeto se percata de que muchas personas toman por anormales sus ideas delirantes, por lo que hábilmente las oculta cuando cree que debe hacerlo. Las ideas delirantes de este tipo suelen partir de un núcleo de pensamiento razonable, y sólo su exageración y progresivo distanciamiento de la realidad es lo enfermizo. El desarrollo paranoide puede seguir un curso aislado, o combinarse con otros síntomas, frecuentemente del síndrome esquizofrénico, dando lugar a una variante llamada «esquizofrenia paranoide», que es el diagnóstico en que más claramente encaja el «caso Hess».

La posibilidad de «contagio» de las ideas paranoides (las llamadas «psicosis inducidas») se da preferentemente en personalidades similarmente predispuestas, por eso se agrupan; y en el entorno de Hitler (indiscutible personalidad paranoide) surgen varios satélites con estas características. Uno de los primeros y principales es Hess. Son interesantes los recuerdos de Ilse de cuando era su novia (hacia 1920): «... Rara vez sonreía, no fumaba ni bebía, y no soportaba la frivolidad de quienes acudían a diversiones cuando habíamos perdido una guerra...» «... La primera vez que le vi entusiasmado fue en un mitin en que habló Hitler.» Desde este momento se embebe, fanáticamente y sin crítica, con enorme fervor de toda la ideología de Hitler, cuyo patriotismo y anticomunismo coinciden con la previa ideología de Hess, que ya aceptará ciegamente cuanto Hitler diga o haga, entregándose voluntariamente; por ejemplo, después del «putsch», para compartir su encarcelamiento en Ladsberg en 1924, donde le ayuda en la elaboración de *Mein Kampf*. La entrega a Hitler y sus ideales es total, abnegada, de «perro fiel», desinteresada, honesta (lucha contra la corrupción), y ... ciega, fanática, falta de toda capacidad crítica. Su historia política es conocida por todos.

En cambio, no lo son algunas de sus ideas, que interesa recordar. Hacia el año 20 gana un premio en la Universidad de Munich, con un trabajo sobre *La naturaleza del hombre que puede devolver a Alemania su antigua gloria*. Es una especie de *El príncipe* de Maquiavelo (con desventaja en cuanto a talento, como es lógico), estructurado sobre el Hitler que acaba de fascinarle. Entre los módulos de conducta posible que, según él, debe tener el héroe, está: «Para cumplir con su deber debe estar dispuesto, si es necesario, a engañar a sus íntimos amigos... *e incluso aparecer como un traidor ante los ojos de la mayoría.*» Un cuarto de siglo más tarde, durante el proceso de Nuremberg, completa esta idea en una carta a su esposa: «Al deber de aparecer como traidor, añadiría yo hoy *o parecerles loco.*» En esa misma carta dice a Ilse: «Te contarán que he perdido la razón, o que padezco ideas fijas; espero que captes la faceta cómica que esto tiene...»

Durante los últimos 35 años, Hess argumentó con frecuencia y habilidad polémica sobre la imagen ilusoria de su locura. El paranoico siempre se percata de que le toman por loco, y da diferentes explicaciones, razonables en apariencia, a veces, de este hecho que él considera un error de interpretación. El lector estará pensando que lo mismo puede ocurrir con una persona normal a quien erróneamente toman por loco. Hay casos en que la discriminación no es fácil.

Las ideas de Hess pueden estar equivocadas, pero siempre ha sido consecuente con ellas; por eso la lealtad a través del engaño subyace en toda la germinación del plan de vuelo, que surge desde los primeros meses de la guerra. Hess es hombre austero, seco, con el aparente despego de los esquizoides, pero sensible, y le afectan profundamente los horrores de la guerra que palpa al visitar las ciudades desoladas de la Francia recién vencida. En distintas conversaciones y escritos se va transparentando su obsesión: «Hay que terminar con esto, e impedir que ocurra en Inglaterra»; «veo con la imaginación interminables filas de madres que siguen a los ataúdes de sus hijos, y de niños ingleses y alemanes, tras los féretros de sus madres...» Cree ciegamente en las afirmaciones de Hitler de que desea pactar con Inglaterra y de que en caso contrario la aplastará sin remedio, y de que sólo la obstinación personal de Churchill se opone a una actitud razonable por parte de los ingleses. De ahí su ingenua creencia de que «si un ministro del Reich, que habla correctamente inglés, va allí, y a través de un enlace adecuado (Hamilton), consigue entrevistarse con los demás ministros y políticos ingleses y con el propio Rey»..., todo acabará felizmente; y se siente llamado por el destino a esta misión ilusoria, con una interpretación progresivamente deliroide de este grupo de ideas.

Por tanto, ha de preparar el viaje, y a ello se afana con la dedicación y astucia de un paranoico inteligente. Al comienzo de la guerra, al confirmarle como sucesor, Hitler, en un gesto más del paternalismo protector-condescendiente que sentía por Hess, le prohibió volar, e hizo alarde público de esta prohibición, que Hess aceptó por *un año*, reticencia a la que nadie prestó atención, excepto el propio Hess, que en cuanto transcurrió el año se sintió desligado de su palabra (afirma que no hubiese sido capaz de quebrantarla), y comienza en secreto, engañando al grupo Messerschmitt, sus entrenamientos. La tensión de esos meses acentúa sus rarezas. Siempre fue un aprensivo y ya se porta como hipocondríaco; y con la extravagancia de los esquizoides frecuenta astrólogos y curanderos (a los que esa atención hemos visto les va a ser fatal), y emplea pócimas exóticas, como el famoso elixir de los lamas tibetanos que lleva en el vuelo. Las crecientes rarezas de Hess tienen una expresión cómica cuando se aferra de tal modo a un régimen curanderil de comida, que al ser invitado al Berghoff la lleva en un paquetito y se las arregla para que se la sirvan en la mesa. Cuando al repetirse el incidente Hitler se entera, le dirige amistosa reprimenda: «Mira, Rudolf, si tienes que hacer un régimen, lo encargas a mi cocina; pero esta bobada de traer tu comida a mi casa, se acabó; o comes lo de aquí o no vienes.» Hess cortó todo lo posible sus visitas al Berghoff desde ese momento.

Hizo en total unos veinte vuelos de entrenamiento, consiguió astutamente las modificaciones del aparato sin levantar sospechas, y con una radio se entrenó horas y horas a seguir la estación noruega que sería el punto de referencia. Procura pasar todo el tiempo posible con su hijo único, tan esperado en un matrimonio feliz, pero durante diez años estéril (es curiosa la acumulación de insuficiencias y anomalías sexuales entre el grupo rector del Tercer Reich), pasa horas encerrado con él, queda largo rato contemplándole antes de partir, y lo mismo hará con su amado paisaje bávaro, mientras en un bosque próximo al aeródromo se viste el uniforme de oficial de la Luftwaffe (para no ser tratado como espía).

Cuando sobrevolando Escocia tiene que hacer un vuelo rasante, acrobático, su espíritu deportivo de enamorado de la aviación le hace «disfrutar cada instante de esas piruetas». Al llegar a su meta, se eleva 2.000 metros para poder lanzarse en paracaídas, y está a punto de morir al serle imposible, durante unos minutos, salir de la cabina. El resto ya lo sabemos por sus captores.

La decepción de Hess es enorme. Ya se ha identificado ante Hamilton y reconfirmado ante éste y Kirpatrick, y les ha entregado su mensaje para el Gobierno. En lugar de la esperada conmoción, caravanas de coches oficiales, entrevistas con ministros, recepción por el Consejo, Parlamento, el Rey, declaraciones públicas, etc., que su desenfoque paranoico de la situación le impulsó a prever, se encuentra tratado casi como un vulgar prisionero de guerra capturado en acción bélica. En lugar de escuchado, es interrogado disimuladamente, por si pueden sonsacarle algún secreto o proyecto de Hitler, y esta labor queda encomendada a personajes secundarios, sin proporción con su rango.

Esta relegación a la insignificancia (y nada puede ser más ultrajante para un paranoico) no es accidental; obedece a consignas específicas de Churchill: «No dar la menor oportunidad a que la prensa o el pueblo valore el carácter romántico, aventurero» del episodio. Ya el martes 13, ordena a Eden que lo pase de su jurisdicción a la del Ministerio de la Guerra y: «... sea tratado como un prisionero de guerra... potencialmente criminal de guerra, que puede ser condenado al terminar la contienda... Debe permanecer totalmente aislado en lugar adecuado no lejos de Londres... estudiada su mentalidad, y sonsacarle toda la información posible... no debe tener ningún visitante más que los enviados por el Foreign Office. No debe leer periódicos ni oír la radio».[19]

No es la imagen que se había hecho Hess, y el tremendo trauma psicológico rompe el precario equilibrio de la paranoia con la realidad, y extiende las ideas delirantes a otros temas. Desde el día 15 de mayo se queja de que quieren envenenarle y pretende que el centinela pruebe la comida antes que él. Estas ideas delirantes de envenenamiento serán ya una constante en las reactivaciones de su enfermedad. Al registrar en Nuremberg el equipaje que trae de Inglaterra, encuentran múltiples paquetitos de papel con restos de comida que ha ido guardando durante años «para que los analicen y demostrar que me han estado envenenando, provocándome, entre otras cosas, la pérdida total de memoria que tengo a temporadas», comportamiento tan típicamente de esquizofrenia paranoide, tan patognomónico, que por sí solo bastaría para establecer el diagnóstico, pero que está apoyado por otros muchos síntomas. Ya desde el mismo día muestra una generalización de su delirio persecutorio, interpretando de modo acorde cualquier banalidad; en efecto, en la entrevista del día 15 se queja de que las botas de sus guardianes son de un tipo especial, para que metan más ruido y estorben su reposo, etc... Sin embargo, Churchill (siempre empeñado en negar la perturbación de Hess), el 17 de mayo, en su informe a Roosevelt, afirma que «Hess parece gozar de buena salud, no está excitado, ni presenta síntomas ordinarios de alienación».

Tras una breve estancia en la Torre de Londres, que curiosamente va a suscitar la envidia de Schirach cuando se entera de ello —en Spandau el 65[20]—, le trasladan a Mitchet Place (una casa del siglo XIX donde pasará 13 meses) que se fortifica previniendo una posible acción de comando, y en la que se instalan micrófonos para espiar cualquier comentario suyo despierto o dormido.

Allí le entrevista lord Simon, Home Secretary, el 10 de junio, simplemente por creer que éste podrá sonsacarle mejor que los subalternos, ante quienes se va cerrando. La visita es secreta, pues el Gobierno no quiere que el público tenga noticia de que uno de sus miembros se entrevista con Hess, pero a éste sí se le comunica la identidad del visitante, lo que le alegra y decide vestir de uniforme para tan gran ocasión; pero llegado el momento, da una nueva muestra de anormalidad al negarse a recibirle durante un par de horas, lo que sus captores deciden interpretar como «inesperada timidez». Nada se obtiene de esta entrevista para ninguno de los dos interlocutores, y desde ese momento Hess pasa al olvido, sin posible contacto con el drama europeo, debiendo replegarse al que se desarrolla en su espíritu, y que quiebra su ya precario balance mental.

Pese al empeño en ignorarlo, la absurdidad del viaje, el raro equipaje y las anomalías de comportamiento en prisión, sumadas a las declaraciones que los alemanes iban haciendo sobre su perturbación mental, obligaron al Gobierno inglés a tomarla en cuenta, y se le hizo estudiar por una sucesión de psiquiatras militares (comandante Dicks, capitán Johnston Rees, etc.). Los informes psiquiátricos son vagos, en contraste con el del médico general que le acompaña en el traslado desde Escocia, que es más certero: *a*) Muestra una personalidad anormal. *b*) Marcadas tendencias hipocondríacas, paranoides y delirio de persecución. *c*) Su misión a Escocia es producto de un estado mental anormal.

Todo esto, que es tan claro desde los pocos días de su llegada para un competente médico general, queda oscurecido en los informes de los «expertos» (que ahora sabemos fueron coaccionados a minimizar la categoría del trastorno mental de Hess por razones políticas), con una curiosa argumentación. Nunca se pudieron negar los síntomas paranoides; a ellos se añadieron otros y dos serios intentos de suicidio de morfología patológica (el suicidio puede ser un acto libre y motivado; en el caso de Hess fue una manifestación más de su perturbación), fases depresivas, etc. Todo esto no lo niegan, y lleva objetivamente el diagnóstico de esquizofrenia paranoide, que eluden, no porque todos esos síntomas no sean ciertos, sino porque a ellos se añaden otros (como la amnesia) que interpretan diversamente o como histéricos o como simulados, como si un esquizofrénico no pudiese ser además histérico y simulador.

Como tan frecuentemente ocurre, de modo especial en las llamadas «psicosis carcelarias», que se dan también en personas ya psicóticas, como en el caso de Hess. El doctor Rees, tras su visita del 30 de mayo, da este singular dictamen: «No es un loco en el sentido estricto de poder certificar su perturbación mental, aunque sí está enfermo mentalmente» ¡?! Y una vez hecha esta aclaración, que es la que el Gobierno desea, puntualiza: «... Yo lo diagnostico por el momento como una personalidad psicopática, paranoide, del tipo esquizofrénico, es decir, con tendencia al desdoblamiento de la personalidad. Es como muchos de este tipo; propenso a reacciones histéricas... es probable que haga algún intento de suicidio, pese a su alegada promesa al Führer de no quitarse la vida». Pero ya lo hemos visto, para el doctor Rees esto no es muestra de «enfermedad mental en sentido estricto». ¡?! Sin embargo, el propio doctor Rees publicará en su libro[21] que en la visita inicial, «el primer vistazo de Hess produce una reacción inmediata: típicamente esquizofrénico».

Se acentúan las ideas de persecución: «Se trata de un complot judío para asesinarme», promete grandes sumas de dinero al Dr. Dicks si frustra los intentos de envenenarle. Algunos días no come hasta que alguien prueba los alimentos, y entonces lo hace vorazmente. Acentúa las extravagancias y amaneramientos. Un día, mientras relevan la guardia, hace para los soldados una sorprendente exhibición de paso de la oca. Pasa largos ratos tumbado con los índices en los oídos, «para pensar», etc.

El 16 de junio, muy temprano, manda llamar al Dr. Dicks alegando que no puede dormir, y cuando a éste le abren la puerta, «la atraviesa repentinamente Hess, vestido con el uniforme de la Luftwaffe, la cara distorsionada, ojos desorbitados y pelo revuelto; esquivándonos al centinela y a mí, se lanza de cabeza por el hueco de la escalera, y cae ruidosamente sobre el piso de losas de piedra. Un soldado que sube saca la pistola, pero logro detenerle». Hess ha tropezado con la barandilla al caer, que amortigua el golpe, con lo que salva la vida; únicamente se fractura una pierna.

En contraste con sus lamentos y gemidos cuando tiene dolores imaginarios o psicosomáticos, ahora soporta con entereza los muy intensos de la fractura. bromeando con los guardianes mientras se le asiste. Como muchos esquizofrénicos después de actos similares, Hess mejora de su delirio durante unos días, a lo que puede contribuir el tratamiento con sedantes para el dolor de la pierna. Poco después vuelven, más intensas y frecuentes, las ideas delirantes de persecución y perjuicio. A su nuevo médico (pues envían uno que habla alemán, el Dr. Johnston) le confiesa que «intenté el suicidio porque me estaba volviendo loco», vivencia y reacción típicamente esquizofrénicas, como lo son sus largos escritos de los días siguientes (estamos en julio del 1941), en los que afirma que quienes le rodean han sido hipnotizados para que procedan contra él y que por eso tienen ese extraño brillo en los ojos, etc. (idea delirante que permanecerá ya en él como fondo de su pensamiento patológico, y que repetirá en las declaraciones de Nuremberg, y luego en Spandau, hasta la actualidad), y a la vez de modo incongruente hace planes (y planos minuciosos), nada menos que para tres de sus futuras casas que piensa construir en Alemania, Escocia y Sussex (para valorar estos proyectos grandiosos hay que recordar que mientras estuvo en el poder fue de una gran austeridad).

En esas circunstancias ocurre un incidente singular. Viendo Winston Churchill que los informes médicos, pese a las presiones en sentido contrario, exponen síntomas de aparente enfermedad mental, decide «cerciorarse» de un modo realmente original: envía a un amigo suyo, lord Beaverbrook (el 9 de septiembre) para que le dé una impresión «derivada del sentido común y no de los tecnicismos», que es a la que han decidido atenerse. Tras una charla de una hora, lord Beaverbrook se considera capacitado para dictar sentencia, lo que hace con petulante suficiencia: «Sin lugar a dudas, está cuerdo.» Durante la entrevista, para la que, por supuesto, Hess ha vestido el famoso uniforme de las grandes ocasiones, tras unas fórmulas de cortesía, se limita a repetir el «mensaje» que tiene escrito y que reitera una y otra vez de modo estereotipado a cada interlocutor (y esto puede hacerlo con apariencia de normalidad casi cualquier enfermo mental grave). La esencia del mensaje es: Hitler desea la paz con Inglaterra; hizo todo lo posible por evitar la guerra con los ingleses, y está dispuesto a interrumpirla en condiciones aceptables para Inglaterra, ya que Hitler considera el Imperio Británico necesario para el equilibrio mundial. Inglaterra está perdida; los submarinos harán un bloqueo eficaz, y la Luftwaffe arrasará el país. Es preciso impedir tanta muerte y desolación, porque además, aún suponiendo que la guerra diese un giro imprevisto, «incluso una victoria de Inglaterra contra Alemania será a la larga una derrota para los ingleses y triunfo exclusivo de los bolcheviques, pues sin las fuerzas combinadas de Alemania e Inglaterra, Rusia acabará dominando Europa y después el mundo»... Churchill y Beaverbrook consideraron el esquema ideológico del mensaje insensato, pero dictaminaron que Hess está cuerdo, aunque con algunas «rarezas debido a la frustración de su fracaso».

Poco después empeora de nuevo y presenta por primera vez un síndrome llamativo, el de su amnesia total, real o supuesta, que atribuye a los venenos y otras agresiones subrepticias de sus enemigos. Esta amnesia, que a lo largo de los años va a reaparecer numerosas veces, interrumpiéndose otras tantas de modo casi repentino, alternándose con los síntomas de esquizofrenia hasta la actualidad, tendrá influencia decisiva en su tragedia, pues la aprovecharán los médicos de Nuremberg para deformar tendenciosamente el juicio clínico sobre Hess. Poco importa que en los años que median hasta el famoso proceso se acentúen los episodios de evidente trastorno mental, con una agudización en febrero del 45, en la que tras afirmar que tanto él como Churchill, el rey de Italia, Eden y su propio médico, el Dr. Rees, estaban hipnotizados por conspiradores judíos, hizo el segundo intento de suicidio, clavándose un cuchillo en la región precordial (que no penetró, al pinchar en una costilla). Afirmó que eran los judíos quienes pusieron el cuchillo a su alcance. Hizo huelga de hambre en los días siguientes, que sólo interrumpió al amenazarle con alimentación por sonda. Nada de esto importa, en la farsa de peritaje médico de Nuremberg; lo único que se va a estudiar es la amnesia.

Aquí nuevamente precisamos la paciencia del lector para hacer algunas consideraciones técnicas: el esquizofrénico paranoide no suele considerarse a sí mismo enfermo mental (salvo en los momentos en que se le presentan vivencias de disolución o desmembramiento del yo, como vimos ocurrir con Hess cuando su primer intento de suicidio), y como conserva la inteligencia reacciona a las situaciones que se le van presentando, como toda persona, según cree que le conviene. El enfermo encarcelado y pendiente de juicio por un delito cometido no es raro que piense que le conviene hacerse pasar por loco y comienza a fingir síntomas de enfermedad mental como cualquier simulador. Así, pues, es ya un loco, que creyendo no estar loco, se finge loco. Esto, que parece una broma, ocurre con tanta frecuencia, que tiene su apartado en los libros de Psiquiatría, encuadrándose dentro de las llamadas psicosis carcelarias, o «síndrome de Gansser». Lo que empieza simulándose, al tener el individuo una previa estructura psíquica anómala, se independiza en gran medida de su voluntad, y los síntomas inicialmente fingidos siguen un curso que se regula por mecanismos inconscientes y no ya por la voluntad del enfermo. En esencia, es un cuadro histérico añadido a la enfermedad mental auténtica o psicosis. Esto es lo que ocurre con nuestro personaje: independientemente de su esquizofrenia paranoide, que seguirá su curso hasta el presente, con períodos de atenuación espontánea y nuevos brotes, aparecerá entremezclada con ella toda la sintomatología, a veces simulada, a veces histérica, de amnesia, cólicos, dolores, etc. Destaca la amnesia cuando en Nuremberg dice no reconocer a ninguno de sus antiguos compañeros, no recordar nada de nada, etc.

El tribunal de Nuremberg se encuentra con una situación incómoda al presentar uno de los encausados principales, el segundo en la jerarquía nazi, síntomas de aparente enfermedad mental, que de confirmarse impedirán juzgarle, por no estar capacitado para comprender ni para defenderse. La presión rusa es enorme. Stalin tiene verdadera obsesión contra Hess. Repetidamente insistió durante el cautiverio en Inglaterra en su ejecución y ahora los rusos mantienen enconadamente este empeño. Ha de ser sentenciado a muerte. En el torbellino de odios y anhelo de venganza de aquellos meses, tampoco los representantes de las restantes potencias están interesados en que Hess escape al «escarmiento». Hay que demostrar, pues, que es capaz mentalmente de defender sus derechos en el juicio. Para ello Hess les facilita la maniobra: lo síntomas accesorios son muchos y más llamativos que los de la enfermedad grave, y a la demostración del carácter histérico o simulado de la amnesia se dirigen todos los informes, despreciando, en una intencionada selección, los síntomas indiscutibles, pero menos llamativos en ese momento, de la auténtica «locura» de Hess.

Para colmo, Hess, en un nuevo arrebato esquizofrénico, desbarata los intentos de su defensor al hacer una declaración solemne en que se responsabiliza de todos sus actos y rechaza el que se le trate como enfermo. A ello se atiene, complacido, el tribunal. Durante el proceso, Hess dormita, lee novelas y hace ostentación de no escuchar. No considera al tribunal capacitado para juzgarle; mucho menos para dictar sentencia, por eso le ignora. Cadena perpetua. Tarda varios días en darse por enterado.

Con el paso de tantos años, la vida de Rudolf Hess se apaga, como también los destellos de su locura, con algún episódico rebrote. Sólo persisten la lealtad a sus ideales, la firme convicción de haber cumplido con el deber, el revivido cariño a su mujer e hijo y el legítimo orgullo de haber sido fiel a sí mismo...

Con indiferencia lo toma la gente, pero, como en el poema del Piyayo: «*... da pena... y ¡un respeto imponente!*»

BIBLIOGRAFÍA DE RUDOLF HESS

1. Speer, Albert: *Diario de Spandau*, Ed. Plaza y Janés, Barcelona, 1976, p. 168.
2. Id., p. 446.
3. Manvell, Roger, y Fraenkel, Heinrich: *Hess*, Ed. Drake Publishers Inc., New York, 1973, p. 245.
4. Tomado de Speer, loc. cit., pp. 20-21.
5. Tomado de Speer, loc. cit., p. 21.
6. Speer, loc. cit., p. 293.
7. Herald Tribune, 27 sept. 1976, de un comunicado de la agencia UPI, 26 sept. 1976.
8. Manvell, etc., loc. cit., Introducción.
9. Epstein, Julius, varios artículos, entre ellos en el *The Arizona Republic*, 15-III-69, y *The Telegram*, de Toronto, 8-IV-69.
10. Manvell, etc., loc. cit., p. 195.
11. Ídem, contratapa del libro.
12. Epstein, loc. cit.
13. Rees, J. R.: *The Case of Rudolf Hess*, Ed. Heinemann, Londres, 1947.
14. Manvell, etc., loc. cit., p. 174.
15. Cit. en ídem, p. 194.
16. Hess, Ilse: *Prisoner of Peace*, Ed. Britons Publishing Co., Londres, 1954.
17. Manvell, etc., loc. cit., p. 107 y ss.
18. Ciano, Galeazzo: *Diary 1939-1943*, Ed. Heinemann, Londres, 1947, p. 341.
19. Kirpatrick, Sir Ivonne: *The Inner Circle*, Ed. McMillan, Londres, 1959.
20. Speer, loc. cit., p. 434.
21. Rees, loc. cit., pp. 28-29.

CONSIDERACIONES SOBRE EL PODER POLÍTICO Y PSICOPATOLOGÍA*

I. El deterioro mental del líder

Historia y psiquiatría se imbrican de muy diverso modo a través de las anomalías psíquicas en los grandes protagonistas del acontecer histórico. En ocasiones el personaje clave está colocado por simple azar del destino o de la herencia en el timón de la nave, y la pérdida de rumbo en su mente enferma desvía el curso de todos los que con él navegan. Uno de estos casos lo analizamos en *Doña Juana de Castilla y Aragón*.

La imagen pretérita del «rey loco» (Luis II y Otón I de Baviera, Pedro el Cruel, Carlos VI «El Insensato», varios emperadores romanos, etc.)[1] tiene un eco estremecedor en nuestro siglo, cuando a la luz de nuevas fuentes de información que permanecieron secretas, aparece cada vez más clara la vinculación del holocausto de la Segunda Guerra Mundial con las anormalidades psíquicas de Adolfo Hitler. De ella hemos hecho un análisis, pero tanto el final como el principio del drama Hitler están engarzados con las deficiencias psíquicas, menos conocidas, de dos presidentes americanos: Wilson y Roosevelt.

En la conferencia de Yalta de 1945, decisiva para el destino definitivo de tantos millones de seres humanos, Franklin D. Roosevelt, que debió ser pieza fundamental, «la mayoría del tiempo apenas se enteraba de lo que ocurría en torno suyo, permaneció sentado en silencio excepto para alguna intervención irrelevante» (según declaraciones posteriores de sir Alexander Cadogan, subsecretario del Foreign Office).[2]

* (Resumen de 3 artículos publicados en el diario *Ya* de Madrid, en julio de 1976.)

Ahora se sabe que, para que su embotamiento mental no fuese perceptible, tuvieron que ser eliminadas por la censura más del noventa por ciento de las fotos, pues reflejaban su estado de estupor. El embajador americano W. Bullit,[3] en polémica contra el médico personal de Roosevelt (y ya comentaremos cómo suele distorsionarse la perspicacia clínica del «médico personal» de estas grandes figuras), afirma que «no estaba sólo muy cansado, sino seriamente enfermo». La misma impresión tuvo Churchill: «Estaba debilitado y enfermo desde la víspera de Yalta.» En los decisivos veinte días siguientes, con los rusos avanzando sobre Berlín, Churchill se lamenta de que «... la salud y entereza de Roosevelt han desaparecido. En mi constante comunicación telegráfica con él, yo creía estar escuchando a mi fiable amigo, como había hecho todos esos años...; sin embargo, eran sus ayudantes quienes en su nombre enviaban las respuestas... y de ellos el mejor dotado, H. Hopkins, estaba también seriamente enfermo».[4] Uno de estos telegramas supuestamente enviados por Roosevelt lo recibió Churchill el 11 de abril, víspera del fallecimiento de aquél.

Es curioso que el mismo Churchill, que tanto y tan justificadamente se lamenta del mantenimiento del poder, o de simulacro del poder, en manos de una mente antes privilegiada, pero ya en deterioro, cayese posteriormente en el mismo error, y por empecinamiento suyo. En 1953, durante un almuerzo en honor del Primer ministro italiano de visita en Londres, tuvo su tercer ictus apoplético y, sin embargo, se empeñó en presidir poco después un importante Consejo de Ministros, en el que se presentó mascullando incoherentemente, divagando y con claras muestras de no captar lo tratado, hasta que, para alivio de todos, interrumpió inopinadamente la reunión.[5]

Volviendo al «caso Hitler», sólo es posible su emergencia en un estado especial del acontecer histórico, derivado del fatídico Tratado de Versalles, y la responsabilidad de su implantación recae muy directamente sobre Woodrow Wilson, inteligente, sereno, honesto, lúcido, bienintencionado... durante muchos años, pero ya no en los últimos de su mandato, en los que la arteriosclerosis iba minando seriamente su capacidad de discernimiento político y su estabilidad emocional... y precisamente en ellos su persona fue decisiva para el futuro del mundo.[6] Wilson es uno de los casos más tristes y llamativos de desmantelamiento intelectual y permanencia, al menos aparente, en el mando supremo. Ya desde 1917 empezó a mostrar una mengua de su clarividencia y de su estabilidad emotiva.

El psiquiatra español Dr. José Germain era entonces un joven residente en la clínica parisina del famoso profesor Alajuanine, y recuerda que estando de guardia trajeron a un hombre que paseaba desnudo durante la noche por las calles de París, con signos de obnubilación, por lo que, afortunadamente, en lugar de llevarlo a la comisaría, se le llevó a la clínica. Al despejarse el paciente, se comprobó con espantado asombro que era el presidente de los Estados Unidos. Pudo ocultarse el incidente (creo que ésta es la primera vez que se publica),[7] y Woodrow Wilson prosiguió su carrera política, habiendo recuperado en apariencia la integridad de su psiquismo.

Posteriormente, en la gira que, contra el consejo de sus médicos, decidió hacer por Norteamérica para buscar apoyo a su desafortunada postura frente al Tratado de Versalles, desde el primer discurso del 4 de septiembre de 1919 se percibe la pérdida enfermiza de contactos con la realidad, que empezó a confundir, de modo delirante, con sus deseos.[8] Su último discurso, el día 25, es un alarde de distorsión patológica de la situación (pero no pareció así entonces a muchos de sus seguidores). Esa noche tuvo un colapso en el tren presidencial. Tres días más tarde, ya en la Casa Blanca, tuvo lugar el accidente vascular que le dejó hemipléjico e incapacitado, pero siguió siendo presidente de los Estados Unidos hasta el 4 de marzo de 1921. Ordenó al principio que se mantuviese secreta su minusvalía, a lo que contribuyó el error de sus médicos personales (nos volvemos a encontrar con este hecho tan frecuente), quienes afirmaron que se recobraría en seguida sin secuelas. Durante el resto de su mandato, todos los asuntos de Estado importantes pasaron por el filtro de su esposa, una mujer simple y con escolaridad interrumpida desde los 12 años de edad, que decidía inapelablemente sobre qué asuntos debían pasarse a su esposo (el cual, por otra parte, no estaba en condiciones de opinar inteligentemente sobre ellos) y cuáles se le debían ocultar.[9]

Personajes menos importantes, pero decisivos en los últimos tiempos, mostraron síntomas de anormalidad psíquica durante su mandato. James V. Forrestal,[10] primer secretario de Defensa americano, se suicidó en 1949 tras manifestar una serie de claros síntomas psicóticos, evidentes hoy para sus biógrafos y que pasaron inadvertidos para sus íntimos colaboradores que los atribuyeron a «fatiga». Cuando Truman tomó la difícil decisión de destituir al general MacArthur en el cenit de su prestigio, decisión que dejó atónita a América y al mundo, ya tenía noticias de alteraciones patológicas de la personalidad del general, además de su propósito de desobediencia (probablemente motivado por esa incipiente patología mental). Truman prefirió acentuar la motivación del despido en la desobediencia, pues le resultaba un argumento menos discutible en tema tan polémico, y lo expresó con su habitual y divertida coprolalia: «Llegué a la conclusión de que no estaba bien de la cabeza..., pero lo destituí porque se proponía no respetar la autoridad del presidente: no lo despedí porque fuese un cretino hijoputa, aunque lo era.» (Del libro *Plain Speaking* de Merle Miller, sobre Truman).[11] La destitución de Krushchev, cuando sus pintoresquismos empezaban a acentuarse demasiado, parece envolver el miedo a que el timón del Estado estuviese en manos inseguras, impresión de temor a la caducidad mental que se acentúa al haber sido sustituido por un mando compartido.

Independientemente de una puesta en marcha de la enfermedad mental, o de un deterioro senil prematuro, hay una mengua inexorable de facultades con la edad, y a estadistas como Adenauer, el general De Gaulle, el generalísimo Franco, Mao, Tito, Nehru (éste parcialmente paralizado por accidentes vasculares) se les ha tenido en el puesto de mando supremo hasta edades muy superiores a la de jubilación obligatoria para cargos de menor responsabilidad. Aunque lo cierto es que precisamente todo este grupo ha demostrado que la conservación del psiquismo en personalidades intelectualmente privilegiadas como ellos suele ir mucho más allá de lo habitual; todos inevitablemente han demostrado menos facultades que ellos mismos diez años antes de terminar su mandato.

El relativo torpor mental puede ser transitorio y casual, pero también puede incidir en un momento clave. Ejemplo muy claro es el de un hombre tan inteligente y equilibrado como Anthony Eden,[12] quien durante las vísperas de la crisis de Suez de 1953, quebrado por la fatiga, estaba tomando estimulantes anfetamínicos, y para colmo, padeció uno de sus cólicos hepáticos, por lo que la suma de analgésicos y espasmolíticos tuvo que producirle cierto embotamiento intelectual, precisamente durante la crisis de Suez. Por si algo faltaba, la intervención de Dean Rusk, decisoria y poco afortunada, coincidió con las primeras manifestaciones de anomalías psico-emocionales que fueron luego tan evidentes. Otro caso singular de las consecuencias dramáticas del embotamiento transitorio por sedantes en un momento decisivo es el de John Profumo,[13] quien el 22 de marzo de 1963 realizó su famosa estupidez ante la Cámara de los Comunes, parcialmente obnubilado aún por la sobredosis de hipnóticos, que casualmente había tomado la noche antes, todo lo cual le hundió en uno de los destinos personales más amargos de la historia contemporánea; acción incomprensible en alguien con tanto talento y temple como ya había mostrado y ha vuelto a demostrar en la sima de su caída.

En el núcleo de la personalidad de estos seres excepcionales, que los convierte en imanes de multitudes, hay a veces rasgos anormales de la personalidad, que se desarrollan patológicamente, como un cáncer latente que se expande, precisamente cuando han alcanzado el poder, y por la dinámica misma de la pasión de mandar que les ha encumbrado.

II. Aptitud para el liderazgo y agresividad patológica

Se escucha repetidamente la queja de que el mundo occidental carece de líderes capaces de agrupar en torno suyo a los pueblos enfervorecidos, capacitándolos con ese entusiasmo para hacer los sacrificios necesarios para la consecución de un ideal colectivo. A ello se atribuye en parte la decadencia política de Occidente.

Por supuesto, esta ausencia de liderazgo no es fruto de la casualidad, ni de un simultáneo agotamiento de las canteras de hombres aptos para la movilización de multitudes. De hecho, se les impide surgir como tales líderes al obligarles a renunciar a ciertas características indispensables para lograr el apasionamiento de los pueblos. Sólo en el mundo marxista (Fidel Castro, Mao, Ho Chi-minh, etc.) se ha seguido con las tradicionales reglas de juego, en parte atemperadas por las restricciones ideológicas contra el «culto de la personalidad», que aparecen más evidentes cuando la tarea de manejo multitudinario, bajo su ideología, ha de hacerse en un país occidental. El deliberado maquillaje de los rasgos de aptitud para la fascinación de masas, en un personaje tan adecuado para ello como Berlinguer, marca una pauta que veremos repetirse mientras dé resultado. ¿Por qué? Porque el mundo se encuentra ante un amargo dilema: conciencia de la necesidad del líder, junto al pánico a la aparición del dictador; y la intuición de lo peligrosamente imbricados que en la persona humana están los rasgos que hacen posible la iluminación de las multitudes con los que provocan la histeria de las masas. Las dotes personales para el ascenso al mando supremo (sobre el fervor colectivo) están psicológicamente enmarañadas con las que inducen a la usurpación del poder. El «caso Hitler», con su inmensa potencia histórica, sigue flotando como un fantasma sobre la conciencia, y muy especialmente sobre el inconsciente de los políticos.

Los estadistas occidentales con actitud de liderazgo (De Gaulle, Franco, Adenauer, Perón, etc.), estaban vinculados histórica y psicológicamente a la etapa anterior. El único y tímido intento de conducción carismática en U.S.A. por los Kennedy, con su trágico final, ha remachado el despego por la imagen del «conductor». Esta renuncia, por muy halagadora que resulte democráticamente, no es inofensiva; provoca la mutilación psicológica del líder o la colocación en su puesto de personas no ideales para tal función.

Es instructivo y decepcionante contemplar a quienes participaron en la última campaña electoral americana, y cómo lo hicieron. El presidente Ford estaba consciente de su incapacidad de irradiación afectiva, de transmitir un mensaje enfervorizado.[14] Se enfrentó con esta ineptitud confesándola públicamente en actitud de aparente candor (sobra su confesión, pues el fallo es obvio), pero racionalizaba el defecto pretendiendo convencer que se trataba de una virtud: «I'm better President than a campaigner.»[15] (Soy mejor presidente que captador de electores), y afirmaba que «un Gobierno suficientemente fuerte como para hacer funcionar eficazmente es también lo suficientemente fuerte como para resultar amenazador».[16] Jimmy Carter dio la sensación de estar representando un papel. Carter es un actor improvisado y mediocre, pero eficaz pese a la teatralidad huera por falta de convicción en «su mensaje», tan emasculado por convencionalismos en su afán de «asepsia» que resulta insípido. Hombres de este tipo no tratan de guiar a las masas, las cortejan. Por ello el acento se pone en temas accesorios o en demagogias pueriles («El Gobierno, tan bueno como lo es el Pueblo Americano», el slogan de J. Carter que en alguna de sus enunciaciones recuerda el «to er mundo e güeno»).[17] Por ello también, el énfasis de las campañas electorales de los dos ha tenido el denominador común de repetir mecánicamente un solo discurso, en el que parecen no creer y que además (y esto es un drama) no importa electoralmente, porque lo que han estado vendiendo al público no han sido ideas, sino imágenes personales; y éstas minimizadas por las premisas que hemos comentado.

Es pintoresco que luego se lamenten ingenuamente de que la silenciosa mayoría no se movilice políticamente. Gerald Ford dijo en su campaña:[18] «La tragedia es que la gran mayoría... los del medio, son políticamente apáticos. Sobre cómo regenerarlos, aún no hemos encontrado el sistema.» La realidad es que políticamente los hombres no se guían por ideas, sino por sentimientos, y sólo la exaltación pasional de éstos pone en marcha a la gran masa inerte. La movilización fanática de minorías y a través de ellas el avasallamiento de la totalidad es otro tema; su técnica distinta, y hoy profesionalizada, es la que por desgracia se sigue padeciendo, con diferente disfraz en muchos países.

La propia mecánica de la campaña electoral U.S.A. condiciona la repetición amanerada. Jimmy Carter en la suya 1975-1976, que según los comentaristas americanos...[19] «está siendo considerada como modelo y será estudiada en los años venideros...», ha pronunciado 2.050 discursos en 16 meses. Por lo tanto, tres o cuatro diarios. Por supuesto no son «discursos» sino la repetición 2.050 veces «del discurso». Por muchas dotes histriónicas que se tengan, y todos los políticos las poseen, este cliché estereotipado, esta actuación mecanizada, no puede proyectar resonancia sentimental; funciona por saturación del «espacio mental» como cualquier «spot» publicitario; lo que es a fin de cuentas.

Desde luego, las actuaciones de los grandes dictadores están deliberadamente embebidas en teatralidad y técnica publicitaria. Las analizaremos en la tercera parte de este capítulo, pero con un nivel de eficacia infinitamente superior, y éste es su peligro, pues tienen por ello capacidad de engaño a la multitud, que llega hasta el absurdo. La necesidad de dotes histriónicas en el líder, no sólo político, sino religioso, ideológico, etc., explica el que se utilice tan frecuente y eficazmente a los actores y cantantes-actores en la propaganda política. Su utilidad no radica sólo en que sean conocidos y populares sino en la capacidad de transmitir el mensaje a través de un contagio emocional que enmascara su posible vacuidad ideológica.

La pregunta clave del tema de hoy es: en las fuerzas que vinculan apasionadamente a las gentes en torno a un líder, ¿no dominan siempre factores irracionales, con base psíquicamente enfermiza tanto en el líder como en los seguidores? ¿No están casi inexorablemente predispuestas a llevar hacia el fanatismo y con él a explosiones de violencia, con una etapa final de agresividad hacia los grupos o naciones resistentes a su influencia? Los leales servidores de la idea democrática parecen haber adoptado este criterio en los últimos 30 años; por ello el empeño en desinfectarse del virus carismático, del que he mencionado algunas muestras actuales. Pero, ¿están en lo cierto?

Se rememora constantemente la «paranoia» de Hitler, y su contagio a través del mecanismo de las psicosis inducidas a 60 millones de personas; se tiende a olvidar, en cambio, que precisamente rasgos patológicos, aunque menos acentuados, resultaron positivos en otros. La impetuosidad anómala del general Patton,[20] en su irracionalidad, permitió el logro de ciertas victorias. La tozudez y convicción deliroide del general De Gaulle en una grandeza patria que no existía, y que hizo comentar a Churchill que «la cruz más pesada con que había tenido que cargar era la de Lorena»,[21] logró la restauración parcial de esta grandeza añorada. ¿Dónde está la línea divisoria entre empuje constructivo y fuerza devastadora? La Historia muestra reiteradamente cómo un mismo hombre arrastra a sus seguidores, sucesivamente, a las dos etapas.

El líder nato lo es porque tiene impregnado todo su ser en la pasión de mandar, y con ella una condición casi fanática de empeño en el contagio de su ideal y la disposición a sacrificarlo todo por conseguirlo... y automáticamente, por imponerlo. No basta el talento, ni las condiciones personales; hace falta una motivación tan cargada emocionalmente, que rebasa las premisas racionales (aunque ni el líder, ni sus seguidores se percaten, pues el propósito puede plantearse inteligente y serenamente), y está siempre en peligro, por tanto, de salirse del cauce de lo razonable.

¿Qué es lo que impulsa a las masas a unirse en torno a un hombre y someterse a sus dictados? Básicamente, la proyección de sus anhelos en la persona del líder y la esperanza de que éste los satisfaga. Estos deseos, en parte conscientes, pero también inconscientes, se polarizan en: *a*) La búsqueda de seguridad. Se obedece para sentirse protegido;[22] *b*) Resentimientos y deseos de revancha. Se unen y obedecen para ser más potentes en la agresión.

Diversas coyunturas históricas hacen que estos sentimientos no sean apremiantes o que surjan con gran ímpetu. En la colectividad española sube, como el nivel de las aguas en una inundación, la tensión de estas cargas emocionales, dominando preferentemente a un gran sector de la población las del primer grupo; las segundas al resto. No se perfila en el horizonte la silueta clara de un líder, pero sí la predisposición de los españoles a seguirlo. Si no lo encuentran, lo inventarán. El grupo que primero lo encuentre se hallará en gran ventaja. Es una situación peligrosa.

III. ACRECENTAMIENTO ARTIFICIAL DEL CARISMA. MANIPULACIÓN DEL ÍDOLO

Adlai Stevenson, en su fallida campaña contra Eisenhower, en 1956, comentó irritado contra los asesores publicitarios que guiaban la campaña electoral de su partido, y a los que

V. Packard calificó con frase afortunada como «persuasores ocultos», que le daba la sensación de «estar participando en un concurso de belleza, en lugar de un serio debate». Su enfado estuvo doblemente justificado, pues no le manejaron adecuadamente, y es lógico además, que a una mente tan ágil y superior a la de sus manipuladores publicitarios (que quizá por eso no le entendieron nunca ni a él ni a la clave de su atractivo), le repugnase éticamente la sistemática aplicación a la política de las tácticas publicitarias comerciales; por eso afirmó: «La idea de que pueden mercantilizar candidatos al mando supremo como si fuesen cereales para el desayuno... es la máxima indignidad contra el poder democrático.» Éste era, sin embargo, y ha sido después el concepto básico de los estrategas políticos americanos y de otros países, bajo la total convicción de que el «elector vota como un espectador-consumidor de la política».

Cuatro años después le toca quejarse a Nixon, quien en su libro *Six Crisis* (1962) coincide con muchos comentaristas en atribuir su derrota del 60 frente a Kennedy al más hábil manejo de la televisión por éste, incluido el famoso y ridículo tema de la influencia sobre el decisorio voto femenino del mal maquillaje de Nixon en el debate entre ambos. Sin embargo, la reacción de Nixon es distinta de la de Stevenson; se lamenta de lo que considera fue un error: «Dediqué demasiado esfuerzo (en sus apariciones en televisión) a la sustancia del mensaje, y demasiado poco al aspecto.» «Me fijé mucho en lo que tenía que decir, y poco en cómo». Hoy, después de tantos años y de Watergate, resulta demasiado fácil hacer deducciones.

Los trucos psicológicos se siguen empleando allí y en todos los países, y así ha sido siempre. Maquiavelo hizo un agudo análisis de «cómo se adquiere el poder, cómo se conserva y por qué se pierde». Napoleón, con su mente obsesivamente organizadora, creó un departamento de prensa «Buró de la opinión pública», orientado publicitariamente. Se recurre crecientemente al uso de la proyección sentimental inconsciente de los símbolos para aprovechar estímulos que sería incómodo manejar al descubierto. Por ejemplo, desde la televisión en color es frecuente que los políticos americanos, dirigiéndose a auditorios conservadores, cuando citan frases de sus oponentes, lean esas anotaciones de un papel rojo o rosa, para, por asociación de ideas, proyectar una imagen «roja» en el rival citado. Desde el campo contrario, se vio en la campaña presidencial portuguesa de junio de 1976, cómo Otelo Saraiva de Carvalho usó constantemente un símbolo del mismo color, el clavel rojo, en todas sus apariciones, para fijar en la mente del espectador la vinculación a él, y sólo a él, de la «Revolución de los claveles» en su optimista imagen inicial. La profesionalización del uso de tales imágenes, que a caballo sobre su vigorosa resonancia afectiva distorsionan la supuestamente libre y razonada decisión del elector, ha hecho exclamar a Kenneth Boulding que: «Hacen viable una situación de dictadura invisible, incluso funcionando bajo las fórmulas de un gobierno democrático.»

Por supuesto, la manipulación de las ideas colectivas es mucho más fácil desde una dictadura, o al menos desde el control masivo de los medios de difusión (como hoy intentan, y van logrando, ciertos sectores extremistas en las sociedades «libres»). Un «clásico» del tema será para siempre la incrementación artificial del carisma en el fenómeno político-publicitario más fascinante y aterrador de nuestro siglo: Adolfo Hitler.

¿Está condicionada la humanidad a sentirse arrastrada sólo por líderes de gran potencia carismática, enraizada en tendencias neuróticas de agresividad tan fuertes e insatisfechas que despiertan y agrupan a las del mismo sentido que tienen latentes las masas? ¿Puede engañársenos con el señuelo artificial de un carisma inventado por los creadores profesionales de una imagen política, que al montarse sobre una personalidad endeble se derrumbará en los momentos de crisis, cuando su fuerza carismática, en realidad inexistente, sería necesaria para la defensa colectiva? ¿No es posible la agrupación en torno a un líder, sereno, equilibrado, que a la vez con fuerza y mesura sepa conducir sin avasallamiento? Sí, es posible, pero hemos querido mostrar con estos comentarios lo fácil que resulta el engaño.

BIBLIOGRAFÍA

1. Antonio Vallejo-Nágera: *Locos egregios*, ed. Salvat, Barcelona, 2.ª edición, 1953.
2. Hugh L'Etang: *The Pathology of Leadership*, Ed. Heinemann, Medical Books, 1969. Hay una edición americana con el mismo título; New York, Hawthorn Books, 1970.
3. William, C. Bullit: *How We Won the War and Lost the Peace*, parte 2.ª Life, vol. 25, n.º 10, 6 sept. 1948, p. 86.
4. Winston Spencer Churchill: *the second World War: Triumph and Tragedy*, Ed. Houghton Mifflin Co., Boston, 1953.
5. Hugh L'Etang, loc. cit.
6. Sigmund Freud and William C. Bullit: *Thomas Woodrow Wilson*, Ed. Houghton Mifflin Co., Boston, 1967.
7. Edwin A. Weinstein: *Denial of Presidential Disability: A Case Study of Woodrow Wilson*, Psychiatry, 30, 376-391, 1967.

8. Gene Smith: *When the Cheering Stopped: The Last Years of Woodrow Wilson*, Ed. William Morrow Co., New York, 1964.
9. Cary Grayson: *Woodrow Wilson: An Intimate Memoir*, Ed. Henry Holt Co., New York, 1960.
10. Arnold A. Hutschnecker: *The Drive for Power*, Ed. Bantam, New York, 1976.
11. Merle Miller: *Plain Speaking: An Oral Biography of Harry Truman*, Ed. Putnam, New York, 1974.
12. y 13. Hugh L'Etang, loc. cit.
14. Dr. Germain, José, comunicación personal.
15. Hugh Sidey: «The Presidency», *Time*, 28 jun. 1976, p. 28.
16. Thomas Griffith: «The Ordeal of the Same Speech», *Time*, 28 jun. 1974, p. 44.
17. «Stampede to Carter», *(Cover Story)*, *Time*, 21 jun. 1976, p. 23.
18. Hugh Sidey, loc. cit.
19. «Stampede to Carter», loc. cit., p. 22.
20. *Group to the Advancement of Psychiatry*, «The VIP with Psychiatric Impairement», Scribners, New York, 1973, p. 19.
21. W. S. Churchill: *The Second World War: Triumph and Tragedy*, Boston, Houghton Mifflin Co., 1953.
22. *Group for the Advancement of Psychiatry*, loc. cit., p. 47.

PSICOPATOLOGÍA DEL ARTE

A MODO DE EPÍLOGO

La antigua y siempre presente idea de la asociación entre genio y locura pareció tener en el siglo pasado su confirmación científica en la obra de ese mismo nombre *(Genio y locura)*, de un médico italiano, Cesare Lombroso, que alcanzó con ella gran notabilidad.

En esencia, Lombroso venía a concluir que la mayoría de los grandes hombres padecieron trastornos neurológicos o psiquiátricos. Especialmente creyó encontrar una relación entre genio y epilepsia, como si esta enfermedad o la predisposición a ella fuese un tributo casi inexorable que todo hombre de gran talento debía pagar. En cierto modo, el genio era la faceta afortunada de una psicosis degenerativa.

Tuvo Lombroso multitud de seguidores que trataron de emular sus hallazgos en este filón aparentemente inagotable en el interés de los lectores. Por ir contra corriente, no se hizo mucho caso a Havelock Ellis. Este pensador original, igual que en sus estudios precursores sobre la sexualidad, no se dejó influir por los tópicos del momento, y en un análisis de más de mil personajes de la lista «oficial» de talentos británicos de todos los tiempos *(Dictionary of National Biography)*, demostró que el porcentaje de anormalidad entre este sector de la población es claramente menor que entre el resto de las gentes. El hallazgo era muy importante: ser vulgar no es un acercamiento a la normalidad, pero, como digo, sólo años después se ha empezado a valorar esta ardua investigación publicada a principios de siglo.

Las exageraciones de los seguidores de Lombroso, y algunas en que este mismo incurrió, aceptando las leyendas sobre personajes notables, sin una criba crítica cuando apoyaban sus tesis, como por ejemplo la de que el pintor Francesco Francia había muerto del gozo provocado por la contemplación de un cuadro de Rafael, fueron desprestigiando y haciendo olvidar este tipo de estudios retrospectivos.

Con el nuevo siglo, la Psiquiatría aportó dos herramientas de trabajo: la nosología y el psicoanálisis. Kraepelin había establecido (así lo creían, al menos) las bases para una firme delimitación diagnóstica de cada anormalidad mental. Freud, con el psicoanálisis, proporcionaba una especie de telescopio para observar la «otra cara de la luna», invisible hasta entonces: el «subconsciente» y su decisivo papel en el comportamiento humano dentro del cual podían incluirse las producciones artísticas. El propio Freud dio muestras del potencial del nuevo instrumento de investigación, con las suyas sobre Leonardo da Vinci y Dostoiewski.

En el capítulo sobre Van Gogh puede apreciarse cómo la aplicación de los diagnósticos a personajes del pretérito, a los que sólo se les puede conocer con datos parciales, y casi siempre deformados, tiene el peligro de la «percepción selectiva»: recoger como válido sólo lo que coincide con un diagnóstico preestablecido, o con el campo de interés del investigador, por lo que el personaje se va encontrando diagnosticado de modo diverso, pues en la enfermedad de los genios, como en la de las gentes vulgares, intervienen multitud de fallos parciales, que, sumados, configuran la enfermedad, y la atención puede enfocarse preferentemente hacia cada uno de estos sectores patológicos de la misma persona.

En la segunda y tercera décadas del siglo adquiere notoriedad el enfoque tipológico. Kretschmer había desarrollado la tesis de que cada estructura corporal (morfotipo) corresponde a ciertas peculiaridades caracteriológicas (psicotipo), y está predispuesta, en caso de enfermar psíquicamente, a caer en una determinada psicosis. Lógicamente, Kretschmer y sus muchos seguidores de entonces entraron en el campo de las patografías con el enfoque «tipológico» y la asignación de «ciclotimia» o «esquizotimia» no sólo a ciertos personajes sino también a determinados campos de creatividad. El libro *Geniale Menschen* del propio Kretschmer fue el más popular de los de este campo. La torpe asociación de residuos lombrosianos con los conocimientos tipológicos mal asimilados de algunos autores de ese tiempo tuvo el efecto beneficioso de frenar la legislación que imponía la esterilización forzosa de portadores de psicosis hereditarias, al temer que con las enfermedades se barriese de la «raza» la disposición a la genialidad. No hay mal que por bien no venga.

El empeño de algunos patógrafos en descubrir que la enfermedad tenía un poder vitalizador del talento, dándole facetas de originalidad genial que sin el padecimiento no tendría, hizo que otros, abordando serenamente el problema, comprobasen que aunque talento y enfermedad pueden coincidir en una misma persona no significa que se refuercen mutuamente. A. C. Jacobson demostró patográficamente que los «genios enfermos» habían producido la parte esencial de su obra antes de enfermar o en los períodos intervalares de recuperación de la salud. Esta misma orientación dio Lange-Eichbaum en una obra que gozó de gran prestigio en los años treinta. De la «locura» se pasó al terreno menos dramático, pero más cómodo, de la neurosis y psicopatías (variantes anómalas de la personalidad y de algunos aspectos del comportamiento, pero sin pérdida de la «razón»).

Al desarrollarse paralelamente a la Psiquiatría la Psicología Clínica, con los tests o pruebas de personalidad, se intentó (con fracaso) hacer una valoración estadística, comparando gran número de artistas, con otro igual de personas sin dotes creadoras, tratando de averiguar qué rasgos psicológicos son inherentes al artista y a las distintas modalidades de ellos (pintores, escultores, músicos, literatos). Tampoco aportaron nada revelador los estudios de inteligencia. Se comprobó la escasa relación entre el cociente intelectual y la capacidad de expresión plástica, aunque ésta la maneja mejor el artista cuanto más inteligente sea.

En los últimos veinte años, la Psiquiatría se ha orientado en dos direcciones. Una de ellas, delimitar la esencia del poder creador, llegándose a la identificación de lo que llaman «proceso primario», que en curiosa pirueta histórica tiene ciertos rasgos comunes para los creadores y los psicóticos, cerrando la espiral sobre la tesis lombrosiana. La otra orientación, que es la que Freud aconsejaba, renuncia al análisis de la esencia de la creatividad, limitándose en cada artista a investigar la motivación de la preferencia por un medio de expresión, y la selección de temas.

Como para la aplicación de la técnica analítica son indispensables multitud de detalles de los episodios psicológicos de la primera infancia, y éstos nos son casi desconocidos en la mayoría de los artistas del pasado, los resultados son muy discutibles. El fallo dialéctico está en que sustituyen las observaciones por interpretaciones, y éstas siempre están condicionadas por lo que piensa el analista. Un ejemplo es la deducción de que la obra de Nicolás Gogol contiene un número desproporcionado de episodios en relación con la nariz, porque el escritor la tenía monstruosa. Igualmente, en relación con las alteraciones de la «imagen corporal» estaría la evolución de Goya tras su enfermedad (ya lo hemos discutido en el capítulo correspondiente), y la hipercompensación de sentimientos de inferioridad infantiles en relación con debilidad o deformaciones habrían de estar representados en la obra de lord Byron, Kant, Pope, Toulouse-Lautrec. Aunque los dos últimos proporcionaron ellos mismos esta explicación: «Ya que mi espalda está torcida, mis versos deben ser rectos»; «Si mis piernas fuesen más largas, no habría necesitado pintar», no significa que esta autointerpretación sea exacta. Igualmente rectos son los versos y hermosos los cuadros de artistas de notable prestancia física.

Otro capítulo hoy afanosamente investigado es el de la «pérdida de objeto» que, con la alteración del «esquema corporal», se supone que dicta la selección preferente de temas para los artistas. Aquí la fantasía de los investigadores juega tanto como en el párrafo anterior. Es un tópico de interpretación el que hace suponer al pintor noruego E. Munch, motivado a expresar angustia en gran parte de su obra (por ej. *El alarido*) porque presenció de niño la agonía y muerte de su madre; la frase «no pinto lo que veo sino lo que vi» se obstinan en interpretarla en este sentido, pero es una atribución de significación gratuita. También lo es la que vincula la supuesta «imaginación necrófila» de Edgar Allan Poe al terrible trauma de haber permanecido junto a su madre muerta toda una noche, hasta que los vecinos se percataron a la mañana siguiente; tenía él tres años.

Tampoco es válido hacer deducciones del análisis del tema e impacto sentimental de la obra de un artista sobre el observador. Son muchos los pintores de tema religioso, como Il Perugino, Fra Filippo Lippi, Carlo Crivelli, etc., que saben dar una unción devota a lo pintado, que no corresponde en absoluto a lo que conocemos de su biografía. Otros pintores que aparentemente expresan «angustia existencial» (que es lo que ahora gusta encontrar a los glosadores) no la tuvieron. Me resultó divertido encontrar una carta de Odilon Redon, sobre quien se ha establecido la leyenda de un *Weltschmerz* basada en el carácter difuso, oneiriforme de parte de su producción, que se dice adivinadora de un mundo en desintegración. En esta carta Redon explica a un amigo el tipo de vida que lleva en la casa de campo a que se ha retirado con su mujer: «Soy tan feliz, que me da vergüenza decirlo; pero a alguien se lo tengo que contar y te he escogido a ti...» Si con la idea preconcebida de un estado de ánimo de «angustia o de náusea», hubiese aparecido en una carta algo que en aquel momento lo indicase (todos tenemos algún momento así), ya estaría «demostrado» lo que el autor iba buscando. Por ello son mucho más útiles las observaciones que las deducciones, aunque cuando éstas las hace alguien de tanto talento como Freud siempre interesan, aunque se equivoque; pues en el peor de los casos, si no aporta datos para conocer mejor al artista, sí nos los da para verle a él, en este caso a Freud, del que vamos a glosar su estudio sobre Leonardo da Vinci; pero antes creo conveniente recordar el clima psicológico en que se orienta la libido de Leonardo.

El «pecado innombrable». De este modo lo llamaban sus contemporáneos, pero lo cierto es que no paraban de nombrarlo. Precisamente en vida de Leonardo ocurrió el intento de reforma de Savonarola, el cual fanatizó Florencia en una ola de puritanismo que terminó al ser quemado él en la hoguera. En el mismo acto de su brutal suplicio, refieren que Benvenuto Bianco, uno de los dignatarios florentinos, exclamó: «Bueno, ya podemos volver a disfrutar con la sodomía.» La extensión del problema la encontramos reflejada en un sermón de Savonarola. Cuatro años antes (en 1494), tronaba dirigiendo este párrafo a los sacerdotes florentinos: «Os conmino a que abandonéis a vuestras concubinas, a que dejéis a vuestros jovencitos lampiños. Dejad, os digo, ese vicio, el pecado innombrable...» Tras la oleada de relajación que sigue a la muerte de Savonarola se intenta nuevamente frenar la corrupción con legislaciones cada vez más severas. Se conserva un escrito de Landucci en que pide que un grupo de jóvenes que habían amenazado de muerte a un padre para conseguir que les entregase a su hijo adolescente; «... siendo estos jóvenes peores que los de Sodoma merecen el mismo castigo que cayó sobre ellos. Contra mi voluntad he escrito estas palabras, pues se trata del pecado innombrable. Dios me perdone».

De la extensión de esta variante de relación erótica masculina durante el período, y de la frecuencia con que se anota en artistas, se han querido obtener generalizaciones, infundadas, de la relación entre creatividad artística y homosexualidad. Siempre se menciona a Leonardo (que, para empezar, era casto, con inclinaciones del tipo que fuese), Miguel Ángel, Il Sodoma y algunos músicos de ostentosa inversión, olvidando que ni Beethoven, Mozart, Haydn, Bach, Velázquez, Goya, Picasso, Van Gogh, Toulouse-Lautrec, Rubens, Rembrandt, jamás tuvieron la menor inclinación de este tipo. Hacer un recuento proporcional sería tan difícil como inútil. No demostraría nada. Ya hemos podido comprobar en el capítulo dedicado a Nijinsky cómo se manipula y condiciona esta clase de comportamientos.

Teóricamente, las penas eran muy graves. En Florencia, la castración para los adultos; la pérdida de una mano para los proxenetas, y el mismo castigo a los padres consentidores. La casa en que se cometió el acto de sodomía debía ser derribada. En la propia biografía de los artistas, comprobamos que la justicia italiana solía hacer «la vista gorda», excepto cuando convenía a un poderoso hacer aplicar la ley en todo su rigor. En otros países la legislación era igualmente severa, pero se cumplía. Ignorarlo costó la vida a más de un viajero italiano. Münzer, en su viaje por España, nos describe con horror cómo en las murallas de Alicante vio agonizar a cinco italianos, colgados de los pies, «pues como invertidos habían pecado, invertidos habían de morir...».

Hoy sabemos más de la vida de Leonardo que cuando Freud hizo su ensayo sobre él en 1910. Quizá se le puede reprochar a éste haberse basado en exceso en una novela biográfica, o biografía novelada, la de Merezhkovsky, pero tuvo que atenerse a los datos que proporcionaban los historiadores, que hasta ese momento fueron muy respetuosos y discretos al tratar de las intimidades sexuales de los grandes hombres, y más de alguien tan venerado por todos sus previos biógrafos, como Leonardo. Sin embargo, no habían podido callar la denuncia de que Leonardo fue objeto en su juventud (en 1476), cuando aún vivía con Verrocchio. Había entonces en Florencia un buzón de forma parecida a un tambor, «il tamburo», donde podían depositarse denuncias anónimas que la justicia debía atender. Pero, a su vez, el denunciante estaba luego obligado a presentar pruebas. Por dos veces se llamó a declarar a Leonardo y a otros tres jóvenes en torno a la denuncia aparecida contra ellos en el «tamburo» en dos ocasiones, y en ambas fueron puestos en libertad al no comparecer luego el denunciante. Es el único dato fidedigno que de los problemas sexuales de Leonardo se tienen: una denuncia anónima, cuya justificación nunca se confirmó. Lo demás son conjeturas y habladurías de sus contemporáneos, todos los cuales coinciden en la ausencia de amor, pasión o entusiasmo por ninguna mujer..., pero tampoco se le conoce de ningún hombre.

Las inclinaciones homosexuales se deducen de dos series de hechos: la morfología feminoide, o andrógina, de muchos de sus retratos, como el San Juan, etc., y el que siempre contrató a jovencillos de gran hermosura para su servicio. Muchos le acompañaron durante años, y a varios recordó en su testamento. Razona Freud que, no habiendo destacado ninguno de ellos después pese a tan excepcional maestro, no era por muestras de talento por lo que los seleccionaba.

Sorprende, sobre todo, la increíble paciencia y tolerancia de Leonardo con uno de ellos, Gian Giacomo de Caprotti, al que recogió en su casa a los diez años. Leonardo tenía 38 (en

1490). Permaneció con éste hasta 1516, y le acompañó en todos los viajes por Italia. Durante esta convivencia de 26 años, Leonardo proporciona la dote para una hermana de Salai (con este nombre aparece Caprotti en los escritos del artista), emplea a su padre de colono en la viña, y deja una manda en el testamento. Todos los biógrafos del genio hacen conjeturas sobre la relación con Salai, pues no pudo haber tomado un huésped-criado-discípulo más incómodo. Lo describe Vasari como «un niño precioso, de pelo rizado, en que Leonardo encontraba gran satisfacción», pero el mismo artista cuenta que el día siguiente de entrar en su casa, «le había mandado cortar dos camisas, unos pantalones, un jubón; poniendo aparte el dinero para pagar todas estas cosas, lo robó, y nunca logré hacerle confesar el hurto, aunque yo estaba seguro». «Al día siguiente le llevé a cenar conmigo, a casa de un amigo. Comió por dos y causó problemas por cuatro, pues rompió dos sillas.»

En el diario de Leonardo siguen apareciendo notas sobre las actuaciones de Salai: «Robó el cuero turco que había adquirido para hacerme un par de botas, y lo vendió por 20 escudos para comprarse pasteles y anises.» ... «Robó plata de la bolsa de un visitante»; «robó cubiertos de plata...». El niño de bucles angelicales fue creciendo, engordando, y aumentando el nivel de sus picardías. Leonardo tuvo que emplear influencia y dinero en librarle de la prisión. Se ha averiguado que el nombre de Salai corresponde a la personificación del demonio en una obra de la época y además de emplear siempre este seudónimo, Leonardo le llama «ladrón, brigante, mentiroso, glotón, hipócrita», pero le mantiene a su lado. ¿Por qué? Las interpretaciones lógicamente difieren. Para Kenneth Clark: «Estos hechos, y el carácter de los dibujos que Leonardo hizo de Salai, inevitablemente sugieren que la relación de éste con su maestro fue del tipo aceptado por los clásicos, y parcialmente tolerado en el Renacimiento, a pesar de la censura de la Iglesia.» Para Wittkower: «Sin duda, fue atraído inicialmente por la perfección física del muchacho, e igualmente repelido ante su propia reacción; no, creemos, porque tuviese objeciones particulares contra la homosexualidad, sino debido a su desaprobación, como repite muchas veces en sus escritos, para todos los placeres lascivos.»

De los muchos dibujos en que Leonardo representa a Salai, hay uno especialmente significativo del que el propio artista ha escrito al margen la interpretación. Representa una figura humana bicéfala, y una de las cabezas es la de Salai. Denomina al dibujo *Alegoría del Placer y del Dolor*, y Wittkower supone que simboliza la actitud ambivalente, de atracción y rechazo, que se juntan para Leonardo en la figura de Salai.

En este dibujo une, real y simbólicamente, como en ningún otro, los dos tipos humanos que Leonardo gusta representar: el de la masculinidad fiera, en el ocaso de la vida, y el del joven epiceno. Nos dice Clark: «Virilidad y afeminamiento simbolizan los dos aspectos de la personalidad de Leonardo, un dualismo que se manifiesta en el contraste de su vida en Florencia y Milán. No es accidental que el tipo heroico aparezca, casi con énfasis caricaturesco, en la obra maestra del período florentino, la *Batalla de Anghiari*, y que el tipo epiceno aparezca tratado con el mayor esmero en los años de Milán, inmediatos al 90, cuando Salai entra en el estudio de Leonardo.»

Sigmund Freud, en su archiconocido estudio sobre da Vinci, hace unas agudas interpretaciones de dibujos y cuadros de Leonardo. Del extraño dibujo de la serie «anatómica», que representa la relación física de una pareja humana de pie, en corte sagital, observa: la cabeza que corresponde al hombre tiene rasgos y peinado femeninos y expresión de desagrado, y los pies de la figura masculina y femenina tienen invertida la posición de los dedos, etc. De ello deduce: «... Es precisamente en el retrato del acto de la procreación (hecho con fines de anotación científica, más que de representación estética), donde su excesivo instinto de investigación fracasa, evidentemente por causa de una represión sexual aún más intensa...» Las deducciones en el cuadro de *La Virgen con Santa Ana y el Niño* derivan de la superposición de los cuerpos de la Virgen y Santa Ana. La silueta daría la impresión de dos cabezas saliendo de un mismo cuerpo, y es llamativo que en belleza y edad aparente el rostro de la Virgen sea similar al de su madre. Nos dice Freud: «La infancia de Leonardo es notable en el mismo sentido que el cuadro. Tuvo dos madres: primero su auténtica madre, Catalina, de la que fue separado entre los tres y cinco años, sustituyéndola una madrastra joven y afable, la esposa de su padre, doña Albiera... condensándolas en una unidad compuesta (en el cuadro); la figura más alejada, la abuela, representa a la primera y verdadera madre, Catalina, tanto en apariencia como en la relación con el niño.» El dominio de esta rememoración en el inconsciente del artista es lo que le induce, según Freud, a reiterar de modo sistemático y a veces inapropiado, en casi todos sus últimos retratos la sonrisa enigmática que muestra la Mona Lisa, Santa Ana, etc.

Además de estos análisis de la expresión plástica de Leonardo, da gran importancia a un recuerdo de su infancia que había pasado casi inadvertido a los biógrafos, que es la única información que sobre su propia infancia escribe Leonardo, entre sus anotaciones científicas. En un pasaje sobre el vuelo de los buitres, se interrumpe bruscamente para describir un recuerdo de la primera infancia, que ha venido a su mente: «estando en la cuna, descendió un buitre sobre mí, y abriéndome la boca con su cola, la frotó varias veces contra mis labios...»

De la interpretación psicoanalítica de los dibujos, y de esta rememoración infantil, en una labor deductiva que constituye un «clásico» en la tarea, infiere Freud: «La personalidad de Leonardo es afín al tipo neurótico que hemos descrito como obsesivo, y podemos encuadrar sus investigaciones como "comprobaciones neuróticas de los obsesivos", y sus inhibiciones con las que en éstos se llaman abulias.»

«... Las inhibiciones sexuales de Leonardo se expresan en su producción artística... tras su nacimiento ilegítimo, quedó sin padre, al cuidado de una madre de la que era el único solaz. Debió ser llevado por sus caricias a una madurez sexual prematura y debió intensificar de modo anómalo las habituales experimentaciones sexuales infantiles... desarrollándose los instintos de observar y de conocer... con una fijación oral... combinado con rasgos claramente sádicos en esta etapa del desarrollo... siguió una etapa de represión, con rechazo de toda actividad sexual llamativa, permitiendo a Leonardo vivir más tarde en abstinencia y dar la impresión de ser un ser humano asexuado... Con la pubertad, la mayor parte de sus pulsiones sexuales pudo derivarlas, sublimándolas hacia una necesidad general de conocimiento, evadiendo así la plena represión. Una porción mucho menor de su libido continuó dedicada a impulsos sexuales, plasmándose en una embotada vida sexual adulta. Por haber reprimido el amor hacia su madre, esta porción de la libido se inclinó hacia la homosexualidad, manifestándose en el amor ideal por muchachos.»

«La creación de un artista representa simultáneamente una vía de descarga de sus deseos sexuales; por esto vemos a Leonardo representar rostros de mujeres sonrientes y hermosos efebos.»

Supone Freud que Leonardo trabaja sin inhibiciones en una primera etapa bajo la influencia de su padre, y posteriormente en un período de su vida en Milán, al haber encontrado en Ludovico el Moro un sustituto de la imagen paterna, pero: «... paulatinamente quedó envuelto en un proceso de regresión neurótica. El impulso que le convirtiera en artista en su adolescencia quedó dominado por el que le empuja a la investigación, que había configurado en su primera infancia... Se convirtió en investigador, al principio en servicio de su arte, más tarde independientemente de él. Con la pérdida de su patrono, sustituto simbólico del padre, la regresión se hizo más intensa... y su tendencia investigadora (que le apartaba de la creación artística), habiendo ganado control sobre él, su pasado infantil se fue haciendo insaciable, rígido y con incapacidad de adaptarse a circunstancias reales».

La interpretación freudiana de las diversas etapas productivas de Leonardo sugiere un renacer de la libido pasados los cincuenta años debido a un incidente (que Freud da por cierto, pero del que no hay la menor evidencia): «... Encontró la mujer que despertó la memoria de su madre, y de la sonrisa sensualmente iluminada de ésta, e influenciado por esta memoria rediviva, recobró el estímulo que le guió en el inicio de su carrera, cuando modelaba mujeres sonrientes. Pintó la Mona Lisa, la Santa Ana, y toda la serie de figuras misteriosas con la sonrisa enigmática. Con la ayuda del más viejo de sus impulsos eróticos, disfrutó el triunfo de vencer una vez más la inhibición de su arte.»

En la segunda edición de su famoso ensayo, nos cuenta Freud: «Con estas afirmaciones he provocado la crítica, incluso de partidarios del psicoanálisis: dicen que he escrito una novela psicoanalítica... Como tantos otros, he sucumbido a la atracción de este hombre grande y misterioso...»

Aunque el inmenso prestigio de Freud ha frenado durante casi cincuenta años la aparición de un estudio crítico de su interpretación de Leonardo (hasta los estudios de Meyer Schapiro en 1956, que a su vez suscitaron réplicas apasionadas), lo cierto es que, como dice su biógrafo Ernest Jones: «... En su ensayo sobre Leonardo, Freud expone conclusiones que deriva sin duda de su propio autoanálisis, y son, por tanto, de gran importancia para el estudio de su personalidad...; en gran parte es una autodescripción...»

Es indudable que Freud dio por fundadas una serie de suposiciones que ni las investigaciones históricas de su tiempo ni las posteriores han confirmado. No existe el menor testimonio de cómo fue su madre, ni de la relación con él en la niñez, ni que en las puertas de la senectud otra mujer evocase a esta madre desconocida. Tampoco se sabe nada de la madrastra, que Freud supone «hermosa y afable»; ni tampoco la ilegitimidad tenía en tiempos de Leonardo la resonancia afectiva y biográfica que la caracterizaba en la época de Freud. a cuyos postulados socioculturales traslada a Leonardo.

Así pues, las «interpretaciones» de los datos del pasado tienen siempre el peligro de convertir la patografía en «... una novela psicoanalítica», y de «sucumbir a la fascinación». Por ello podemos contribuir de modo más seguro a la tarea de los historiadores, poniéndoles de relieve no las interpretaciones, sino las «observaciones» que consideramos de interés psicológico, y que pueden pasar inadvertidas. En este caso están siempre las aparentes incongruencias. Por ejemplo, podemos citar la observación de Suetonio: «Qué raro que este hombre no fuese capaz de aprender a nadar.» Muy extraño, en efecto, porque el hombre es Calígula, un verdadero superdotado en multitud de aspectos, y particularmente en el de las proezas atléticas, y esta incongruente incapacidad para la natación ha de tener raíz en inhibiciones neuróticas de su psiquismo anómalo.

Las autodescripciones de una psicopatología tienen siempre el mayor interés; por ejemplo, la de Dostoiewski sobre sus crisis epilépticas y el componente sensorial placentero que las acompañaba, o las de José María Gironella de sus fases depresivas. También son válidas las referencias de testigos cuando describen hechos concretos. De la enfermedad que anuló al genio poético Johann Christian Hölderlin tenemos idea gracias al relato de algunos de sus visitantes al refugio de la casa de un carpintero de Tübingen en la que permaneció sus últimos treinta y seis años: «... los sonidos que lograba emitir eran en parte incongruentes, a veces inarticulados... soltó un chorro de palabras incomprensibles... desde el centro de la habitación seguía haciendo reverencias, repitiendo incesantemente Su Alteza Real, Su Alteza Real...» «... Le regalaron un piano, del que inmediatamente cortó casi todas las cuerdas, sobre las pocas restantes intentaba tocar, a veces el día entero, en ocasiones cantando palabras incomprensibles, en un tono desgarrador...»

En cambio, es casi imposible tener idea de lo que destruyó la mente preclara de Torcuato Tasso. Evidentemente padeció episodios psicopatológicos graves; en alguno fue encerrado. Pese a la diferencia de calidad de la juvenil *Jerusalén Libertada*, sobre la más tardía *Jerusalén Conquistada*, que evidencia un deterioro, Tasso siguió escribiendo en las fases interpsicóticas. El «defecto» gradual en la obra inclina más a pensar en brotes esquizofrénicos que en una crisis maníaco-depresiva, que no es deteriorante desde el punto de vista intelectual. Contra toda lógica deducción, algunos comentaristas, al igual que con doña Juana la Loca, se empeñan en considerar la tragedia de Tasso como una locura simulada por sus enemigos, para tener un pretexto y encerrarle, vengando así infidelidades políticas, o el atrevimiento de haber dedicado versos apasionados a Leonor de Este, posible objeto de sus amores. Como si Alfonso de Este precisase tales sutiles ficciones para encerrar a alguien en sus dominios (como precedente histórico de los intelectuales rusos contemporáneos). Sin embargo, esta idea, tan grata a los escritores románticos, es la que a través de ellos nos acerca a una imagen ficticia de Torcuato Tasso, en cuya supuesta celda se hizo encerrar dos días lord Byron, en un alarde histriónico muy del gusto de la época, con el que pretendía impregnarse del pensamiento de Tasso.

Las mejores descripciones de los estados anormales de conciencia son las que nos proporcionan los escritores, por doble condición excepcional: la de su sensibilidad privilegiada y la capacidad de expresarla en palabras. Un ejemplo son los estados alucinatorios pasajeros provocados por drogas. De la mescalina sigue siendo la descripción más brillante la de Aldous Huxley, que tanto perjuicio ha producido en jóvenes ingenuos de las últimas promociones, que pretendía lograr por la química un estado similar de iluminación. Esta falacia ya la declaró hace más de cien años Baudelaire, de no superada brillantez en describir las pseudopercepciones provocadas por el hachís. A este gran neurótico debemos las imágenes más vibrantes de la experiencia psicodélica, pero con su claro talento advierte, ya entonces, algo que conviene que recuerden todos los necios que hoy se destruyen creyendo que con la droga van a lograr metas de inspiración: «... Es inútil que un tratante en ganado tome la droga. Sólo soñará con pastos y bueyes.»

Para terminar estas reflexiones en torno a grandes artistas que se adentraron en el territorio de la Psiquiatría, y como contrapartida a los enfermos que se quiere hoy hacer pasar por cuerdos, redactaré una anécdota de Filippo Brunelleschi. En 1420 llegaron a Florencia, procedentes de remotos países, los arquitectos más ilustres para competir en lo que hoy llamaríamos el «concurso del siglo», que decidiría quién iba a realizar la cúpula, hasta entonces no igualada en dimensiones, de la iglesia de Santa Maria del Fiore. Los planes de Brunelleschi eran, en su innovadora genialidad, tan inconcebibles, que le tomaron por loco. La doble cúpula, que ha sido durante siglos el patrón ya siempre copiado, parecía a la vez una absurdidad y un disparate. Al fin, semanas más tarde, fue convenciendo por separado, uno a uno, a los dignatarios de Florencia, y la cúpula increíble se levantó siguiendo sus planos. Pero en la reunión plenaria en que la había presentado le mandaron callar para no seguir perdiendo el tiempo escuchando «locuras». Brunelleschi se fue excitando tratando de convencerles. Le conminaron a salir, y al negarse y continuar gritando sus argumentos, dieron orden a dos empleados de que lo sacasen del recinto, lo que hicieron con el arquitecto en vilo, que pataleaba en el aire entre las carcajadas de todos que ahogaron sus últimos argumentos. «Durante muchos días no me atreví a salir de casa, porque inmediatamente empezaban a señalarme: ahí va el loco.»

Ya lo comenté en el prólogo. Las gentes lo saben, y por eso lo siguen repitiendo: «Ni son todos los que están...»

Índice onomástico